CONSTRUCTING UTOPIA

CONSTRUCTING UTOPIA

KONSTRUKTIONEN KÜNSTLICHER WELTEN

HERAUSGEGEBEN VON
ANNETT ZINSMEISTER

DIAPHANES

EINE PUBLIKATION IM RAHMEN VON *MUSEUTOPIA – SCHRITTE IN ANDERE WELTEN*,
KARL ERNST OSTHAUS-MUSEUM HAGEN.

1. AUFLAGE
ISBN 3-935300-58-1
© DIAPHANES, ZÜRICH-BERLIN 2005
WWW.DIAPHANES.NET

ALLE RECHTE VORBEHALTEN
UMSCHLAGGESTALTUNG: IOGRAU, BERLIN
LAYOUT UND DRUCKVORSTUFE: 2EDIT, ZÜRICH, WWW.2EDIT.CH
DRUCK: STÜCKLE, ETTENHEIM

INHALT

ANNETT ZINSMEISTER
   CONSTRUCTING UTOPIA
   EINE KURZE GESCHICHTE IDEALER KONSTRUKTIONEN   7

I. VERMESSENE RÄUME

WOLFGANG SCHÄFFNER
   RASTER-ORTE   47

JOSEPH VOGL
   BELIEBIGE RÄUME
   ZUR ENTORTUNG DES STÄDTISCHEN RAUMES   57

WALTER PRIGGE
   TYPOLOGIE UND NORM   69

II. ÄSTHETISCHE RÄUME

ANNETT ZINSMEISTER
   SCHÖNE NEUE WELT
   KONSTRUKTIONEN IM VIRTUELLEN   81

UTE HOLL
   KINEMATOGRAFISCHE RÄUME ALS UTOPISCHE   93

KAI-UWE HEMKEN
   DIE FORMGEBUNG DES NICHTS ODER
   DIE VISUELLE PRÄSENZ DES UTOPISCHEN   103

CHRISTOPH ASENDORF
   ENTGRENZUNG ALS LEITVORSTELLUNG –
   STATIONEN EINER DEBATTE DER SECHZIGER JAHRE   119

III. IMAGINÄRE RÄUME

HELMUT MÜLLER-SIEVERS
   DER AMBULANTE RAUM
   GEORG BÜCHNERS LENZ UND DIE UTOPIE DES LITERARISCHEN   137

HARTMUT BÖHME
   VON DER VERNETZUNG ZUR VIRTUALISIERUNG DER STÄDTE:
   ENDE DER PHILOSOPHIE – BEGINN DES NEUEN JERUSALEM?   141

CLAUS PIAS
   CONTACT – DIE WELT DES (AUSSER-)IRDISCHEN   157

DANKSAGUNG   173
DIE AUTOREN   175
PERSONENVERZEICHNIS   179

ANNETT ZINSMEISTER

CONSTRUCTING UTOPIA

»Alles Lebendige sucht nach einer besseren Welt… Die Aktivität, die Unruhe, die Suche ist wesentlich für das Leben, für die ewige Unruhe, die ewige Vollkommenheit; für das ewige Suchen, Hoffen, Werten; aber auch für das ewige Irren, das schaffen von Unwerten.«
Karl Popper

Mit der Behauptung und Beschreibung einer idealen (und damit zeitlosen) Ordnung scheint das Weltgerüst der Utopie fertig konstruiert. Der Begriff der Utopie ist in seinem Ursprung literarischer Natur und erscheint als ein reines Produkt der Geisteswelt. Die Bezeichnung *ou-topos*, Nicht-Ort legt nahe, dass utopische Konstruktionen nicht im Realen, sondern im Idealen gegründet sind. Jedoch schon hundert Jahre vor der Entstehung der ersten utopischen Texten ist die Rede von der idealen Stadt zugleich auch eine Rede von der realen Stadt. Und ein Blick auf die Genealogie utopischer Räume, idealer Städte und realer Stadtplanungen zeigt ein stetes Wechselspiel von Vision und Wirklichkeit. Das 20. Jahrhundert steht für die markantesten Versuche, ideale Staatsmodelle zu realisieren und daran zu scheitern. Ideale Ordnungen, so scheint es, lassen sich nicht auf realen Fundamenten gründen – und vice versa. Nach und seit diesem sogenannten »Ende der Utopie« steht der utopische Denker unter »Berufsverbot« (Slavoj Žižek). Um so mehr stellt sich die Frage: Was war, was ist und was kann Utopie nach ihrem erklärten Ende zukünftig noch sein? Gibt es eine erneute Aktualität des Utopischen, wie sie in jüngster Zeit wieder behauptet wird, und was lehrt uns die Geschichte eines utopischen Denkens, die sich bis ins 20. Jahrhundert hinein auf ihre antiken Wurzeln berief? Was sind die immer wiederkehrenden Topoi der tradierten Utopiemodelle? Worin liegen die Potenziale, die Gefahren und die Erkenntnisse nach zahlreichen gescheiterten Versuchen ihrer Verwirklichung? Oder anders gefragt:

Wo und wie kann utopisches Denken – in verändertem Maßstab und angesichts seiner eigenen Geschichte – heute ansetzen?

Das 20. Jahrhundert ist nicht nur ein Jahrhundert der gescheiterten Verwirklichung von Utopien, sondern auch ihrer Reflektion und historischen Aufarbeitung. Diese Reflektion nahm ihren Anfang in der Philosophie (Bloch, Mannheim, Popper,…) und lässt sich später vorrangig in der Literatur-, Politik- und Sozialwissenschaft verfolgen. Seit den sechziger Jahren hat sich ein eigenständiger wissenschaftlicher Zweig der Utopieforschung entwickelt, der inzwischen ein internationales Netzwerk von Personen, Institutionen und Publikationsorganen umfasst.

Wie der Titel ankündigt, widmet sich dieser Band der Frage nach der Konstruktion von Utopien. Konstruktion ist hier keine Metapher für die Frage nach einer gesellschaftlichen Konzeption, denn dazu ist bereits Vieles und Gutes gesagt und geschrieben worden. Konstruktion soll hier wortwörtlich verstanden werden, und entsprechend fokussieren die Beiträge folgende Aspekte: Konstruktion als Ort und Raum, Konstruktion als Darstellung und mediales Produkt, Konstruktion als eine Gesamtheit von Regeln oder Systemen, die eine neue Ordnung konstituieren und zuletzt Konstruktion als ›wirklichkeitsfremder Gedankengang‹. Es stellen sich Fragen nach dem Verhältnis von Möglichem und (Un)Wahrscheinlichem, nach dem Wirklichen als Korrelat und Gefahr, nach dem Konkreten und dem Abstrakten, nach dem Imaginären und dem Virtuellen als Raum des Utopischen. Wo und wie ist dieser Raum des Utopischen loziert, konstituiert, konstruiert, imaginiert, realisiert? Nicht nur Sprache und Schrift, sondern auch Bilder und Pläne sind tradierte Medien zur Beschreibung und Visualisierung der Visionen von besseren und besten Welten.

In diesem Sinne versammelt der Band ein Spektrum unterschiedlicher Ansätze und Ausrichtungen von Kunst-, Film-, Architektur-, Literatur-, Kultur- und Medienwissenschaftlern, deren Beiträge vielgestaltige Einblicke und vielfarbige Ausblicke bieten und zuweilen unerwartete Betrachterstandpunkte wagen. So beschreibt der vorliegende Band auch eine Gratwanderung entlang vermeintlicher Grenzen des Utopischen.

*

EINE KLEINE GENEALOGIE IDEALER KONSTRUKTIONEN

Die griechische Antike ist nachweislich ein Ausgangspunkt für die Entwicklung utopischer Konzepte. Ein bedeutsames historisches Fundament bilden Platons Beschreibungen der sagenhaften Stadt Atlantis in *Timaios* und *Kritia*, sowie seine philosophische Konzeption eines idealen Staates in der *Politeia* um 375 v. Chr. Platon inszenierte seinen logisch-rationalen Entwurf von der Konstruktion einer gerechten Gesellschaft am Idealmodell der Polis vordergründig als Dialog, der keinen Widerspruch duldete. Diese Denkfigur bot eine Antwort auf die Kritik an damaligen Staatsformen, wie z.B. der Timokratie, der Oligarchie, der Demokratie und der Tyrannis. Als deren Gegenmodell ersann Platon eine aristokratische Ständegesellschaft, die sich in drei Klassen teilt: in den Stand der Bauern und Handwerker, den Stand der Wächter und den Stand der Herrscher. Dies ist der Entwurf einer Gesellschaft, deren Funktionieren auf der *paideia*, der rechten Erziehung basiert, d.h. auf der Konstruktion eines guten und gerechten Menschen. Neben Platon sollte Jambulos zum großen Vorbild für die Utopien der Neuzeit werden, dessen utopischer Reisebericht von den Sonneninseln aus dem 2. Jahrhundert v. Chr. dank Diodorus' Aufzeichnungen überliefert werden konnte. In dieser Erzählung taucht erstmals das Konzept der Reise zu einer fernen Insel auf, das zu einem immer wiederkehrenden Topos utopischer Erzählungen werden soll. Mit der Abschaffung von Ehe und Familie, dem Modell des Gemeinschaftslebens und der Kollektiverziehung der Kinder hatte Jambulos – im Gegensatz zu Platons Hierarchie – ein Konzept des Gleichheitsprinzips angelegt. Sogar die ersten Weltraumflüge sind in dieser Zeit zu finden: Lukian von Samosata ließ seine Helden mit fiktiven Flughilfen bereits das All entdecken. Allerdings ging es ihm hierbei, ähnlich wie Aristophanes mit der Konzeption seines Vogelreiches, weniger um den Entwurf idealer Gesellschaftsmodelle, als vielmehr um eine satirische Kritik an den zeitgenössischen Philosophen, an der Religion und an allgemein menschlichen Unzulänglichkeiten. Ironie und Satire waren eine probate Methode der freien Meinungsäußerung und der ungezügelten Kritik, die sich in Witz und Kurzweil verpackt mehr oder weniger gefahrlos verbreiten ließ. Auch Thomas Morus, der Verfasser des ersten namentlich utopischen Romans propagierte seine Erzählung schon im Titel als ein kurzweiliges Vergnügen.

NEUE TECHNIKEN, NEUE KONSTRUKTIONEN

Mit der ›Wiederentdeckung der Antike‹ geriet die vergangene griechisch-römische Kultur in den Fokus neuzeitlicher Studien. Die noch erhaltenen Bauwerke oder deren Reste wurden gezeichnet und vermessen, die Schriften wurden gesichtet und übersetzt. Dank Gutenbergs Erfindung der Druckerpresse um 1440 wurden nicht nur die Flugblätter der Reformation und die nationalsprachliche Bibel vervielfältigt und verbreitet. Als philologische Bewegung machte die Renaissance vor allem die literarischen Werke der Antike in gedruckten Editionen zugänglich. Die Schriften Platons etwa wurden durch Marsilio Ficino ins Lateinische übersetzt und so den europäischen Gelehrten zugänglich gemacht, die sich von diesen antiken Überlieferungen nicht zuletzt zu den ersten utopischen Erzählungen inspirieren ließen. So fanden auch die Schriften von Aristophanes, Platon, Jambulos, usw. hunderte oder gar tausend Jahre nach ihrer Entstehung eine unerwartet neue vielzählige Leserschaft. Etliche Schriften, die in der Folgezeit entstanden, lassen den Einfluss der historischen Vorbilder deutlich erkennen und so überrascht es kaum, dass auch die erste namentlich utopische Erzählung in Anlehnung an jene erwähnten antiken Schriften gerade in dieser Zeit, genauer 1516, entstand. Doch der Hintergrund dieser Geburtsstunde des Begriffes Utopie, der nicht nur eine literarische Gattung prägen sollte, war freilich wesentlich vielschichtiger:

Mit dem Verlust an Unabhängigkeit und Reichtum begannen die Städte im 14./15. Jahrhundert sukzessiv zu schrumpfen. So nimmt es nicht Wunder, dass die neuzeitlichen Entwürfe idealer Staaten das Modell der freien Städte propagierten: Die Utopien der Renaissance fingierten mit der Abschaffung der Leibeigenschaft die Integration der Bauernschaft in das autarke Stadtgefüge. In der Trennung zwischen Arbeiter und Techniker, Handwerker und Künstler, Maurer und Architekt entstand in der Renaissance nicht nur eine neue Aristokratie mit der Bildung einer Klasse von »Intellektuellen«, sondern auch der Frühkapitalismus, mit der Einführung der Lohnarbeit und der Konzentration der Produktionsmittel in den Händen weniger. Die Arbeit, die in der Antike noch Ausdruck der Unfreiheit war, bekam im Gegensatz zu Platons *Politeia* in den utopischen Entwürfen der Renaissance einen zentralen Stellenwert: Arbeit wurde zu einer ehrenhaften Pflicht. Der Entwurf streng geregelter Tagesabläufe orientierte sich am Vorbild eines streng organisierten Klosterlebens, das im Zuge einer fortschreitenden Christianisierung in West- und Mitteleuropa bekannt und alltäglich wurde. Dieses Erziehungsmodell, das Arbeit und Studium mittels rigiden Stundenplänen regelte, fand, ebenso wie die Verordnung uniformer Kleidung, vorbildhaft Eingang in die utopischen Konzepte der Neuzeit.

Zwischen 1492 und 1504 entdeckte Christopher Columbus Amerika, Vasco de Gama fand mit der Umschiffung des Kaps der Guten Hoffnung den Seeweg nach Indien, und die erste Weltumsegelung Magellans einige Jahre später bestätigte die neue Anschauung von einer Welt als Kugel. Mit der Entdeckung fremder, exotischer Länder wurde die ferne Insel zum Heil versprechenden Topos und zum kolonialen Raum für die Errichtung vermeintlich besserer Welten.

Nicht von ungefähr wurde 1516 der erste namentlich utopische Staat von dem englischen Juristen Thomas Morus auf einer fernen Insel verortet. *Utopia*, erdachtes Nicht-Land (griech. *ou-topos*) erwuchs aus dem literarischen Szenario einer sinnvoll geplanten Stadtlandschaft auf einer künstlichen Insel. *Utopia* steht für die Geburt einer »idealen Gesellschaft« aus dem Geist der Kritik an den sozialen, kulturellen und religiösen Verhältnissen Englands zu Beginn des 16. Jahrhunderts. Im Anschluss und im Gegensatz zu Platons *Politeia* prägte Morus' literarische Fiktion einer idealen Gegenwelt jene Dichotomie der Utopie, die Max Horkheimer später als »Kritik dessen, was ist, und die Darstellung dessen, was sein soll« kennzeichnete. Offensichtlich inspirierten auch Amerigo Vespuccis *Reisen,* die wenige Jahre zuvor veröffentlicht wurden, Morus zu seiner utopischen Erzählung: Der portugiesische Philosoph und Arzt Raphael Hythlodeus, Held und fiktiver Erzähler der Geschichte war angeblich einer jener vierundzwanzig Männer, die Vespucci auf seiner vierten Reise am Kap Frio zurückließ. Hythlodeus erzählt die Geschichte von Admiral Utopos, der an der Küste Südamerikas strandet und »eine Kolonie der Vernunft im Reich der unverbildeten Natur« (De Bruyn) gründet. *Utopia* ist eine künstlich angelegte Insel von der Größe Englands und Wales' mit insgesamt 54 Städten, die jeweils einen Tagesmarsch voneinander entfernt liegen. Die Hauptstadt *Amaurotum* (Nebelstadt) dient dabei als Prototyp für 53 weitere Städte auf Utopia: Die befestigte quadratische Stadtanlage gründet auf einer strengen geometrischen Rasterung. Bei einem Anwachsen der Bevölkerung Utopias werden, ähnlich dem Prinzip der griechischen Polis, Kolonien auf den Nachbarinseln gebildet. Die Gebäude bilden dem Raster gemäß rechteckige Wohnhöfe und Gärten. Dieser streng orthogonale Raumentwurf verkörpert das Gegenmodell zur mittelalterlichen Stadt mit ihren labyrinthischen Gassen und katastrophalen hygienischen Verhältnissen. Mit der Abschaffung des Privateigentums und der Beteiligung aller am gesamtwirtschaftlichen Produktionsprozess, soll in *Utopia* eine zentrale kostenfreie Versorgung gewährleistet werden. Dieses gemeinwirtschaftliche Handeln verspricht Reichtum für alle, sofern und solange keiner etwas besitzt. Im Gegensatz zu Platon, der die Tätigkeit eines Einzelnen festschrieb, propagierte Morus den steten Wechsel von Stadt- und Landarbeit. Das Allgemeinwissen sollte durch ein Fortbildungsangebot im Anschluss an einen sechsstündigen Arbeitsalltag befördert werden. Müßiggang, Reisen und viele Spiele waren verpönt. Damit das Regelwerk dieser spartanisch strengen Lebensordnung funktioniert, sollten Syphroganten und Priester eines religiösen Pluralismus nach christlichem Ideal (der sogar weibliche Priester gestattet) über die Sitte wachen: Mit Hilfe eines rigorosen Kontrollsystems, das unter anderem Passierscheine vergeben und das Sexualleben regulieren sollte, erzwang Morus seine emanzipatorische Intention mit einer autoritären Verwirklichungspraxis. Strafmaßnahmen wie Zwangsarbeit und Sklaverei dienten als Regulativ durch Abschreckung.

Offenkundig bediente sich Morus antiker Vorbilder. Der Einfluss Platons ist schon dadurch verbürgt, dass er in der Erzählung mehrfach Erwähnung fand. Die lokale und gesellschaftliche Konzeption erinnert zudem an Jambulos' bereits erwähnter Reiseutopie. Morus entwarf einen gesellschaftsutopischen Plan für die Konstruktion einer neuen Gesellschaft und die Schaffung eines »Neuen Menschen«. Dieses Ziel basiert wie bei Platon auf einer konsequenten Erziehung und einer durchgreifenden Politik. Die Interessen der Gemeinschaft *Utopias* werden von einer selbsternannten Elite durch einen Kanon von Vorschriften streng geregelt. Die Bedürfnisse des Einzelnen werden hierbei den Interessen des Kollektivs geopfert. Bevormundung, Überwachung und Strafe sind selbstverständliche Methoden zur Sicherung des vermeintlichen Allgemeinwohls.

Die Reaktion zweier Zeitgenossen auf Morus' *Utopia* brachte schon damals ein grundlegendes Problem derselben zur Sprache, das im 20. Jahrhundert politische und gesellschaftliche Konsequenzen zeigen wird. Jérome Busleydens schrieb in einem Brief an Morus: »Du hast der gesamten Welt einen unschätzbaren Dienst erwiesen, indem Du ein ideales Staatswesen entwarfst, ein Vorbild und vollendetes Führungsmodell«. Aus einem Brief von Erasmus an seinen Freund William Cop erfahren wir hingegen: »Wenn du Mores Utopia nicht gelesen hast, halte Ausschau danach, sobald Du Unterhaltung suchst, oder besser noch, sobald Du die Quellen kennen lernen willst aus denen fast alle Übel des Staates entspringen.« (Elliott / Villgradter, 108) Was dem einen als konkrete und erstrebenswerte Vorlage einer Idealen Lebensgemeinschaft erschien, war dem anderen der Anfang allen Übels. Erasmus hatte bereits in der Geburtsstunde der Utopie ihren beständigen Schatten benannt: die Dystopie.

DIE IDEALE STADT

Der erste architektonische Entwurf einer idealen Stadt ist dem italienischen Bildhauer, Baumeister und Theoretiker Antonio di Pietro Averlino alias Filarete (1400-1469) zu verdanken. In seinem *Trattato d'architettura* (1451) beschrieb er den Bau der Idealstadt *Sforzinda* in Form eines Dialoges. Seine Erzählung, die nur handschriftlich überliefert wurde und erst im 19. Jahrhundert verlegt wurde, illustrierte Filarete mit architektonischen Skizzen. Er entwarf einen zehngeschossigen Turm der Tugend und des Lasters als Machtzentrale. Die Stadtanlage entsprach einem achteckigen Stern, in dessen Zentrum sich ein rechteckiger Platz befand. Die Gestalt der *Idealen Stadt* wurde zu einem wichtigen Thema der Künstler und Architekten des *Quattrocento*. Mit der neu entwickelten Zentralperspektive hatten sie eine rationale Darstellungsmethode zur Hand, mit der visionäre Raumkonzepte optimal zur Ansicht gebracht werden konnten, und die zugleich die Projektionsmöglichkeit einer rational geordneten Gesellschaft in sich trug. Der Architekt und Architekturtheoretiker Leon Battista Alberti (1404-1472) beschrieb nicht nur dieses neue Abbildungsverfahren, sondern auch eine ideale Stadt, die ein sorgenfreies und friedvolles Zusammenleben ermöglichen sollte. Auch Leonardo da Vinci (1452-1519) entwarf im Hinblick auf die große Pest von 1484/85 ein radikales urbanistisches Konzept. Ein entsprechend ausgefeiltes Erschließungssystem, das auch und gerade der Hygiene Rechnung tragen sollte, waren zentrale Aspekte seines Idealstadtentwurfes: Eine Zeichnung Leonardos zeigt eine von Kanälen durchzogene Stadt, die auf einem quadratischen Raster basiert und in zwei horizontale Ebenen unterteilt ist. Das Kanalsystem und der Transportverkehr ist vom öffentlichen Leben auf der oberen Etage strikt getrennt.

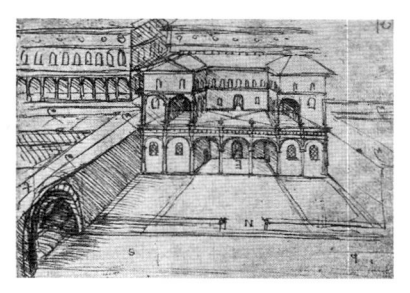

LEONARDO DA VINCI: IDEALSTADTENTWURF UM 1490

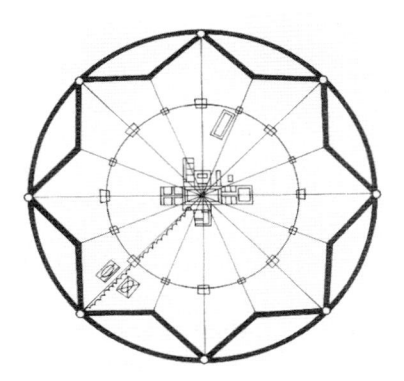

Da eine ideale Stadtanlage allein noch keine ideale Gesellschaft hervorbringen konnte, rief dies die Konstruktion eines idealen Menschen auf den Plan. Was Platon mit der rechten Erziehung im »Mensheninnern« zu erreichen glaubte, versuchte der römische Architekt Vitruv gewissermaßen am »Menschenäußeren«. Mit seiner Konstruktion eines ideal proportionierten menschlichen Körpers wurde er zum Vorbild zahlreicher Renaissance-Künstler: Wieder war es Filarete, der beispielsweise aus den menschlichen Proportionen ein anthropometrisches Modulsystem entwickelte. Dieses

FILARETE: ENTWURF FÜR DIE IDEALSTADT SFORZINDA, UM 1460

System sollte als hilfreiche Methodik menschliche Proportionen in ideale räumliche transformieren. Das Raster als immer wiederkehrender Topos proportioniert, organisiert und lokalisiert Körper, Gebäude und Daten im Raum. Übersichtlichkeit und Kontrolle sind Garanten dieses lozierten Koordinatensystems, das zudem eine Verwaltung des Raumes überhaupt erst möglich macht. [Vgl. die Beiträge von Annett Zinsmeister und Wolfgang Schäffner].

Die Gestalt der Idealstädte war von zwei geometrischen Grundformen geprägt: Quadrat und Kreis. Morus plante Utopias Städte auf einem quadratischen Stadtgrundriss, der italienische Dominikanermönch Tommaso Campanella gründete hingegen das literarische Modell seines *Sonnenstaates* knapp hundert Jahre später auf einer Kreisform, auf der schon Platons Atlantis fußte. Diesen wohl radikalsten Utopieentwurf der Neuzeit verfasste Campanella während seiner 27 Jahre andauernden Folter- und Kerkerhaft. Dass Campanella die Werke von Platon und Morus kannte, geht auch hier aus dem Roman hervor: Jene Figur des belesenen Dottore am Stammtisch zu Genua, der den Erzählungen des »genuisischen Steuermanns des Kolumbus« lauscht, verweist auf Platon und Morus höchstselbst. Der Titel und die räumliche Konzeption des Sonnenstaates lassen die Vermutung zu, dass Campanella ebenfalls Jambulos' antiken Bericht von den Sonneninseln kannte. Gerechtigkeit und damit Gleichheit wird auch im *Sonnenstaat* durch die Abschaffung von Privatbesitz garantiert, und sogar Frauen werden als kollektives Eigentum behandelt und »untereinander geteilt«. In der *Sonnenstadt* gilt – im Gegensatz zu Platon – Arbeit als ein Menschenrecht. Sie gilt als täglicher Dienst an der Gemeinschaft und wird vom Staat zugeteilt.

Die kegelförmige Stadt bestehend aus sieben Ringmauern (entsprechend den sieben Planetenbahnen) erwächst aus einer Agrarlandschaft. Die den Stadtraum konstituierenden Mauern bergen die »Wohnpaläste« und dienen zugleich als erzieherischer Bilderbogen und Bibliothek eines illustrierten Wissens. Dieser urbane Körper der Mnemotechnik richtet sich in der Vertikalen auf das Machtzentrum einer streng hierarchischen Theokratie aus. Die stumpfe Spitze krönt der Sonnentempel des höchsten Priesters *Sol* (Metaphysikus), der mit seinen drei Ministern *Pon, Sin* und *Mor* (Macht, Weisheit und Liebe) jeden Lebensbereich der Bewohner beherrscht. Gläserne Wände in den Wohnhäusern verhindern Intimität und eine Fortpflanzungsbehörde kann ungehindert über die geschlechtliche Zuteilung der Partner wachen, die nach astrologischen Vorgaben im Sinne eines optimalen Zuchtprogramms bestimmt werden. Das Gute setzte Campanella wie Platon mit Wissen gleich: »Unser Sol jedoch, wenn er auch noch so unerfahren in der Herrschaft ist, wird niemals grausam oder verbrecherisch oder tyrannisch sein, weil er soviel weiß.« (Campanella, 127)

1619, kurz nach Campanellas *Sonnenstaat,* erschien die erste deutsche Staatsutopie: Mit *Christianopolis* entwarf der Theologe Johann Valentin Andreæ einen Zufluchtsort für religiös verfolgte Protestanten. An die Stelle der Kreisform tritt bei Andreæ wieder der quadratische Stadtgrundriss. Nicht sieben, sondern vier gebäudeartige Umfriedungen umschließen einen zentralen Kirchplatz. Diesem urbanen Konzept gingen offensichtlich zwei andere bekannte Stadtplanungen voraus: 1527 die *Pläne von rechtwinkligen idealen Städten* von Albrecht Dürer, sowie 1599 der vierte Entwurf für die Stadt Freudenstadt als »sichtbarer Mittelpunkt eines württembergischen-protestantischen Gebietes« des befreundeten Architekten Heinrich Schickhard. Auffällig ist die jeweilige Besetzung der Stadtzentren als Schaltstelle der Macht: Bei Dürer ist das Zentrum ein öffentlicher Platz, bei Schickhard der Standort des Schlosses, bei Andreae der Ort der Kirche.

Allen Utopien der Renaissance ist gemein, dass sie sich gegen jegliche Form von Individualismus und gegen die persönliche Freiheit des Einzelnen wandten. In der Wiederholung dieses vermeintlich idealen Konzeptes erscheint Platons Entwurf als gesellschaftliches Urbild und Programm, das im Lauf der Geschichte in immer neuen Varianten und Transformationen zu Tage tritt. Dazu gehören beispielsweise der streng geregelte Arbeitsablauf, die Ignoranz oder gar Feindlichkeit gegenüber individueller und künstlerischer Darstellung und seit Morus die Gleichförmigkeit der Häuser und Kleidung. Das Ideal eines »einzigen« Menschen der Renaissance wird zum Ideal eines »genormten« Menschen *avant la lettre*.

*

Viele utopische Erzählungen des 17. und 18. Jahrhunderts kennzeichnet eine starke Anlehnung an Thomas Morus' *Utopia*: Die erste französische Utopie *Histoire du Grand Admirable Royaume d'Antangil* beispielsweise, die 1617 erschien, spiegelt Morus' Konzept nahezu vollständig wider. Dennoch zeigt sich retrospektiv, dass viele Utopien des späten 17. und 18. Jahrhunderts zunehmend philosophische und religiöse Fragen ins Zentrum stellten, anstelle von sozialen und politischen. Gleichwohl waren und blieben utopische Schriften auch ein politisches Instrument: Bedingt durch die fehlende intellektuelle Freiheit innerhalb der absolutistischen Monarchien, verbargen die Verfasser ihre nonkonformistischen Ideen im Fiktiven. Kritische gesellschaftliche Fragen, beeinflusst von den revolutionären Einflüssen der Renaissance und der Reformation, konnten so mehr oder weniger gefahrlos öffentlich verhandelt werden. Die satirischen Phantasiereisen von Cyrano de Bergerac, dessen Hauptwerke erst nach seinem Tod zwischen 1657 und 1662 veröffentlicht wurden, erfreuten sich entsprechend großer Beliebtheit. Sie waren ein Affront gegen den Katholizismus und die Monarchie. Die Werke Bergeracs, ebenso wie die Jonathan Swifts, dessen *Gullivers Reisen* rund 70 Jahre später erschien und gleich ins Französische übersetzt wurde, stellten Politik, Religion und Gesellschaft an den Pranger und entwarfen eher kurzweilige Modelle der Kritik denn ideale Lebenswelten.

Die Entwicklung utopischer Erzählungen nahm noch eine andere Wende: Nicht mehr die Schaffung von Gleichheit galt den utopischen Gesellschaftsmodellen als oberstes Gebot, sondern das Ideal einer freien Gesellschaft. Anstelle einer bedingungslosen Unterwerfung unter einen Staatsapparat, der im Gegenzug die Versorgung jedes Einzelnen garantieren sollte, wurde nunmehr in den utopischen Gesellschaften der Ruf nach Freiheit laut. Mit Platon hatte die Eugenik Einzug in die vermeintlich »beste Welt« gehalten und zwischenmenschliche Verbindungen waren zur Staatssache erklärt worden. Die französischen Philosophen des 18. Jahrhunderts wandten sich vom reinen Reproduktionsgedanken ab und führten als Gegenmodell zur strengen Regulation sexueller Beziehungen das Lustprinzip wieder ein. Entgegen religiöser und moralischer Dogmen entstanden zahlreiche erotische Gedichte und Romane. Der radikalste Vertreter dieser geradezu revolutionären Entwicklung war der berühmt-berüchtigte Marquis de Sade: Im fünften

Dialog der *Philosophie im Boudoir* entwarf er die Lehre einer vollständigen Befreiung des Individuums von Bindungen nationaler, familiärer oder freundschaftlicher Art. Seine utopische Gesellschaft stellt beispielsweise den Frauen völlige sexuelle Freiheit in Aussicht und bestraft umgekehrt Prüderie. Die Zurückweisung aller Normen, die Atheismus, Besitzgier, Promiskuität usw. nicht nur zulässt, sondern provokant als Werte inszeniert, kann – mit Adorno – als Aufklärung der Aufklärung über sich selbst gelesen werden. De Sade verzichtete auf die Begrenzungen einer Moralphilosophie, die bei Kant die aufklärerische Kritik disziplinierte und in seinem Sinne die utopische Idee eines freien Zusammenlebens im Zeichen der Vernunft überhaupt erst denkbar machte.

DER ORT DER UTOPIE

Mitte des 18. Jahrhunderts waren die Länder der Erde weitgehend entdeckt und kartographiert. Die fernen Inseln waren meist bevölkert von jenen »edlen Wilden«, wie sie von Jean-Jacques Rousseau und Bernardin de St. Pierre beschrieben wurden. Die utopischen Erzählungen rekonstruierten die Begegnung der Kolonialmächte mit vermeintlich »echten Wilden«. Die Ferne als U-Topos verlor nach rund 200 Jahren an Überzeugungskraft. So nimmt es nicht Wunder, dass nunmehr fantastische Reisen in unbekannte Höhen und Tiefen neue Orte für die Konstruktionen künstlicher Welten erschlossen. Ludvig Holberg beschrieb in *Nicolai Klims unterirdische Reise* von 1741 erstmals eine Wunschwelt im Inneren der Erde. Der Held entdeckt bei einer Höhlenforschung ein zweites All. In der unterirdischen Welt *Potu* (utop) leben vernünftige Bäume, und die geknechteten Bauern werden zu Helden einer idealen Gegenwelt. Auch die Frauen erfreuen sich der Gleichberechtigung und machtvoller Positionen im Gemeinwesen. Neu an Holbergs Konzeption war zum einen die Verortung einer Wunschwelt im irdischen Untergrund, zum anderen die Beschreibung einer fremden Spezies, die weder Mensch noch Tier gleicht.

Die Erschließung neuer utopischer Räume wurde kurze Zeit später mit Sebastian Merciers Roman *Das Jahr 2440* radikalisiert. Mercier verschränkte seine Vorstellung einer besseren Welt mit der Konstruktion einer Traumwelt, die in einer fernen Zukunft verortet wird. Der Schlaf, oder genauer eine Art kataleptische Starre, dient als Medium, um einen Körper rund 670 Jahre lang als intakte Biomasse zu konservieren und anschließend zu reaktivieren. Mit diesem Roman erhielt die Verortung von Utopien eine neue Richtung: Nach der horizontalen Achse (in die Ferne) und der vertikalen Achse (in Höhen und Tiefen) fand die Utopie nun auch entlang der Zeitachse einen Ort. Merciers Zukunftsreise war der Ausdruck einer Zeit, die den »Prozesscharakter neuzeitlicher Geschichte« (Koselleck) historiografisch und poetisch entfaltete, und sollte – als literarisches Modell – zahlreiche Nacheiferer finden. In seinem *Gespräch mit einer Mumie* macht Edgar Allan Poe 1843 erstmals den Rückblick der Zukunft auf die Gegenwart zum Thema der Literatur. Die wiederbelebte Mumie schien der Gegenwart an technischem Wissen und wissenschaftlicher Erkenntnis in nichts nachzustehen. Zukunftsvision und rückblickende Erzählung verschränken sich in dem erfolgreichen Roman *Ein Rückblick aus dem Jahr 2000 auf das Jahr 1887* des Amerikaners Edward Bellamy, der ein internationaler Exportschlager wurde. Ein Blick vom Dachgarten in die Stadt Boston der Zukunft zieht dialogisch den Vergleich zwischen den aktuellen Zuständen von 1887 und der Zukunft im Jahr 2000. Der wohl prominenteste Zukunftsroman ist H.G. Wells' *Die Zeitmaschine* von 1895. Wells verarbeitete hierin zeitgenössische wissenschaftliche Überlegungen zur ›vierten Dimension‹, die der Romanheld – ein Wissenschaftler, versteht sich – in die Konstruktion einer Zeitmaschine zu übersetzen weiß, mit der sich zudem (erstmals in der Geschichte utopischer Literatur) in der Zeit navigieren lässt. Nicht nur durch die vierte Dimension verlor der Ort der Utopie zunehmend an irdischem Grund. Die Durchsetzung des kopernikanischen Weltbildes und Giordano Brunos These eines unendlichen Universums beflügelte seit dem 17. Jahrhundert Visionen von unentdeckten Welten in den Weiten des Alls.

EXTERRESTRISCHE WELTEN

Die *voyages imaginaires* zielten nun auf Mond, Sonne und andere, ferne Planeten. John Wilkens deutete bereits im Titel seiner Streitschrift für das heliozentrische System von 1638 die Entdeckung neuer Welten an: *Discovery of A New World; or, A Discourse that is probable that there may be another habitable World in the Moon*. Im gleichen Jahr erschien die fantastische Erzählung *Der Mann im Mond* von John Godwin, in der der kleinwüchsige Spanier Domingo Gonzales bei seiner Flucht in einem von Gänsen gezogenen Luftgefährt irrtümlicher Weise nicht in einem anderen Land, sondern auf dem Mond landet. Diese Geschichte erinnert an *Ikaromenippos oder die Luftreise* des bereits erwähnten Lukian von Samosata, der dem Helden dieses Urbildes der *voyages imaginaires* erstmals Flügel verlieh: Menippos bricht mit dem Willen, die Welt als Ganzes zu verstehen mit Hilfe eines Adler- und Geierflügels in den Himmel auf. Nach einer Zwischenlandung auf dem Mond führt ihn seine Flugreise zur Himmelspforte. Hier erfolgt Lukians satirische Abrechnung mit der Götterwelt. Der freche Weltraumreisende bekommt auf Kronions Geheiß seine Flügel gestutzt und wird von Merkur zur Erde zurückgetragen. In *Der wahren Geschichte* erzählt Lukian von der Entdeckung neuer Welten im All: »Wir waren bereits sieben Tage und eben so viel Nächte in dieser Luftfahrt begriffen gewesen, als wir am achten Tage eine Art von Erde in der Luft erblickten, gleich einer großen, glänzenden, kugelförmigen Insel, die ein sehr helles Licht um sich her verbreitete. Wir fuhren auf sie zu, legten unser Schiff an, und stiegen ans Land; und als wir uns darin umsahen, fanden wir, dass es bewohnt und angebaut sey. Zwar bey Tage konnten wir nichts unterscheiden: aber sobald die Nacht einbrach, zeigten sich uns noch andere Inseln in der Nähe, einige größer, andere kleiner, und alle feuerfarb; auch wurden wir tief unter uns eine andere Erde gewahr, welche Städte und Flüsse und Meere und Wälder und Berge in sich hatte; woraus wir denn schlossen dass es vermuthlich die unsrige sey.« Lukian ersann noch keine Außerirdischen, doch er unterschied die Tiere seiner Planeten in Größe und Nutzung von ihren irdischen Artgenossen. Die »Pferdegeyer« beispielsweise sind »meistens dreyköpfig und wie groß sie sein müssen, kann man daraus abnehmen, dass jede ihrer Schwingfedern länger und dicker ist als der Mast eines großen Kornschiffes.« Lukian erzählte auch von der Kolonialisierung unbewohnter Planeten und von dem wohl ersten ›Krieg der Sterne‹.

Mit dem imaginären Start in neue räumliche Dimensionen gingen die ersten technischen Fantasien einher, denn die Reise ins Universum erforderte die Erfindung geeigneter Vehikel und Flugtechniken. Cyrano de Bergerac ließ in seinen fantastischen Satiren nach dem Vorbild des Aristophanes seinem Erfindergeist freien Lauf. Er entwarf nicht nur eine materialistische Theorie der Entstehung des Weltalls, sondern auch abenteuerliche Techniken zu dessen Exploration. In *Mondstaaten* ersann Bergerac um 1642 neue physikalische Kräfte, die seinen Protagonisten die bereits erkannte, aber noch nicht mathematisch belegte Gravitation überwinden ließ. So tritt der Held die Reise zum Mond mit taugefüllten Flaschen an, die ihn – von der Sonne angezogen – in die Lüfte aufsteigen lassen. Diese Art der Luftfahrttechnik hat natürlich einige Haken, z.B. die Unmöglichkeit der Navigation. So endet die erste versuchte Mondfahrt im neu erschlossenen Kanada. Der zweite Versuch gelingt mittels einer versehentlich gezündeten pyrotechnischen Rakete, und so erfand wohl Cyrano de Bergerac den ersten technischen Start ins All. Wieder ist es der Zufall, der das Experiment zu einem erfolgreichen Abschluss bringt: Das Ochsenmark, mit dem Bergeracs Held seine Wunden nach der Fehllandung versorgte, wird vom Mond so stark angezogen, dass der Reisende endlich sein Ziel erreicht. Das vorgefundene lunare Paradies entspricht jedoch nicht der Vorstellung eines Garten Eden, sondern entpuppt sich als ein Park technischer Fiktionen. Jahrhunderte vor der englischen Architektengruppe *Archigram* setzte schon Bergerac ganze Städte in Bewegung, indem er Häuser und Mauern auf Rädern erfand, die sich mit Hilfe von Segeln fortbewegen konnten. Auch die Beschreibung von Glühwurmlampen und Glaskugeln mit eingefangenem Sonnenlicht erscheinen als Vorgriff auf Edisons Erfindung, die erst 200 Jahre später dauerhaft Licht ins Dunkel bringen sollte.

Eine kongeniale Verbindung von Fiktion und Wissenschaft schuf Johannes Kepler, mit seiner Erzählung *Somnium. Traum vom Mond*. Eine phantastische Mondreise und die Frage nach etwaigen Mondbewohnern dienten Kepler zur kurzweiligen Illustration seines Ansinnens, das heliozentrische Weltbild überzeugend zu argumentieren. Die Erzählung erschien erstmals vier Jahre nach seinem Tod, flankiert von Keplers kommentierter Übersetzung Plutarchs: *Über das Gesicht des Mondes*, worin dieser bereits über die Möglichkeit von Mondbewohnern spekuliert.

Die erste Ankunft von Außerirdischen hat wohl Voltaire zu verantworten, der 1752 in seinen naturphilosophischen Erzählungen *Mikromegas* die acht Meilen großen Siriusbewohner erfand. Voltaire erdachte diese Lebewesen als Kritik zu Thomas von Aquins scholastischem Weltbild, das in der *Summe der Theologie* den Menschen zum einzigen Zentrum der Schöpfung erhob. Zwei unvorstellbar dimensionierte Giganten besuchen auf ihrer Reise durchs All die Erde und führen den Menschen ihre tatsächliche Kleinheit vor Augen. Der Außerirdische als Korrektiv menschlicher Anmaßung wird in der künftigen Science Fiction zum immer wiederkehrenden, Heil versprechenden Topos. Außerirdische Welten werden zu einer willkommenen Projektion, zur Konstruktion menschlicher Wunschvorstellungen. [Vgl. den Text von Claus Pias]

Mit der Entdeckung der vermeintlichen Marskanäle durch den italienischen Astronomen Giovanni Schiaparelli 1877 verbreitete sich, wohl aufgrund der Übersetzung des italienischen Begriffs »canali« (allg. für Rillen, Rinnen) ins Englische »canals« (künstlich erschaffene Kanäle), die weitverbreitete Mär von intelligenten Marsbewohnern. In den folgenden Jahren entstanden zahlreiche sog. Planetenromane. Auch H.G. Wells verarbeitete diese »aktuelle Entdeckung« in seinem berühmten Roman *Krieg der Welten*. Die wohl spektakulärste Resonanz fand eine fiktive Reportage von Orson Wells über die Ankunft vom Marsbewohnern, die 1938 über amerikanische Rundfunksender ausgestrahlt wurde und eine Massenhysterie unter der Radio hörenden Bevölkerung auslöste.

ARCHITEKTUR ALS MORALISCHE KONSTRUKTION

Mit dem Aufkommen der Aufklärung und des Liberalismus als Folgewirkung realpolitischer Ereignisse, wie etwa der Unabhängigkeitserklärung Amerikas oder der Französischen Revolution, brach die Macht der absolutistischen Herrscher des Barock zusammen. Adam Smith beförderte als Begründer der klassischen Nationalökonomie den Übergang vom Merkantilismus zum marktwirtschaftlichen Liberalismus, und Jean-Jacques Rousseau forderte einen Staat als »Gesellschaftsvertrag freier Individuen«. Freiheit, Gleichheit und Brüderlichkeit waren die neu propagierten Ideale der Französischen Revolution. Technologische Fortschritte führten zur steigenden Industrieproduktivität und zur Entstehung neuer Erwerbstätigkeiten und Berufsfelder. Mit der Gründung der *École Polytechnique* 1795 wurde die berufsspezifische Trennung von Architekt und Ingenieur in der Ausbildung festgeschrieben. Der Ingenieur verkörperte von nun an das neue Berufsbild des Konstrukteurs und stand für einen rationalisierten Planungsprozess. Die Ökonomie der reinen Funktion und des Rasters wurde einer beruflichen Disziplin entgegengestellt, die sich seit jeher als Kunst verstand. Diese Entwicklung führte zu einem Prestigeverlust des Architekten, dem nun im Gegensatz zu technisch komplexen innovativen Ingenieurstätigkeiten wie Brücken oder neuen Stahlkonstruktionen eher Nischentätigkeiten (wie z.B. Begräbnisse) zufielen und der in seinem Tätigkeitsfeld zum Dekorateur reduziert wurde.

Der französische Architekt Etienne-Louis Boullée (1728-1799) wusste diese Entwicklung von ehemals dienstbarer *techné* zur freien Kunst für sich zu nutzen: Das Studium der Natur, der Menschen, der Formen, der Abstraktion und Poesie begleitete ihn auf der Suche nach einer Universalsprache, einer Suche nach Prinzipien und Archetypen der Bauformen. Auf der Basis von Strukturmodellen entwickelte er die ersten theoretischen Architekturprojekte, die aus konzeptuellen Gründen nie das Stadium des Entwurfs überschritten. Boullée schuf eine *architecture parlante*, eine sprechende Architektur, die sich im Dienste der Gesellschaft verstand und die sich in mit Botschaften unterlegten Bildern von Monumentalbauten manifestierte. Als Revolutionsarchitektur wurde sie zur Kunst und gleichsam zum politischen Symbol. Monumentalität war ein wichtiges Prinzip dieser »Poesie der Architektur«, die mit einer Ästhetik des Erhabenen (Kant), oder mit der Konstruktion von Ehrfurcht operierte. Diese Wirkung erzielte Boullée mit einem Programm von räumlichen Elementen und Setzungen wie z.B. mit der Erhöhung der Standorte, der Regelmäßigkeit und Symmetrie der Baukörper, usw. Eine klare Vorstellung und Erfassbarkeit des Körpers war für ihn gleichbedeutend mit Schönheit, Glück und einer überwältigenden Wirkung: Mit dem Ziel der Kunst, »das Bild des Großen in die Natur umzusetzen« entwarf Boullée raumgreifende Kompositionen von Baukörpern, die er so anzuordnen ersuchte, »dass ihre Gliederung einen noblen und majestätischen Ausdruck erhält und dass sie zur größten Ausdehnung geeignet sind. Als Ganzes muss die Anordnung der Körper so gestaltet sein, dass es uns möglich ist, die Vielfalt der Bestandteile mit einem Blick zu erfassen.« Seine Entwürfe sollten das Versprechen einer besseren Welt verkörpern: »Dieser schöne Ort [La Métropole: Monument zur Feier des Fronleichnamsfestes] der ein Abbild all dessen darstellt, was unser Wohlbefinden ausmacht, würde unser Herz mit Glück erfüllen und wäre für uns ein wahres Paradies auf Erden.« (Boullée, 68/62) Der berühmte Entwurf eines Kenotaphen für Isaac Newton von 1784 ist das augenfälligste Monument für die Wissenschaft und veranschaulicht die programmatischen Regeln Boullées. Es gibt zwei Varianten für die Gestaltung des

Innenraums: In einem ersten Entwurf wird der Raum von einer im Mittelpunkt aufgehängten Lichtquelle, einer künstlichen Sonne, taghell erleuchtet. Der zweite Entwurf zeigt einen nachtdunklen Innenraum, der einen Sternenhimmel simuliert. Dieser Effekt wird durch Perforationen in der oberen Halbkugel erzeugt, durch die das Tageslicht in das Innere dringen kann – eine Konstruktion, die zum damaligen Zeitpunkt eine reine technische Fiktion war. Boullée entwarf gewissermaßen Tempel für die Wissenschaft, getragen von dem Glauben, dass in der Technik und Wissenschaft das Versprechen an bessere Zeiten, an eine bessere Welt begründet liege.

Diesen Glauben an eine offene (d.h. prinzipiell maßlose) Steigerung von Wohlstand und Lebensqualität durch Wissenschaft und Technik hatte Francis Bacon rund 160 Jahre zuvor mit seiner Erzählung *Neu-Atlantis* begründet, die aufgrund seines Todes 1626 unvollendet

ETIENNE-LOUIS BOULLÉE: QUERSCHNITT VON NEWTONS KENOTAPH; INNENANSICHT BEI TAG UND NACHT, 1784

blieb. In Anknüpfung an Platons Beschreibung der legendären Insel *Atlantis* beeindruckt *Neu-Atlantis* in seiner eigenständigen Konzeption und mit der Fülle der im Vorgriff geschilderten technischen Errungenschaften, wie z.B. Hochhäuser (Turmbauten), Flugzeuge, Wiederbelebung, Künstliche Tiere und Menschen, Kino und vieles mehr. Bacon verstand experimentelle Wissenschaft und deren technische Anwendung als Grundlage von gesellschaftlichem Wohlstand, wirtschaftlicher Stärke und politisch-militärischer Macht und entwarf mit dem Orden *Haus Salomon* ein effizientes System zur Vermehrung des Wissens. Bacon konzipierte keine Sozialutopie, sondern ein Forschungsmodell – die Vision einer Kultur, die auf seinen Schriften zu empirisch-induktiven Forschungsmethoden gründete. Naturgesetze resultieren hier aus einem straff organisierten Forschungsprozess mit einer klaren Aufgabenteilung.

Auch der berühmte Architekt Nicolas Ledoux, ein Zeitgenosse Boullées, griff die Idee der Arbeitsteilung auf und übersetzte sie in Architektur: Seine umfassende Planung der idealen Salinenstadt Chaux stand u.a. für den Versuch einer baulichen Synthese von räumlich organisierter Produktionsstätte und moralischem Erziehungs- und Bildungsanspruch. Mit dem »Haus der Bildung«, dem »Haus der Leidenschaft«, etc. sollten Institutionen im Dienste des Allgemeinwohls und zur Kontrolle ehrbaren Verhaltens geschaffen werden. Ledoux begnügte sich nicht mit einer *architecture parlante* als reiner Bildsprache. Ähnlich wie Campanella nutzte er die Wände seiner Gebäude als mediale Flächen. Er wollte seine Botschaften auf den Gebäuden verschriftlicht und seine Pläne gebaut wissen, was ihm auch in Teilen gelang. Technik und Wissenschaft als neue Heilsversprechen fanden weiterführend Eingang in die utopische Literatur. In der Verquickung von wissenschaftlichen Erkenntnissen und wissenschaftlichen Fiktionen entstand ein neues Genre, dessen Name seit dem 20. Jahrhundert bekanntlich *Science Fiction* lautet.

IDEALE GEMEINSCHAFTEN

Zahlreiche technische Erfindungen des 18. Jahrhunderts führten zu einer sukzessiven Umstrukturierung der Arbeitsprozesse und der Arbeiterschaft. Diese technischen Innovationen, wie z.B. Dampfmaschine, mechanischer Webstuhl und Spinnmaschine, und die entsprechende Neuorganisation von Produktionsabläufen hatten auch raumplanerische Folgen: Die Gründung und Errichtung zahlreicher neu zu organisierender Produktions- und Arbeitsstätten erforderte zudem die Konstruktion von Massenunterkünften. Ein urbaner Wildwuchs wucherte an der Peripherie der Stadtgebiete. Die rasante Entwicklung der Industrialisierung sowie die gesellschaftspolitischen Nachwirkungen der Französischen Revolution bereiteten den Nährboden für das Aufkeimen neuer Gesellschaftsmodelle. Die Abschaffung von privatem Eigentum war bereits bei Morus die Voraussetzung für eine gerechte Verteilung und Gleichheit innerhalb der Gemeinschaft. Die Industrialisierung schien in ihren Anfängen dieser Verheißung den realen Grund zu bieten. Neue und günstige Produktionstechniken versprachen einen ausgewogenen Wohlstand für alle. Doch dieser Glaube schlug alsbald in Kritik und Ernüchterung um, angesichts der bitteren Realität schwerster Arbeits- und Lebensbedingungen in den sich explosionsartig ausbreitenden Arbeitervierteln. Volkszählungen und statistische Erhebungen sollten Übersicht und Kontrolle über das urbane Chaos schaffen. Die Stadt wurde zu einem Raum demografischer Daten und Zeichen, zu einem Ort virtueller Ereignisse. [Vgl. den Text von Joseph Vogl] Als Beispiel für radikale bauliche Kontrollmaßnahmen steht der Name Baron Haussmann, der mit axialen Schneisen ein neues Verkehrs- und Überwachungssystem in das Pariser Stadtgefüge schlug und hier Ansätze idealer Stadtplanungen in brachialer Weise Raum werden ließ.

Die akuten Probleme urbaner Ballungszentren, wie z.B. räumliche Enge, Luftverschmutzung und mangelnde Hygiene ließen die Natur, das Landleben in scheinbar weite und auch verklärte Ferne rücken. Viele utopische Konzepte dieser Zeit entwickelten die Vision von ruralen Gegenwelten, autarken Landkommunen, Künstlerkolonien und Einsiedlerhorten. Das Ansinnen war, die zunehmende Kluft zwischen Stadt und Land zu verringern und deren jeweilige Potenziale in Einklang zu bringen. Das Zusammenspiel von Leben und Arbeiten innerhalb einer Gemeinschaft galt als Gegenmodell zu jener »Megamaschine« (Mumford), die den Menschen im Produktionsprozess verschlingt und die utopische Verheißung eines allgemeinen Wohlstands mit Hilfe der Maschine Lügen strafte.

Charles Fourier (1772-1837) und Robert Owen (1771-1858) waren ihrerzeit die bekanntesten Sozialutopisten. Fourier veröffentlichte 1808 seine *Theorie der vier Bewegungen*. Er klassifizierte die Menschen nicht mehr nach Größen (wie beispielsweise Filarete, der sich aus dieser Unterteilung die Ermittlung idealer und harmonischer Proportionen versprach), sondern nach zwölf Leidenschaften. Die Unterteilung und Charakterisierung der Menschen in 810 Typen sollte mittels einer optimalen Kombinatorik die Herstellung zwischenmenschlicher Harmonie ermöglichen. Mit dem Entwurf des *Phalanstère* verlieh Fourier seinem Konzept eines idealen landwirtschaftlich autonomen Gemeinwesens für bestenfalls 1620 Personen eine kompakte bauliche Gestalt. Der typologische Entwurf seines Gemeinschaftshauses basiert auf einer ausgefeilten Vernetzung der unterschiedlichen Räumlichkeiten: Privates Leben und Arbeiten wird durch Galerien in einem einzigen Gebäudekomplex verbunden. Fouriers Skizzen wiesen eine große Ähnlichkeit mit der Schlossanlage Versailles auf und übersetzen bildlich die Idee eines *Sozialpalastes der Humanität*. Tatsächlich verstand Fourier sein *Phalansterium* als realisierbaren Prototypen innerhalb einer radialen und multiplizierbaren Stadtanlage, für die er zeit seines Lebens einen Finanzier suchte. Innerhalb dieses genossenschaftlichen Systems, das Fourier selbst als »Harmonie« bezeichnete, propagierte er nicht nur freie Arbeit, sondern auch freie Liebe.

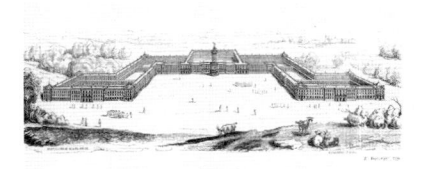

CHARLES FOURIER: PLAN EINES PHALANSTERIUMS, UM 1814

1817 veröffentlichte der Textilunternehmer Robert Owen seinen *Report to the Comittee for the relief of the manufacturing poor*, ein Konzept für die Errichtung von Industriedörfern für 500-1500 Einwohner. Wie auch bei Fourier befanden sich in der Mitte der Anlage die Gemeinschaftsbauten für Versammlungen, wie die Bibliothek etc., die von den Wohneinheiten umsäumt wurden. Owen hatte mit der Gründung einer Lebensgemeinschaft, die Komfort auf dem neuesten Stand von Technik bieten sollte, weniger die Klassifizierung als vielmehr die Formung des Menschen im Sinn. Erziehung verstand er als eine Übung des Lebens ohne Müßiggang, ohne Armut, ohne Verbrechen und ohne Bestrafung, aber begleitet von geistiger Fortbildung. Sein *Institute for the Formation of Character*, das 1816 in New Lanark eröffnet wurde, verrät bereits in der Namensgebung das Ansinnen des Gründers.

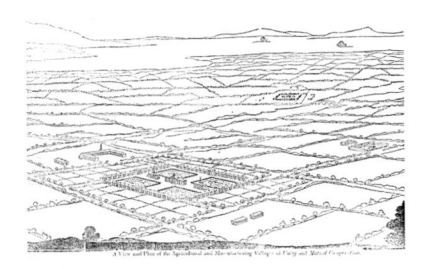

ROBERT OWEN: EINE ANSICHT UND EIN PLAN DES LANDWIRTSCHAFTS- UND FABRIKATIONSDORFES DER EINHEIT UND KOOPERATION

Um seine Pläne in reale Architektur umzusetzen, siedelte Owen 1924 nach Amerika über und erwarb ein Dorf in Indiana, das nach seinen Vorgaben zum quadratisch angelegten Siedlungsprojekt *New Harmony* umgebaut wurde. Der Mangel an fachlicher und sozialer Kompetenz der Siedler, die fehlende Bereitschaft vieler, körperliche Arbeit zu verrichten, usw. führte zu einer Zersplitterung der Gemeinschaft, so dass Owen schon vier Jahre später nach Schottland zurückkehrte. Mit der Gründung von *Harmony Hall* in Hampshire wagte Owen einen letzten Versuch. Engels berichtete 1845 in einem Artikel begeistert von dieser Siedlung, die jedoch beim Erscheinen des Textes bereits in großen finanziellen Schwierigkeiten war. Nicht nur Marx und Engels zeigten sich beeindruckt von Fouriers und Owens Reformplänen, auch die Schriftsteller utopischer Erzählungen ließen sich von deren Ansätzen inspirieren. Folglich verwoben sich utopische und sozialreformerische Gesellschaftsentwürfe und der Begriff der Utopie verlor seine ursprüngliche Bedeutung des rein Fiktiven.

Marx erklärte den Sozialismus zur Wissenschaft und Friedrich Engels weitete den Begriff der Utopie im Sinne des Marxismus weiter aus. In *Die Entwicklung des Sozialismus von der Utopie zur Wissenschaft* löste er die Grenze zwischen imaginären idealen Gesellschaftsentwürfen und praktischen gesellschaftlichen Planungen und Umsetzungen auf. Engels führte damit den Anspruch und die historische Notwendigkeit der Realisierung in das utopische Modell ein und konzentrierte sich auf die Frage, wie denn eine tatsächliche Veränderung im Sinne einer Verbesserung des Gemeinwesens zu erreichen sei. 1848 führten Marx und Engels in ihrem *Manifest der kommunistischen Partei* aus, dass die Geschichte der Gesellschaft eine Geschichte des Klassenkampfes sei, und dass sich soziale Veränderungen nur durch den Klassenkampf erwirken ließen. Entsprechend kritisierte Engels an den Verfassern utopischer Schriften, dass sie sich die Frage des Übergangs vom Kapitalismus zum Sozialismus gar nicht stellten und allein davon ausgingen, dass der Staat die Ökonomie im Sinne des Gemeinwesens regeln werde. Engels verurteilte utopische Konzepte als unreife Theorien, die sich seines Erachtens in reiner Phantasterei verliefen. Seine Annahme jedoch, dass die Veränderung hin zu einer sozialistischen Gesellschaft nur auf eine Revolution der Arbeiterschaft folgen könne, löste die Geschichte nicht ein. Karl Marx zielte indes mit der Begründung des wissenschaftlichen Sozialismus nicht auf die Unvermeidlichkeit des Klassenkampfes, sondern auf sukzessive Sozialreformen, die eine ökonomische Egalisierung der Klassen befördern sollte. Diese Auseinandersetzung und wissenschaftliche Aufarbeitung gesellschaftlicher Modelle und einhergehender Modellierungsprozesse, die sich freilich zuerst in der Theorie niederschlugen, hatten den Boden für zahlreiche Reformbewegungen und Kommunen bereitet. Hierbei sollte jedoch nicht unerwähnt bleiben, dass die Organisation vieler Kommunen auf strengen Regeln und sozialer Kontrolle basierte. Beispielsweise führte Owen in New Lenark für alle Mitglieder sichtbare Verhaltensevaluationen mittels der Verteilung von Stiftfarben durch. Und bemerkenswert ist auch, dass all diese Lebensgemeinschaften von nicht allzu langer Dauer waren, abgesehen von André Godins *Familisterium* in Guise, das sich ein ganzes Jahrhundert erhielt. Emile Zola verarbeitete 1901 seine Eindrücke des *Familisteriums* in seinem Roman *Travail*, der wiederum Tony Garnier zu seinem Entwurf einer *Cité Industrielle* inspirierte.

William Morris schaffte in seiner sozialistischen Zukunftsvision *Kunde von Nirgendwo – Utopie des freien Sozialismus* (1890) nicht nur den Kapitalismus, die Industrie und ihre Maschinen ab, sondern gleich die Stadt als Topos menschlicher Ansiedlung. Das Handwerk sollte von nun an die Produktion und das Glück der Menschen im ländlichen Idyll bestimmen. Anstelle einer strengen geometrischen Stadtstruktur beschrieb der von John Ruskin beeinflusste Kunsthandwerker und Begründer der sozialistischen Liga diffuse, unregelmäßige, organisch durchgrünte Siedlungsräume und brach mit dem utopischen Topos des Rasters. 1903 wurde die erste Gartenstadt in Letchworth, England gebaut, die auf Ebenezer Howards Idee der Gartenstadt basierte. Ein Jahr zuvor erschien sein Konzept, *Garden Cities of To-Morrow: A Peaceful Path to Real Reform*, das sich weitgehend auf geometrische Organisationsschemata beschränkte, bereits in der zweiten Auflage. Howard gab darin ein Schema vor, das eine Vielfalt an Städten innerhalb eines urbanen Netzes vorsah und unterschied sich damit von Morus und anderen ›Utopie-Urbanisten‹, die nur einen Prototyp zur unendlichen Vervielfältigung propagierten.

DIE HYGIENISCHE STADT

Für Marx war der französische Rechtsanwalt Etienne Cabet der Vater des utopischen Kommunismus. Sein utopischer Roman *Reise nach Ikarien* von 1840 war zugleich ein Versuch, 500 Freiwillige zu gewinnen, um seine Idee einer sozialistischen Gesellschaft in einer kleinen, experimentellen Gemeinschaft in Texas verwirklichen zu können. Sein literarisches Konzept hatte indes andere Dimensionen. Cabet verabschiedete sich von der Idee des idealen Dorfes und erzählte von einer kreisrund angelegten Idealstadt für eine Million Einwohner, die auf einem strengen quadratischen Raster organisiert ist. Die erdachte Weltstadt, die in ihrer Anlage formal an Platons versunkenes Atlantis erinnert, ist in 60 Bezirke unterteilt, nach 60 internationalen Städten benannt, die multikulturelle Vielfalt zu verkörpern beabsichtigen. Doch auch diese Vielgestaltigkeit ist an die Vorgaben des geometrischen Grundrasters, und an das Diktat gleichförmiger Fassaden gebunden, die jeden Straßenzug einheitlich flankieren sollen. Alle Gebäude und selbst die Möbel sind als Produkte der Massenfertigung gedacht. Cabet entwarf nicht nur ein urbanes Konzept auf der Grundlage der Massenproduktion, sondern setzte sich auch das Ziel, eine Großstadt unter hygienischen Aspekten zu entwerfen. Diese

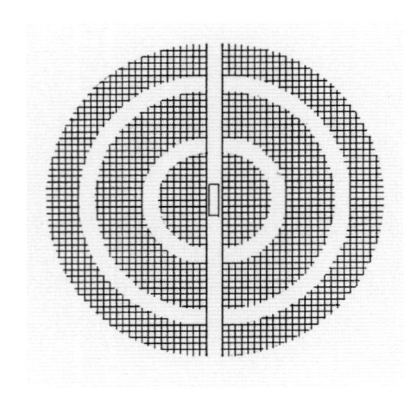

SCHEMA DER STADT IKARA: STADTGRUNDRISS MIT BEGRADIGTEM FLUSS, 2 GRÜNGÜRTELN UND 50 STRASSENZÜGEN.

waren bis ins Detail durchdacht: von der schlichten Kanalisation über die Straßenreinigung bis hin zu luftdichten Schubfächern.

Hygiene wurde ein zunehmend zentrales Thema bei der Konzeption idealer Dörfer und Städte. So konzipierte der englische Arzt Benjamin Ward Richardson 1876 die Rasterstadt *Hygeia, a City of Health* nach medizinischen Gesichtspunkten und mit entsprechend ausgefeilter Haus- und Stadttechnik. In Jules Vernes Roman *500 Millionen der Bégum* (1879) fand nicht von ungefähr die Figur des fiktiven Arztes Sarrasin Eingang, der mit seinem Erbschaftsanteil aus dem Nachlass einer indischen Prinzessin eine ideal-hygienische Stadt verwirklicht. Sarrasin versucht die Teilnehmer eines Hygienekongresses zur gemeinsamen Planung einer idealen Stadt zu gewinnen: »Meine Herren, als Spezialisten wissen wir alle, wo wir die Hauptursachen für Frühsterblichkeit und Frühinvalidität zu suchen haben: es sind die erschreckenden hygienischen Bedingungen, unter denen der größte Teil der Menschheit qualvoll dahinvegetiert: Immer mehr Menschen leben dicht gedrängt in Großstädten und nehmen sich in ihren Wohnungen gegenseitig Licht und Luft – die beiden wichtigsten Voraussetzungen zur Volksgesundheit. Diese Menschenansammlungen bilden außerdem den erschreckend günstigen Nährboden für Infektionen und Krankheiten. Wer hier noch widerstandsfähig genug ist, dass er überlebt, trägt immer noch zeitlebens Gesundheitsschäden davon. Dadurch vermindert sich ständig das Bruttosozialprodukt, und der Gesellschaft geht auf diese Weise ein ungeheures Arbeitspotenzial verloren... Ich rufe Sie alle auf, all ihre Erfahrungen und Erkenntnisse einzusetzen und den Plan einer idealen Stadt auszuarbeiten, die modernsten wissenschaftlichen Errungenschaften gerecht wird.« (Verne 28)

Jules Vernes technische Fiktionen zielten hier weniger auf die Deskription utopischer Potenziale einer neuen Technik als vielmehr auf die Gefahr des Missbrauchs von technischem Wissen und individuell konzentrierter Macht: So stellte er der Romanfigur des guten, französischen, philanthropischen Arztes einen zweiten Erben gegenüber: den bösen, deutschen, machtbesessenen Ingenieur Schultze. Dieser verwirklicht seine ganz andere Vorstellung einer Stadt der Zukunft: »Stahlstadt« nennt Schultze sein privates Imperium, eine industrielle Rüstungsstätte und ein Hort der Ausbeutung, in dem er unter strengster Geheimhaltung eine Waffe mit besonderer Reichweite entwickelt und damit Sarrasins Idealstadt France-Ville bedroht. Vielleicht zur Rehabilitation des Berufsstandes vergibt Verne die Rolle des Helden an einen jungen Ingenieur, der in »Stahlstadt« spionieren und Schultzes böswilligen Plan aufdecken wird.

Unzählige technische Fiktionen beschrieb Jules Vernes in seinem umfassenden literarischen Werk. Dabei ließ er keinen Ort bzw. Nicht-Ort in seinen Romanen aus: das Erdinnere, die Meerestiefen, die Lüfte, das All, Sonnen und andere Planeten, usw. Doch seine anfänglich ungetrübte Technikeuphorie paarte sich mit zunehmenden Zweifeln an dem einst gehegten Glauben, dass der unaufhaltsame Fortschritt in Technik und Wissenschaft den Menschen gewissermaßen »automatisch« ein besseres Leben bescheren werde.

JULES VERNE: FRANCE-VILLE UND ACIER-VILLE (STAHLSTADT)

FILMWELTEN UND DIE ENTGRENZUNG DES RAUMES

Diese ersten anti-utopischen, dystopischen oder auch ›kakotopischen‹ (Mumford) Entwürfe werden im 20. Jahrhundert das Genre der utopischen Literatur zunehmend und vor allem das Genre des Science Fiction-Filmes prägen. Dabei spielen die Visionen einer Stadt der Zukunft eine große Rolle, wie beispielsweise in H.G. Wells' Roman *Wenn der Schläfer erwacht* von 1899: die Einwohnerzahl der Stadt London ist im 21. Jahrhundert auf 33 Millionen angewachsen und das Land entvölkert. Die Stadt ist vertikal organisiert, das Proletariat fristet sein Dasein unter Tage. Es gibt in Wells' Stadt der Zukunft Aufzüge, Laufbänder, Flugmaschinen und sogar Film und Fernsehen.

Diese vertikale urbane Raumvision kehrt auch in Fritz Langs *Metropolis* wieder, wo der Aufruhr des Proletariats im Untergrund der Stadt deren Grundfeste erschüttert. Die Erzählung von Thea Harbou, die 1927 von Fritz Lang verfilmt wurde, setzt eine vertikale Stadt ins Bild, die einer gigantischen Maschine gleicht. Die Arbeiter sind Teil der Maschinerie und halten diese ›eingetaktet‹ in Bewegung. Die Film-Architektur von Erich Kettelhut, Otto Hunte und Karl Vollbrecht erinnert in ihrer futuristischen stadträumlichen Konzeption an die vertikalen Organisationen H.G. Wells'scher Städte. Diese Vertikalität urbaner Räume ist seitdem zum Topos zahlreicher Science-Fiction-Filme geworden, wie z.B. andeutungsweise in Ridley Scotts *Blade Runner* oder wie in Luc Bessons *Das Fünfte Element* auf die Spitze getrieben.

Das Genre des Science Fiction-Films ist fast so alt wie die Filmgeschichte selbst. Den ersten SF-Film *Die Reise zum Mond* drehte der Franzose George Méliès 1902. Inspiriert von den fantastischen Erzählungen Jules Vernes und von H.G. Wells Roman *Die ersten Menschen im Mond*, der aktuell erschienen war, ließ Méliès in seinem 16-minütigen Werk eine Gruppe von Wissenschaftlern mit einem raketenartigen Flugkörper auf dem Mond landen. Ruhmreich kämpfen sie mit Hilfe von Regenschirmen gegen die insektenartigen Mondbewohner (Seleniten). Wie Kolonialherren erobern die Wissenschaftler anstelle eines Kontinents den Mond und vernichten dessen »Ureinwohner«. Die Exploration und Eroberung exterrestrischer Welten, der Kampf oder die Verteidigung mittels avancierter Technik, aber auch die Freundschaft mit dem Fremden und Anderen, sind drei zentrale Topoi dieses Genres. George Lucas' Film *Star Wars* und Steven Spielbergs *E.T.* waren lange die größten kommerziellen Erfolge in der Filmgeschichte, nicht zuletzt weil gerade die »unmittelbare Vergegenwärtigung« einer bildgewaltigen Inszenierung »der physischen Difformität und Veränderung« von Kampfszenen, vielgestaltiger Technik, Geschossen Explosionen, Einstürzen, etc. den Film etwas bieten lassen, »was der Roman niemals bieten könnte: den vollkommenen sinnlichen Eindruck.« (Sontag)

Auch der spanische Filmemacher der ersten Stunde Segundo de Chomón begann mit Weltraumreisen als filmisches Sujet, doch einen Namen machte er sich mit der Verfilmung seiner technischen Vision eines vollautomatischen Hotels der Zukunft: In *Hotel Eléctrico* von 1905 wird das Haus als bewohnbare Maschine inszeniert: das Besteck, der Kamm, der Kleiderschrank funktionieren auf Knopfdruck und sogar das Badezimmer reinigt sich, mechanisch gesteuert freilich von selbst. Fast zwanzig Jahre bevor Le Corbusier die Idee einer Wohnmaschine überhaupt erst zu Papier brachte, hatte Chomón sein visionäres Konzept bereits in bewegte Bilder gesetzt. Jacques Tati brachte beide Konzepte einer Wohnmaschine in seinem Film *Mon Oncle* zusammen und inszenierte sie als überzeugende Karikatur der Idee eines technisch avancierten, automatisierten Heims.

Lange Zeit waren in der Kinematografie aufwendig gebaute Filmarchitekturen erforderlich, um die räumlichen Fantasien überzeugend und entsprechend »realistisch« in Szene zu setzen. Doch auch spezielle Effekte waren bereits in den ersten Jahren des Kinos eine Möglichkeit, illusorische Räume zu erzeugen oder gar aufzulösen. Der Filmraum als fragmentierter und restrukturierter Wahrnehmungsraum konstituierte durch künstlerisch-technische Bearbeitung neue Formen der Sinnlichkeit, der Leibwahrnehmung und sogar neue Formen sozialen Verhaltens. [Vgl. den Text von Ute Holl]

Die Auflösung von Räumen, das Fließen von Raumgrenzen, Effekte der Verdopplung usw. waren auch Phänomene, die parallel zu diesen Anfängen im Film auch in der Architektur eine Rolle spielten. Die Auflösung der baulichen Massen durch neue Stahl- und Glaskonstruktionen, Transparenz, Entstofflichung und Farbigkeit begründeten die Vision einer kristallinen Architektur und beflügelten die Visionen von fliegenden Siedlungen. Der Kunsthandwerker und expressionistische Künstler Wenzel Hablik entwarf einen Zyklus utopischer Architekturzeichnungen und beschäftigte sich seit 1903 intensiv mit der Vision kristalliner Architektur und fliegender Städte.

Bruno Taut und Paul Scheerbart waren von dem Glauben beseelt, dass Architektur eine Veränderung des Menschen herbeiführen könne. Bruno Tauts Glashaus, das 1914 im Deutschen Werkbund gezeigt wurde, sowie Paul Scheerbarts Poesie einer Glasarchitektur, die er Taut widmete, waren Hymnen an den Werkstoff Glas, der als *Stadtkrone* oder auch als *Alpine Architektur* (im Sinne Nietzsches) zur Erleuchtungsmetapher wurde. Formale Experimente mit den optischen Reizen der Lichtbrechung, der Transparenz und farbigen Spiegelung inspirierten zu immer neuen kristallinen Raumkompositionen. Die Wirkung dieser Glasarchitektur erschien als visionäre Möglichkeit, den Menschen auf eine höhere Kulturstufe zu leiten. Diese leicht entrückten Gipfelstürme waren der expressive Ausdruck einer Minderheit, die dem Mythos der Maschine und der Effizienz die Eigenheit von Materialität und Transzendenz entgegensetzte.

WENZEL HABLIK: ZYKLUS UTOPISCHER ARCHITEKTUR. KONTROLLTURM, SILOS, WOHNUNGEN VON KÜNSTLERN, 1921

Die Expressionisten vertraten das Erbe William Morris' und beriefen sich auf den überzeugten Sozialisten Gustav Landauer. Dieser verstand den Sozialismus als »ein Bestreben, mit Hilfe eines Ideals eine neue Wirklichkeit zu schaffen«. Er versprach sich Heil und Segen und »die große Wendung« nicht aus Fortschritt und Technik, sondern aus einem menschlichen Streben nach individueller Freiheit, gesellschaftlicher Ordnung und Autonomie, die sich in ländlichen Kommunen erfüllen sollte. Bruno Taut versuchte eine räumliche Übersetzung von Landauers Vorstellungen und entwickelte ein vernetztes System von Runddörfern, das – ähnlich wie Howards *Garden Cities of To-morrow* – Stadt und Land optimal verbinden sollte. Diese Synthese sollte der visionäre amerikanische Architekt Frank Lloyd Wright in seinem urbanen Zukunftsmodell *Broadacre City* von 1934 wiederum auf der Grundlage des Rasters neu ausführen: Ein zoniertes Flächenschema auf der Grundeinheit eines Ars konnte und sollte sich nach Wrights Vorstellungen flächendeckend über ganz Nordamerika ausbreiten. Im Gegensatz zu H.G. Wells, der gerade städtische und ländliche Räume in seinen Visionen strikt voneinander schied und diese in starken Kontrasten nebeneinander setzte, wollte Wright die Unterschiede dieser Räumen auflösen, indem er die kontrastierenden Potenziale in einem einheitlichen räumlichen Muster ineinander verwebte. »Broadacre City ist überall oder nirgends. Es ist das Land selbst, das als wirklich großartige Stadt lebendig geworden ist«, schrieb F. L. Wright in *Architecture and Modern Life* von 1937.

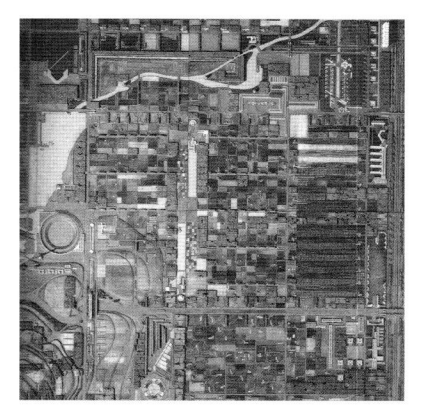

FRANK LLOYD WRIGHT: BROADACRE CITY 1934-35, MODELL (REKONSTRUKTION 1990)

MYTHOS DER MASCHINE UND INDUSTRIELLE STADT

Tony Garniers *Cité Industrielle* illustriert den radikalen Ansatz einer rationalen Stadtplanung für eine sozialistische Gesellschaft. Bis 1902 legte er seine Vorstellung einer industriellen Stadt in 164 Zeichnungen dar. Emil Zolas stadträumliche Beschreibungen aus seinem Roman *Travail*, der ein Jahr zuvor erschienen war, fanden ebenso Eingang in Garniers Konzept wie aktuelle bautechnische Innovationen. Die Wohnhäuser der *Cité Industrielle* bestehen aus vorgefertigten armierten Betonteilen – ein baukonstruktives Prinzip, das sechs Jahre zuvor erstmals zur Anwendung gebracht wurde und das Bauwesen nachhaltig beeinflusste. Auch mit der klaren funktionalen Zonierung der Stadt entwarf Garnier vorausschauend ein Konzept, das mit *der Charta von Athen* 1948 als städtebauliches Leitbild festgeschrieben werden sollte.

TONY GARNIER: UNE CITÉ INDUSTRIEL, STUDIE FÜR DEN BAU VON STÄDTEN, LAGEPLAN SKIZZE, UM 1900

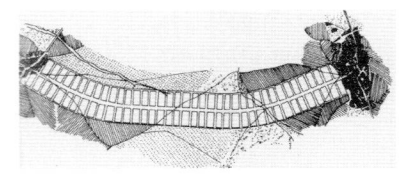

Das Prinzip der funktionalen Trennung hatte bereits der Spanier Arturo Soria y Mata in seinem Idealstadtentwurf von 1882 angelegt. Sein Entwurf einer Bandstadt basiert auf dem Versuch, die Effizienz der kurzen Wege zur Gestaltungsgrundlage eines städtebaulichen Gefüges zu machen. Eine zentrale Verkehrsachse dient als lineares Rückgrat, an das sich die Raumparzellen angliedern. Das Raster als modulares Grundschema war hier nicht mehr als Schachbrettmuster gedacht, sondern als Grundeinheit einer linearen Reihung, die als 500 Meter breite Trasse regionale und sogar nationale Grenzen sprengen konnte. Garnier und Soria y Mata ging es in ihren Entwürfen nicht um urbane technische Fiktionen, sondern um ideale und zugleich realisierbare Konzepte. Die Bandstadt wurde im Laufe des 20. Jahrhunderts zu einem städtebaulichen Leitbild, auf das bis in die achtziger Jahre zahlreiche utopische Stadtentwürfe gründeten.

ARTURO SORIA Y MATA: ENTWURF FÜR EINE BANDSTADT, 1882

Auch Bernhard Kellermanns Roman *Der Tunnel* (1913), der als bedeutendster technischer Zukunftsroman vor dem Ersten Weltkrieg gilt, thematisiert die Konstruktion eines Bauwerkes, das nicht nur eine internationale Verbindung schafft, sondern sogar eine kontinentale: Ein 5000 km langer Eisenbahntunnel soll im Untergrund des Atlantischen Ozeans Nordamerika mit Europa verbinden. Kellermann lotete die Grenzen des Realisierbaren dieser phantastischen Ingenieursleistung nicht nur auf konstruktiver, sondern vor allem auf ökonomischer Ebene aus.

Frederick Winslow Taylor legte im Erscheinungsjahr von Kellermanns *Der Tunnel* mit seinen *Grundsätzen wissenschaftlicher Betriebsführung* das Fundament für eine militärisch organisierte Betriebsorganisation im großen Maßstab. In diese streng hierarchische Organisationsstruktur wurde der Arbeiter mittels Stoppuhr eingetaktet. Die Bewegungsstudien von Frank B. und Lilian Gilbreth förderten die Effizienzsteigerung in diesen Arbeitsprozessen: Mit der Übersetzung von Arbeitsabläufen in die Kombinatorik optimierter Bewegungen wurde der Arbeiter zum austauschbaren Teil der Produktionsmaschinerie. Die Einführung des Fließbandes und Henry Fords Programm der Rationalisierung, Distribution und sozialen Versorgung ging über Taylor hinaus und hatte weitreichende internationale sowie städtebauliche Folgen. Fords System sozialer Rationalisierung wurde von einem eigens eingerichteten »educational department« überwacht, und was viele Beobachter anfangs als soziale Fürsorge guthießen, entpuppte sich im Laufe der Jahre als systematische Ausbeutung.

Auch die Massenproduktion und vor allem die Vorfertigung von Baumaterialien wurde im Zuge der Industrialisierung seit Mitte des 19. Jahrhundert systematisiert und im 20. Jahrhundert automatisiert. Aus modularen Arbeits- und Produktionsabläufen entstanden modulare Bauteile, die sich im Anschluss an die serielle Vorfertigung in ganze Bauteilsortimente fügten. Der Architekt, nunmehr als »Organisator der Bauwirtschaft«, übersetzt das Rationalisierungsprogramm einer Massenfertigung in eine neue Architektur, die unabhängig eines spezifischen Ortes global Verbreitung finden konnte. Mit der sukzessiven Automatisierung des Bauvorgangs ging auch eine Typisierung der Grundrisse einher. [vgl. den Text von Walter Prigge] Das typologische Programm von Alexander Klein stellte 1928 den architektonischen Entwurf bereits so dar, wie es Ernst Neufert in seiner *Bauentwurfslehre*, die acht Jahre später erschien, formulieren sollte: als »schematische Aufzeichnung der Räume als einfacher Rechtecke mit dem geforderten Flächeninhalt im einheitlichen Maßstab«. Doch die *Bauentwurfslehre* wollte und bot weit mehr: »die Grundlagen, Normen und Vorschriften zu: Anlage, Bau, Gestaltung, Raumbedarf, Raumbeziehungen, Maße für Gebäude, Räume, Einrichtungen und Geräte mit dem Menschen als Maß und Ziel.« [vgl. den Text von Annett Zinsmeister]. Die Idee der stilistischen Einheitlichkeit einer neuen Architektur und der funktionalen Stadt der Zukunft wurde beim ersten Internationalen Kongress moderner Architektur (CIAM) 1928 manifest. Le Corbusier, ein Gründungsmitglied, verstand sich selbst als Weltverbesserer und die Architektur als ein Medium des Maschinenzeitalters. Kurz zuvor hatte der Architekt und Bauhausdirektor Hannes Meyer das Manifest *Die neue Welt* verfasst, das gerade die Chancen der Technologie pries.

KUNST UND TECHNIK. DIE ABSTRAKTION DES RAUMES

Die Kritik an einer zunehmenden Mechanisierung der Lebenswelt wich zu Beginn des 20. Jahrhunderts dem Glauben an eine Erlösung des Menschen durch die Maschine. »Die Auffassung, wonach die Maschine aufgrund ihrer rationellen Konstruktion und der Vollkommenheit ihrer Leistung nun eine moralische Kraft war, ja die moralische Kraft *par excellence,* die dem Menschen neue Maßstäbe setzte – diese Auffassung erleichterte es, die neue Technologie, auch in ihren häßlichsten Erscheinungsformen, mit menschlichem Fortschritt gleichzusetzen. Sünde bedeutete nun nicht mehr, unter dem Maß menschlicher Möglichkeiten, sondern unter dem Maß der maximalen Nutzung der Maschine zu bleiben.« (Mumford, 571) Die rasante technische Entwicklung beflügelte Visionen von neuen Technologien, neuen Apparaten, Wunderwaffen und räumlichen Konstruktionen. Automobile, Flugzeuge und Raketen waren nicht mehr technische Fiktionen, sondern Produkte, die den Umgang mit der gebauten Umwelt revolutionieren sollten.

Diese Affirmation des Technischen gebar jedoch nicht zwangsläufig rationale Konzepte, die einer Verwirklichung harrten. Bei den Futuristen wurde die Affirmation zum Selbstzweck. In ihren Manifesten beriefen sie sich unverhohlen auf die Kraft der Technik und Beschleunigung bis hin zur Faszination der Zerstörungskraft einer sich immer schneller entwickelnden Kriegs- und Waffentechnologie. Neben den bekannten Zeichnungen technoider Superblocks von Antonio Sant' Elia und Mario Chiattone, ist Marinettis Roman *Gli Indomabili* von 1922 erwähnenswert hinsichtlich der Beschreibung einer Stadt, die sich in der Bewegung aufzulösen scheint. Der stetige Wandel von Räumen und Formen durch die Transformation von Licht und flüchtigen, unbestimmbaren Materialien, nehmen die stadträumlichen Visionen von Stanislaw Lem z.B. in *Transfer* 1961 vorweg. Anstelle klar definierter Orte oder mehrdimensionaler Strukturen tritt ein liquides Chaos, das die räumliche Vorstellungskraft sprengt. Die Kraft des Technischen, die Bewegung selbst, wird hier zur Raum bildenden oder vielmehr Raum auflösenden Materie.

Eine neue Verbindung von Kunst und Technik brachte die Oktoberrevolution in Russland zum Vorschein. Der Versuch, ein utopisches Gesellschaftssystems zu realisieren, wurde von Technikpropaganda und der Kritik an der Begrenztheit bürgerlicher Lebensweisen begleitet. Zahlreiche Science Fiction-Romane trotzten dem Szenario eines nahen Untergangs mit der Erfindung von Wunderwaffen, die der Weltrevolution und somit einer sozialistischen Zukunft zum Sieg verhalfen (u.a. Budanzew, Platonow, Tolstoj). In der Euphorie des Aufbruchs fühlten sich gerade Künstler zu Erbauern neuer Welten berufen. Anstelle der Politik sollte die Kunst die Pforten zu einer neuen mechanisierten Welt öffnen, in der die sozialistischen Ideale verwirklicht werden sollten. Die Kunst erschien als visionäres Modell für ein harmonisches Zusammenleben. Entsprechend definierten die

Künstler Regeln zur Ästhetisierung des Alltagslebens. Der Konstruktivismus versprach hierbei eine produktive Verbindung von Kunst und Technik. El Lissitzky entwickelte mit *Proun* raumgreifende Kunstprojekte, die das Neue in der Kunst bestätigen sollten. Die vollständige Abstraktion war zugleich die Negation des Ortes und ein Befreiungsschlag, der es zuließ, in der Abstraktion das Utopische neu zu formulieren. [vgl. den Text von Kai-Uwe Hemken] Architektonische Modelle wurden zu abstrakten Körpern im Nirgendwo, eine Komposition weißer Kuben auf schwarzem Grund oder Nicht-Grund, jeglichen Ortes enthoben, gleich einem Flugkörper in der unendlich schwarzen Weite des Alls. So nimmt es nicht wunder, dass die Städte der Zukunft erneut das Schweben begannen.

Auch andere europäische Künstlergruppen, wie beispielsweise *De Stijl,* versuchten mit einem strengen gestalterischen Regelwerk ein universales Vokabular zu propagieren und riefen das Raster als abstrakte Methode und allgemeingültige Regel einer neuen Gestaltung der Welt aus. Van Doesburg wollte diesen bewusst minimierten Regelkanon nicht nur auf die Malerei, auf Objekte und Mobiliar beschränken, sondern auch auf die Gestaltung der gebauten Umwelt übertragen wissen. Die *Cité de Circulation*, die er 1924-29 gemeinsam mit Cor van Esteren entwarf, basiert genau auf jenen Regeln, die bereits Piet Mondrian in *Neoplastizismus* festschrieb. Doch hier gebot ihm der Architekt und Mitstreiter Johannes Pieter Oud Einhalt und wies darauf hin, dass Kunst- und Stadtraum zu differenzieren seien: »In der modernen Stadt können wir nur in einem einzelnen Gebäude unsere Sprache völlig rein anwenden. Die Tatsachen erzwingen dagegen eine unreine, aber notwendige Lösung.« Ouds Kritik erscheint als hellsichtig, denn sie verteidigt zugleich das Besondere des städtischen Raumes: die »unreine« Vielgestaltigkeit.

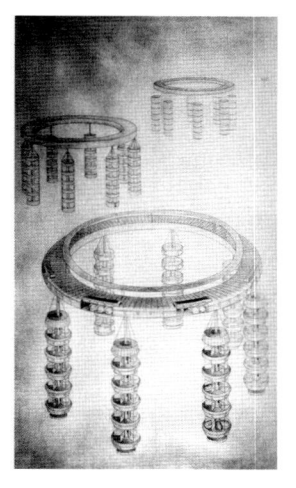

GEORGIJ KRUTIKOV: DIE STADT DER ZUKUNFT, 1928

Selbst der Architekt Ludwig Hilbersheimer, der die rigorosesten Stadtmodelle der Zukunft nach streng reduzierten, mathematischen Gesetzen entwarf, distanzierte sich Jahre später von seinen eigenen Visionen, indem er sie als unmenschlich verwarf.

Flächendeckende Kriegszerstörungen im Zweiten Weltkrieg boten eine tabula rasa für die Realisation neuer Stadtkonzepte, jenen gänzlich freien Raum, den auch Hilbersheimer seinen extremen urbanen Plänen zugrunde legte. Entsprechend veränderte der Wiederaufbau nach 1945 das Bild der Stadt nachhaltig. Zwischen kühnem Experiment und reinem Pragmatismus oszillierten die Wettbewerbe und Bauprogramme.

LUDWIG HILBERSHEIMER: BERLINER PROJEKT: NEUBEBAUUNG DER FRIEDRICHSTRASSE »ANWENDUNG DER PRINZIPIEN AUF BERLIN«, UM 1928

Neue städtebauliche Leitbilder wurden auf Kosten alter Bausubstanz in einer Vielzahl europäischer Städte zumindest ansatzweise realisiert. Ende der fünfziger Jahre prangerte der niederländische Architekt Aldo van Eyck die Stadträume der Moderne als eine »Langeweile der Hygiene« an: »Meile um Meile organisiertes Nirgendwo, und niemand hat noch das Gefühl, jemand zu sein, der irgendwo lebt.«

STÄDTE IN BEWEGUNG

In den sechziger Jahren traten viele der nun bekannten utopischen Konzepte erneut und in etwas anderem Gewand in Erscheinung. Alternative Gesellschaftsmodelle wie z.B. Hippiekommunen entstanden in Kalifornien und New Mexico, aber auch in Städten wie Kopenhagen und Berlin wurde die Abschaffung von Familie und Privatsphäre sowie freie Liebe nicht nur propagiert, sondern in Wohngemeinschaften tatsächlich gelebt. Der Eros galt als Ausbruchsversuch, das Lustprinzip als Chance. Einem System der Entfremdung und Unterdrückung wurde eine flexible Welt der freien Bindungen, der naiven Freude und Erfüllung vorgeführt. Diese Lebensexperimente waren jedoch, wie bereits ihre Vorgänger, nur von begrenzter Dauer.

Diesem Nirgendwo versuchten die *Situationisten* mit psychogeografischen Experimenten und der Strategie des *détournements* eine Metamorphose des urbanen Raumes entgegenzusetzen. Die Umwelt wurde so zu einem »Produkt und Instrument neuer Verhaltenweisen«. Ihre Kritik galt der Entfremdung des Einzelnen durch den Funktionalismus, wie Asger Jorn in *Contre le fonctionnalisme* 1954 deutlich formulierte. Der Künstler Constant Nieuwenhuys entwickelte mit diesem Ansatz *Neu Babylon* – ein städtisches Modell als konzeptioneller Lebensraum für einen kreativen *homo ludens* (Huizinga). Transformation und Nomadentum waren Schlagworte, die das Wandelbare und Temporäre, das Spielerische und Ereignishafte der Starrheit und Fixierung entgegensetzte. Diese Ansätze werden in unterschiedlichsten Ausprägungen in zahlreichen alternativen Stadtmodellen der folgenden Jahre ablesbar. Interessanterweise gehen hierbei der Gegenstand der Kritik (Unbeweglichkeit) und das Gegenmodell (Flexibilität) eine überraschende Symbiose ein: Ortlose Megastrukturen mit neu entwickelten, austauschbaren Wohnmodulen sollten der Freiheit des Bürgers Rechnung tragen und individuelle Verwirklichungsräume bieten. [vgl. den Text von Christoph Asendorf] Partizipation hieß die realiter geforderte Mitbestimmung des Bürgers am eigenen Lebensraum, die als Kritik am umfassenden Gestaltungsdiktat der Moderne individuelle Handlungsspielräume bieten wollte. Yona Friedman machte die Problematik dieses Ansatzes deutlich, indem er darauf hinwies, dass es für den Experten quantitativ schlicht unmöglich sei, alle Bedürfnisse vieler zukünftiger Nutzer zu berücksichtigen und dass entsprechend der Planer einen »Mustermenschen« erfinden müsse. Gerade dies war eben auch der Ansatz der Moderne, deren Protagonisten über Messungen und Statistiken Durchschnittswerte und Bedarfsgrößen zu ermitteln suchten. Was Neufert in seinem Katalog von Raummaßen propagierte, verkörperten »Norman« und »Norma«, jene maßlich aus den Durchschnittswerten amerikanischer Bundesbürger ermittelten Mustermenschen. Diese Werte sind nicht mehr ideale Größen, sondern konstruierte Richtwerte, die kaum annähernd eine optimale Bedarfsdeckung für den Einzelnen gewährleisten und entsprechend auch keine individuelle Zufriedenheit herstellen können.

Was die utopischen Raumkonzepte der *Metabolisten* in Japan, der *Megastrukturalisten* in Frankreich und anderer Gruppierungen dieser Zeit einte, war die Vorstellung von einer räumlichen Stadt, die sich in einem fixierten mehrgeschossigen Raum-Rahmen-Gitter organisiert. In der konzeptionellen Trennung von Struktur und Modul, wollten sich viele Architekten nunmehr auf die Gestaltung einer Raumstruktur (»Hardware«) beschränken, in die austauschbare Module oder flexible raumbildende Elemente (»Software«) eingehängt und gesteckt werden konnten. Die 1957 in Paris gegründete *Groupe d'Architecture mobile* (GEAM) widmete sich dem Studium mobiler Architektur und versuchte u.a. die Flexibilität dieser Konzepte auszuloten. Die Gruppe *Archigram* nahm den Begriff der Mobilität wörtlich und ließ – mit einer gehörigen Portion »Pop« versteht sich – die Städte der Zukunft das Laufen lernen. Gleichwohl experimentierten auch sie mit dem Prinzip von Trägerstrukturen und Wohnkapseln. Das dreidimensionale Raster dieser Raumstädte ist ort- und grenzenlos, es negiert kulturelle und topografische Unterschiede und offenbart sich gegenüber dem universalen Gestus der Moderne nicht kritisch, sondern vielmehr verpflichtet. Im Gegensatz zu den bekannten utopischen Konzepten liegen diesen urbanen Konstruktionen nicht explizit Visionen idealer Gesellschaftsmodelle zugrunde. Es ist ein konstruktives Spiel mit dem räumlich Denkbaren im Zuge einer sich rasant entwickelnden Informationstechnologie. Diese

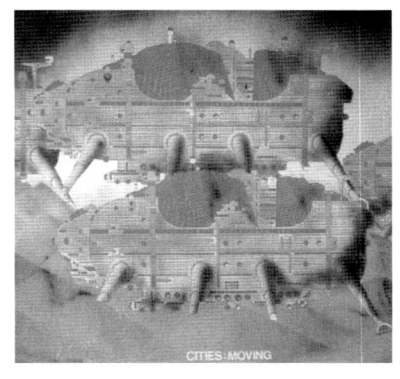

ARCHIGRAM: WALKING CITY, 1966

ortlosen Megastrukturen sind im Grunde räumliche Visionen für eine globale Weltgemeinschaft oder eines *Global Village* (McLuhan), das sich dank neuer medialer Strukturen zu formieren scheint. So nimmt es nicht Wunder, dass gerade das Modell der Bandstadt, das auch Le Corbusier von ca. 1930 bis 1950 beschäftigte, in dieser Zeit wieder aufgegriffen, neu durchdacht und in zahlreichen Varianten zu Papier gebracht wurde. In den sechziger Jahren hatte diese Vision eines linearen Superblocks gewissermaßen Konjunktur und scheint mit Günther Eckerts Entwurf einer weltumspannenden Röhre von 1980 ihren dimensionalen

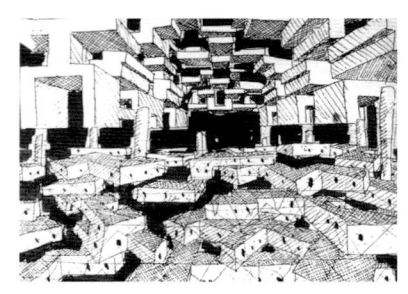

YONA FRIEDMAN: ENTWURFSZEICHNUNG WELTRAUMSTADT, UM 1966

Höhe- und wohl vorläufigen Endpunkt erreicht zu haben. Die Bandstadt ist die ideale Metapher und direkte räumliche Übersetzung eines interkontinentalen Brückenschlags: Von der Überbrückung des Ärmelkanals bis hin zur Verbindung aller fünf Kontinente reichen allein die Konstruktionen Friedmans, der sich in seinem Buch *Machbare Utopien* (1975) explizit mit den Möglichkeiten und Grenzen globaler Kommunikation auseinandersetzte. Sein Fazit indes lautete, dass globale Kommunikation und somit auch eine universalistische Utopie nicht möglich sei.

Der italienische Architekt Paolo Soleri versucht bis heute in der Wüste von Arizona mit *Arcosanti* den Prototyp einer Stadt für 5000 Einwohner zu realisieren und seine Vorstellung von einer ökologischen urbanen Architektur (*Arcology*) Gestalt werden zu lassen. *Arcosanti* unterschied sich insofern von vielen Konzepten der sechziger und siebziger Jahre, da es der Umwelt als Lebensraum jenen notwendigen Respekt zollt, den die meisten anderen Projekte gerade in der Negation ihres Umfeldes vermissen ließen. 1976 forderte nicht von ungefähr Christian Norberg-Schulz in seinem Buch *Genius Loci* die »Konkretisierung des existentiellen Raums in der Architektur« ein, damit »der Mensch zugleich Individualität und Zugehörigkeit erfahren« könne. Kritik an ihren Konzepten von megastrukturalen Zukunftswelten erfuhren die Konstrukteure bildgewaltig aus den eigenen Reihen: Hans Hollein persiflierte in seinen Collagen *Urbane Konstruktion über Wien* von 1963 die Projekte der Megastrukturalisten, und die italienischen Künstler- und Architektengruppen *Archizoom* und *Superstudio* zeigten mit ihren urbanen Szenarien die dystopischen Seiten totaler Urbanisierung in Form von endlosen städtischen Monumenten. Auch alternative Lebenskonzepte wie die Utopie des Nomadismus und die Befreiung von materiellen Gütern blieben von der Kritik nicht verschont.

SUPERSTUDIO: KONTINUIERLICHES MONUMENT, AUTOBAHN, 1966

Diese Bilder zeigen deutlich, wie sehr die Modelle und Entwürfe einer vermeintlichen Gegenkultur gerade einer konservativen Kulturhaltung verhaftet blieben. Viele dieser neuen Konzepte waren weniger eine Absage an herrschende Strukturen als vielmehr eine Spiegelung ihrer rigorosen Ordnungsprinzipien.

FÜR EINE KLEINE UTOPIE

Das 20. Jahrhundert steht für die Reflexion, den Diskurs und die Kritik über und am utopischen Denken. Die kontrovers diskutierten Fragen nach der Bedeutsamkeit von Institutionen und staatlicher Kontrolle, Individuum und Kollektiv, Gemeinschaft und Gesellschaft waren ein Versuch, den Begriff der Utopie zu differenzieren und politische wie kulturelle Grenzen und Gefahren utopischer Gesellschafts- und Staatsmodelle auszuloten. Die Antworten waren vielseitig, und so überrascht es nicht, dass es hinsichtlich der Begriffsbestimmung der Utopie bis heute keinen eindeutigen wissenschaftlichen Konsens gibt. Will man dennoch eine Klassifizierung wagen, so könnte man aus sozial- und politikwissenschaftlicher Sicht einen *intentionalen, totalitären* und *klassischen Utopiebegriff* unterscheiden. Ernst Bloch und Karl Mannheim nahmen Bezug auf Gustav Landauers Differenzierung von Topie und Utopie. Mannheims *intentionaler* Utopiebegriff unterscheidet zwischen Ideologie und Utopie: Im Gegensatz zur Ideologie, die von den Interessen der Mächtigen geleitet wird, ist die Utopie ein Konzept der Machtlosen. Mannheims umstrittener Ausweg bzw. Handlungsraum zielt auf die Macht der Intellektuellen, die als Korrektiv die ideologischen Ansätze synthetisieren und somit in Utopie zu überführen vermögen. Karl Popper prägte einen *totalitären* Utopiebegriff und führte diese Problematik auf Platons *Politeia* zurück: Popper kritisierte Platons *Politeia* als eine Kombination aus Historizismus und (utopischer) Sozialtechnik. Mit der Kritik des Historizismus als Aberglaube von der geschichtlichen Notwendigkeit und der (utopischen) Sozialtechnik, als zielorientiertes rationales Handeln nach einem Bauplan auf dem Weg zu einem Endziel, wandte Popper sich gegen Platons politisches Programm, d.h. gegen die Theorie der totalitären Gerechtigkeit, gegen das Prinzip des Führertums und gegen die »Methode des Planens im großen Stil«. Popper entlarvte die utopischen Konzepte als geschlossene Systeme, die sich selbstverständlich eines totalitären Terrors bedienen. Der *klassische* Utopiebegriff beruft sich auf die Geburtsstunde der Utopie in der Neuzeit (Norbert Elias), d.h. auf die erste namentlich utopische Erzählung des Engländers Sir Thomas Morus. Seine Konstruktion eines fiktiven Ortes geht über die platonische Idee eines idealen Staates hinaus, die sich auf eine rein diskursive Konstruktion einer idealen Gesellschaft beschränkte. In Morus' Erzählung erhält der Ort eine besondere Bedeutung. Es entsteht ein Bild der Insel, des urbanen Raumes, einer uniform gekleideten Gesellschaft. Diese Utopie ist nicht mehr reines Denkmodell im Sinne Platons, sondern ein szenischer Entwurf.

Die Gesellschaft, das Soziale, das Politische (aber auch die Eugenik) usw. erhielten in und mit *Utopia* einen konkreten Raum. Ein Blick auf die Genealogie utopischer Räume, idealer Städte und Dörfer legt zumindest die Vermutung nahe, dass utopische Lebens-, Verwaltungs- und Wissensformen bestimmte architektonische Formen geradezu fordern oder historisch befördert haben (z.B. das Raster als Raum- und Verwaltungsstruktur, geometrische Grundformen multimediale Informationswände usw.). Offensichtlich jedoch ist, dass technische Innovationen nicht nur die Voraussetzung für die utopischen Konzepte der Neuzeit waren, sondern auch auf deren Inhalte zurückwirkten. Neue Werkstoffe und Produktionstechniken, Normung, Mobilität usw. fanden Eingang in die utopischen und dystopischen Entwürfe – sei es als verheißungsvoller Mythos einer Technik, die den Wohlstand und die Gleichheit aller garantieren sollte, sei es als abschreckendes Zukunftsszenario, in dem sich der Mensch aus dem Joch einer technischen Übermacht zu befreien suchte. Die Technik, die Architektur selbst wurde zum visionären Moment.

Utopien sind ein Teil unserer Kultur. Bereits seit der Antike bieten sie Raum und Schutz für die Kritik an den bestehenden Verhältnissen und Raum für das Neue und Andere, für visionäre Kreativität.

Utopien haben keinen Ort in der Realität. Der zwanghafte Versuch, Utopien zu verorten, ist mehrfach gescheitert. Die Erlösung, das Glück, das Versprechen der besten aller Welten verortete sich stets im Jenseits der Alltagswelt: In einer mythischen Vergangenheit (Goldenes Zeitalter), an einem fantastischen fernen Ort (Reiseutopien, Science Fiction), in einer fiktiven Zukunft (Tausendjähriges Reich, Zeitreisen) oder in einer künstlichen Parallelwelt (Cyberspace). Die Dimensionen utopischer Entwürfe reichen historisch von einer familiären Gemeinschaft bis hin zu globalen, weltumspannenden »Lösungen« und entwickelten sich in ihrem Maßstab zu einer geradezu unglaublichen Anmaßung. Die Verfasser als Erbauer einer besseren Welt wussten die machtvolle Vorstellung von der Unbegrenztheit ihrer Visionen auszukosten.

Anstelle einer globalen Lösung, anstelle der Verortung einer konstruierten monokulturellen Lebenswelt, muss sich Utopie heute in ganz anderen Maßstäben denken: als Analyse von Zusammenhängen, als flexibles Modell von Möglichkeiten und als partielle evolutionäre Stationen anstelle von ganzheitlichen Modellen. Vielleicht findet sich das Utopische gerade jenseits strenger Ordnungsprinzipien, in einem chaotischen anstelle eines gerasterten Raumes, in der Verirrung statt in einer kontrollierten Orientierung, in dem Unmöglichen und Unwahrscheinlichen anstelle des Möglichen oder aber auch im Diesseits anstelle des Jenseits. Und womöglich konstituiert sich Utopisches aktuell an anderen *ou-topoi*: im kinematografischen Raum, im psychologischen Raum, in der Simulation, im Cyberspace, in der Theologie des Außerirdischen... Wie und wo auch immer: Utopie könnte und sollte sich schlicht im Kleinen denken lassen statt im Großen, in Zwischenräumen des Gegenwärtigen statt in Gesamtdarstellungen des Zukünftigen... Utopie sollte sich in einer unendlichen Vielfalt an möglichen Prozessen denken lassen, deren Ausgang schlicht offen ist.

BIBLIOGRAPHIE – CHRONOLOGIE

414 v.Chr.
Aristophanes: *Die Vögel*, Frankfurt/M. 1970.

375 v.Chr. (ca.)
Platon: *Politeia / Der Staat*, Stuttgart 1955.

360 v.Chr. (ca.)
Platon: *Timaios* und *Kritias* in: *Sämtliche Werke*, Band 3 (Hg.) E. Loewenthal, Heidelberg 1982.

160 v.Chr. (ca.)
Lukian von Samosata: *Lügengeschichten und Dialoge* in der Übersetzung von Christoph Martin Wieland 1788/89.

100 v.Chr. (ca.)
Plutarch: *Über das Gesicht des Mondes*, kommentierte Übersetzung von Johannes Kepler erschienen 1634 in: *Somnium, seu opus posthumum de astronomia lunari*.

420 n.Chr. (ca.)
Aurelius Augustinus: *Über den Gottesstaat (De civitate Dei)*, Übersetzung von W. Thimme, Freiburg/Br. 1996.

1451
Antonio di Averlino alias Filarete: *Trattato d'architettura*; erstmals herausgegeben v. W.v.Oettingen Wien 1890: *Tractat über die Baukunst*, Olms 1975.

1507
Amerigo Vespucci: *Reisen*, deutsche Übersetzung und Veröffentlichung durch den Geographen und Kartographen Martin Waldseemüller, Saint-Dié 1507.

1516
Thomas Morus: *Utopia*. Erste dt. Übersetzung 1612 in Leipzig: *Ordentliche und ausführliche Beschreibung der [...] Insel Utopia*, Stuttgart 1983.

1527
Albrecht Dürer: *Pläne von rechtwinkligen idealen Städten*, in: *Etliche Underricht zu Befestigung der Stett, Schloss und Flecken*, Nördlingen 1980.

1602
Tommaso Campanella: *Der Sonnenstaat. Idee eines philosophischen Gemeinwesens*, erstmals erschienen 1614. In: Ernesto Grassi (Hg.): *Der utopische Staat* (1960), 26. Auflage Hamburg 2001

1619
Johann Valentin Andreae: *Christianopolis*, übersetzt und kommentiert v. W. Biesterfeld, Stuttgart 1975

1626
Francis Bacon: *Neu-Atlantis (New Atlantis, A Work unfinished)* in: Ernesto Grassi (Hg): *Der utopische Staat* (1960), 26. Auflage Hamburg 2001

1634
Johannes Kepler: *Traum, oder posthumes Werk über die Astronomie des Mondes (Somnium, seu opus posthumum de astronomia lunari)*, Reprint der 1. Ausgabe Osnabrück 1969.

1638
John Wilkens: *Discovery of A New World; or, A Discourse that is probable that there may be another habitable World in the Moon*.

1638
Francis Godwin: *The Man in the Moon; or A Discourse of a Voyage Thither*, erste dt. Übersetzung von Jakob Chr. von Grimmelshausen: *Der fliegende Wandersmann nach dem Mond*, 1659.

1642 (ca.)
Cyrano de Bergerac: *Mondstaaten (L'autre monde ou les Etats et Empires de la Lune)*, in: *Mondstaaten und Sonnenreiche*, Berlin 1998.

1741
Ludvig Holberg: *Nicolai Klims unterirdische Reise*, Leipzig 1971.

1752
Francois Marie Voltaire: *Mikromegas*, in: *Voltaire: Erzählungen, Dialoge, Streitschriften*, (Hg.) Martin Fontius, Berlin 1981.

1752
Sebastian Mercier: *Das Jahr 2440 (L'an deux mille quatre cent quarante)*, dt. Übersetzung Leipzig 1772.

1755
Jean Jacques Rousseau: *Abhandlung von dem Ursprunge der Ungleichheit unter den Menschen und worauf er sich gründe (Discours sur l'origine et les fondements de l'inégalité parmi les hommes)*, Paris 1755.

1762
Jean Jacques Rousseau: *Émile oder von der Erziehung (Émile ou De l'éducation)*, Stuttgart 1968; *Der Gesellschafts-Vertrag (Contrat Social)*, Essen 1989.

1788
Bernardin de St. Pierre: *Paul und Virginie. Gemälde der Natur*, Leipzig 1844.

1790 (ca.)
Etienne Boullée: *Architektur – Abhandlung über die Kunst*, Zürich 1987.

1808
Charles Fourier: *Theorie der vier Bewegungen und allgemeinen Bestimmungen (Théorie des quatre mouvements et des destinées générales. Prospectus et annonce de la découverte)*, Hamburg 1966.

1813
Robert Owen: *A New View of Society*, in: http://www.marxists.org/reference/subject/economics/owen.

1816 (ca.)
Charles Fourier: *Aus der Neuen Liebeswelt (Le Nouveau Monde amoureux)*, Berlin 1977.

1817
Robert Owen: *Report to the Comittee for the relief of the manufacturing and labouring poor*, London 1857/58.

1840
Etienne Cabet: *Reise nach Ikarien Voyage et aventures de Lord William Carisdall en Icarie)*, Berlin 1979.

1842
Edgar Allan Poe: *Streitgespräch mit einer Mumie (Some words with a mummy)*, in: Sämtliche Erzählungen, Frankfurt 2002.

1848
Karl Marx, Friedrich Engels: *Manifest der kommunistischen Partei*, Ditzingen 1989.

1854
Henry David Thoreau: *Walden oder Leben in den Wäldern (Walden, or Life into the woods)*, Köln 2002.

1872
Samuel Butler: *Erewhon (Erewhon; or, Over the Range)*, Frankfurt/M. 1981.

1876
Benjamin Ward Richardson: *Hygeia, a City of Health*, Whitefish 2004.

1879
Jules Verne: *Die 500 Millionen der Bégum*, Frankfurt/M. 1987

1880
Friedrich Engels: *Die Entwicklung des Sozialismus von der Utopie zur Wissenschaft* zuerst erschienen in: *La Revue socialiste*. 4. Ausgabe, Berlin 1891, 1973. 19. Aufl.

1888
Edward Bellamy: *Ein Rückblick aus dem Jahre 2000 (Looking Backward: 2000–1887)*, in dt. Übersetzung von Clara Zetkin, Leipzig 1980.

1890
William Morris: *Kunde von Nirgendwo - Utopie des freien Sozialismus (News from*

Nowhere; or, An Epoch of Rest. Being Some Chapters from a Utopian Romance), Köln 1982.

1898
Ebenezer Howard: *Gartenstädte von Morgen (Garden Cities of To-Morrow: A Peaceful Path to Real Reform)*, Berlin 1968..

1898
Herbert George Wells: *Krieg der Welten (The War of the Worlds)* gleichnamige Verfilmung von Georges Pal 1953, Zürich 1974.

1899
Herbert George Wells: *Wenn der Schläfer erwacht*, München 2003.

1901
Emile Zola: *Travail* (2. Band der *Quatre Evangiles*: *Fécondité, Travail, Vérité, Justicie* unvollendet).

1905
G. H. Wells: *Jenseits des Sirius (A Modern Utopia)*, Stuttgart 1911.

1907
Gustav Landauer: *Die Revolution*, Frankfurt/M. 1923.

1911
Bernhard Kellermann: *Der Tunnel*, Frankfurt/M. 1999.

1911
Frederick Winslow Taylor: *Grundsätze wissenschaftlicher Betriebsführung (The Principles of Scientific Management)*, Düsseldorf 2004.

1911
Gustav Landauer: *Aufruf zum Sozialismus*, 4.Aufl. Köln 1923.

1914
Paul Scheerbart: *Glasarchitektur*, Berlin 2000.

1918
Ernst Bloch: *Geist der Utopie*, 2.Aufl. Frankfurt/M. 1923.

1920
Piet Mondrian: *Neue Gestaltung, Neoplastizismus, Nieuwe Beelding*, Berlin 1998.

1920
Bruno Taut: *Die Auflösung der Städte oder Die Erde eine gute Wohnung. Der Weg zur Alpinen Architektur*. Hagen 1920.

1921
Alexej Tolstoj: *Aelita. Ein Marsroman (Aelita)*. 1924 erste Verfilmung: Jakov Protasanow: *Aelita. Die Königin vom Mars*, Berlin 1986.

1922
Filippo Tommaso Marinetti: *Gli Indomabili*, Mailand 1999.

1922
Frank B.Gilbreth/Lilian M.Gilbreth: *Verwaltungspsychologie. Die arbeitswissenschaftlichen Grundlagen für die Ermittlung und Einführung von Verfahren, die den größten Wirkungsgrad bei geringstem Kraftaufwand ermöglichen. Ein Handbuch für den heranwachsenden Techniker, Ingenieure und Betriebsleiter*, Berlin 1922.

1923
George Herbert Wells: *Menschen Göttern gleich (Men Like Gods)* in: H. G.Wells Edition, Hamburg 1980.

1923
Le Corbusier: *vers une architecture*, in dt. Übersetzung: *Kommende Baukunst*, Hans Hildebrandt (Hg), Stuttgart, 1926.

1924
Theo van Doesburg: *Manifest des Elementarismus* in: *De Stijl*, Leiden 1926/27.

1925
Thea von Harbou: *Metropolis*, Verfilmung von Fritz Lang 1926, Frankfurt/M. 1978.

1926
Hannes Meyer: *Die Neue Welt* in: Hannes Meyer, Architekt: 1889-1954. Schriften der Zwanziger Jahre im Reprint, Baden 1990.

1929
Karl Mannheim: *Ideologie und Utopie*, Frankfurt/M. 1985.

1932
Aldous Huxley: *Schöne neue Welt (Brave New World)*, Frankfurt/M. 2002.

1933
HG Wells: *Von kommenden Tagen (A story of the days to come)*, in: H.G.Wells Edition, Hamburg 1980.

1939
Johan Huizinga: *Homo Ludens. Vom Ursprung der Kultur im Spiel*, Berlin 1994.

1945
Karl Popper: *Die offene Gesellschaft und ihre Feinde*, Tübingen 2003.

1947
Max Horkheimer / Theodor W. Adorno: *Dialektik der Aufklärung*, Frankfurt/M. 1986.

1949
George Orwell: *1984 (Nineteen Eighty-four)*, Berlin 1994.

1949
Marie Louise Berneri: *Reise durch Utopia. Ein Reader der Utopien (Journey Through Utopia)*, Berlin 1982.

1954
Asger Jorn: *On the current Value of the Funtional Idea (Contre le fonctionnalisme)*, engl. Übers. von Thomas Y. Levin in: http://www.infopool.org.uk/5601.html.

1954-59
Ernst Bloch: *Das Prinzip Hoffnung*, Frankfurt/M. 1979.

1961
Stanislaw Lem: *Transfer*, München 1986.

1963
Ernst Bloch: *Tübinger Einleitung in die Philosophie I*, Erstausgabe Frankfurt/M. 1963.

1964
Ernst Bloch im Gespräch mit Theodor W. Adorno: *»Etwas fehlt...« – Über die Widersprüche der utopischen Sehnsucht*, in: *Gespräche mit Ernst Bloch* (Hg) R. Traub / H. Wieser, Frankfurt/M. 1975.

1965
Susan Sontag: *Die Katastrophenfantasie (The Imagination of Disaster)*, in: *Kunst und Antikunst*, Reinbek 1968.

1966
Lewis Mumford: *Mythos der Maschine. Kultur, Technik und Macht (The Myth of the Machine)*, München 1984.

1969
Richard Buckminster Fuller: *Utopia or Oblivion. The Prospects for Humanity*, New York 1972.

1972
Henri Lefèbvre: *Die Revolution der Städte*, Frankfurt/M. 1990

1973
R.Villgradter, F. Krey (Hg): *Der utopische Roman*, Darmstadt 1973.

1974
Henri Lefèbvre: *La Production de l'espace*, Paris 1974.

1975
Ernest Callenbach: *Ecotopia. The Notebooks and Reports of William Weston*. Ditzingen 1996.

1975
Yona Friedman: *Machbare Utopien (Utopies réalisables)*, Frankfurt/M. 1978.

1980
Ernst Bloch: *Abschied von der Utopie. Vorträge* (Hg.) Hanna Gekle, Frankfurt/M. 1980.

1980
Günther L. Eckert: *Die Röhre. Eine Architektur für denkbare Zeiten*, München 1980.

1980
Georg Seeßlen: *Kino des Utopischen. Geschichte u. Mythologie des Science-fiction-Films*, Reinbek 1980.

1984
Karl Popper: *Auf der Suche nach einer besseren Welt*, München 2003.

1985
Wilhelm Vosskamp (Hg): *Utopieforschung I & II. Interdisziplinäre Studien zur neuzeitlichen Utopie*, Stuttgart 1985.

1986
Dieter Wuckel: *Science Fiction. Eine illustrierte Literaturgeschichte,* Leipzig 1986.

1993
Werner Durth, Niels Gutschow: *Träume in Trümmern. Stadtplanung 1940-50,* München 1993.

1994
Herbert A. Simon: *Die Wissenschaften vom Künstlichen*, Wien 1994

1996
Gerd de Bruyn: *Die Diktatur der Philanthropen. Entwicklung der Stadtplanung aus dem utopischen Denken*, Braunschweig 1996.

2002
Annett Zinsmeister: *Plattenbau oder die Kunst, Utopie im Baukasten zu warten*, Hagen/Berlin 2002.

2003
Ruth Eaton: *Die ideale Stadt. Von der Antike bis zur Gegenwart*, Berlin 2003.

2003
Matilda Mc Quaid: *Visionen und Utopien. Architekturzeichnungen aus dem Museum of Modern Art,* München 2003.

2004
J. Rüsen, M. Fehr, A. Ramsbrock (Hg): *Die Unruhe der Kultur. Potenziale des Utopischen*, Weilerswist 2004.

2004
Michael Fehr, Thomas Rieger (Hg): *Thinking utopia*, New York 2004.

I.

VERMESSENE RÄUME

WOLFGANG SCHÄFFNER

RASTER-ORTE

Längst gibt es keine Orte mehr, deren Verortung nicht möglich wäre. Nichts anderes besagt das *Global Positioning System*, das die Erdoberfläche zu einem übersichtlichen Koordinatenraum hat werden lassen, in dem alles geortet werden kann. Diese Möglichkeit totaler Verortung löst den klassischen Unterschied von Ort und Nicht-Ort, von Topos und Utopos, von Land und Meer auf und stellt den Endpunkt in einer Geschichte des Raums und der Orientierung dar, die seit der Antike von Ortlosigkeit und Verirrung gekennzeichnet war.

Als fundamentale topografische und kartografische Technik der Verortung und Herstellung eines gemeinsamen Koordinatenraumes, in dem Orte eine wieder auffindbare Position erhalten, kann man das Raster bezeichnen. Dort, wo Stadtgründungen als Realisation einer Planung durchgeführt wurden, hat sich seit der Antike immer wieder das Modell der Rasterung durchgesetzt. Dieses Gitter- oder Schachbrettmuster wurde ebenso in großem Stil von den Römern, wenn sie Kolonialstädte gründeten, eingesetzt, wie auch von den Spaniern, Portugiesen oder Niederländern bei den frühneuzeitlichen Stadtgründungen in der Neuen Welt. Dadurch wurde das Raster als Instrument der Verortung selbst zum Kennzeichen neuer Orte gemacht, zu Rasterstädten.[1] Solche Städte gehorchen damit denselben Realisationsprinzipien wie Militärlager, die nach den Regeln der *Castrametatio* als mobile und nur zeitlich begrenzte Anlagen schnell aufgebaut werden konnten.[2] Die Lager, so sagt der Renaissance-Architekt Leon Battista Alberti, sind »gleichsam gewisse Pflanzschulen der Städte«.[3] Vor allem die Kolonialstädte sind geradezu Gründungen im Nichts und aus dem Nichts, Gründungen in meist unberührter Landschaft an strategisch wichtigen Orten.

Diese Rasterung der Städte aber charakterisiert die eigentümliche Wendung, dass die Planung, Gründung und Realisation von Städten nicht nur durch virtuelle

Kataster und Raster geschieht, die auf Karten und Plänen ihren Ort und ihre Anlage markierbar machen, sondern dass das Instrument als solches dabei architektonisch materialisiert wird und die Städte selbst diese spezifische Erscheinungsweise eines Rasters erhalten. Das Raster soll daher im Folgenden nicht nur als bloßes Raumordnungsverfahren, sondern als ein fundamentales Medium deutlich werden, das mehrere technische Funktionen miteinander verbindet. Vor allem als Reproduktionstechnik verleiht das Raster der Konstruktion von idealen und utopischen Städten, wie sie in der Renaissance von den Gelehrten entwickelt wurden, einen entscheidenden Realisierungsimpuls: Im utopischen Raum jenseits der Alten Welt, in jenem lange unüberschreitbaren *Non Plus Ultra* des Atlantiks werden Idealstädte zu Serienprodukte: Die utopische Stadt, die in Europa nur in wenigen Fällen realisiert wurde, erscheint hier im Zeichen ihrer totalen Reproduzierbarkeit.

Zunächst soll an den römischen Agrimensoren gezeigt werden, wie in der Antike die Raster als solche erzeugt und zu einem elaborierten System der Verortung und Raumordnung entwickelt wurden. Deshalb geht es im Folgenden um den Gründungspunkt, die Teilung als grundlegende Operation zur Erzeugung von Rastern; und schließlich in einem zweiten Schritt um die Ausweitung des Rasters in der frühen Neuzeit zu einem universellen grafischen Medium der Ordnung, Reproduktion und Fehlerkorrektur von geometrischen, städtischen und geografischen Räumen auf Papier und Boden.

GRÜNDUNG

Die römischen Praktiken der Stadtgründungen in ihren Kolonien können als Techniken der Verortung bezeichnet, die im nicht erschlossenen Land, dem sog. *acer arcifinius*, einen Ort bestimmen und dabei einer Situation ausgesetzt sind, die der Ortlosigkeit des Meeres in nichts nachsteht. Denn es gibt keinen gemeinsamen Raum, in dem ein Ort anderen schon bestehenden Orten zugeordnet werden könnte. Ein Ort aber ist ein Punkt, der eine Lage hat. Das ist der Anfang aller Geometrie und Raumordnung in der Antike. Der Punkt als Einheit mit einer Lage muss also irgendwie gegründet und gesetzt werden, um sein völlig insuläres Dasein zu verlieren. Die eigentliche Tätigkeit des Agrimensor jeder Stadtgründung und Colonisation besteht daher in grafischen Operationen auf dem Erdboden, auf dem ein Ort gesetzt wird.[4] Diese Gründungen sind aber zugleich, wie Aulus Gellius in den *Noctes Atticae* schreibt, »quasi effigies parvae simulacraque« des römischen Volkes und als solche Abbilder reproduzieren sie immer wieder auch die Gründung Roms.[5] Der Akt, der den Ort setzt und von dem alle weiteren Messungen abhängen, ist also zugleich eine Wiederholungsoperation, und er wird dadurch zu einem Schöpfungsakt, dass das Amt der Agrimensoren die Funktion des Vermessungsingenieurs mit einer juridischen Funktion verbindet. Während die Euklidischen Elemente als geometrisches Lehrbuch diesen Einsatz des Punktes mittels einer Definition vollzieht, die selber zwar nicht weiter begründet wird, aber als Element der Elemente den fundamentalen Ausgangspunkt aller weiteren Verfahren bildet, stützt sich dieser Einsatz im Falle der Agrimensoren auf die Definitionsmacht des römischen Rechts. Diese ebenso geometrische wie juridische Setzung und Erzeugung von Punkten und Linien kann damit als ein Verfahren gelten, an dem die Macht des römischen Reiches die Arbitrarität des euklidischen *semeion* in die topografische und zugleich grafische Setzung eines *punctum* überträgt. Deshalb ist Messen auch die fundamentale Operation, die bei dem Agrimensor Balbus den ersten Euklidischen Definitionen vorangeht und diese eigentlich begründet: »Omnis autem mensurarum obseruatio et oritur et desinit signo«:[6] »Alle Formen des Messens beginnen und enden im Punkt.«

Diese grafische Setzung wird überlagert durch eine ursprüngliche Teilung, die ebenso geometrisch wie juridisch einen Ort und damit einen Raum markiert, parzelliert und damit adressierbar und benennbar macht: Das ist die *limitum constitutio*, die Bestimmung der Grenzen. Der gleichnamige Text des Agrimensor Hyginus erläutert diesen Akt in seinen wesentlichen Schritten und Verfahren. Er führt dabei den Gründungsakt auf das religiöse Priester-Ritual der etruskischen *limitatio* beim Tempelbau zurück: Ein ursprünglicher Einschnitt wird als geometrische Operation mittels juridisch-religiöser Macht wirksam.[7] Das *templum* als »geschnittener Raum«, wie Cantor sagt,[8] dieser doppelte Einschnitt erzeugt Grenzen und damit einen quadrierbaren und registrierbaren Raum grafischer Operationen.

Die Ausrichtung dieses Einschnitts soll der Blick an den Himmel leisten, der dabei als eine Art Instrument verwendet wird; er gilt nämlich selbst mit seinen vier Himmelsrichtungen als großes *templum*.[9] Tatsächlich ist dieser Akt jedoch komplizierter als ein bloßer divinatorischer Blick an den Himmel. Denn an Land findet sich keine ideale Position zur Beobachtung der Orte, an denen die Sonne am Horizont auf- oder untergeht. Diesen nicht immer freien Einblick in das Himmels-*templum* ersetzt, wie Hyginus schreibt, die Kunst des Gnomons: »Wir müssen auf die Elemente der erhabenen und göttlichen Kunst des Gnomonbaus zurückgreifen, denn unser Drang nach Wahrheit läßt sich nur durch die Bewegungen des Schattens verwirklichen.«[10] Es ist der Gnomon, dieser schlichte Stab, der diese ursprüngliche Orientierung jederzeit und in aller Einfachheit ermöglicht und deshalb zu dem entscheidenden Operator für die gromatische Ordnung des römischen Weltreichs wird. Der Gnomon materialisiert wie kaum ein anderes Gerät die Existenz mathematischer Operatio-

GESCHNITTENER KREIS, HYGINUS

nen; er ist ein Zeiger, ein geradezu göttlicher Schattenzeiger, und als solcher eine indexikalische Maschine, die selbständig operiert, selbständig die Schatten anzeigt. »Diese Spitze«, schreibt Serres, »schreibt von ganz allein auf den Marmor oder den Sand, gleichsam als ob die Welt sich selbst erkennen würde.«[11] Solange die Sonne als Lichtquelle in diesem Gefüge existiert, zeigt der Gnomon; und er vollzieht das Zeigen seiner Schatten beständig, ohne das Zutun eines Menschen.

Dieses Verfahren bildet das Kernstück der Orientierungs- und Messverfahren bei der Anlage von Städten und Limitationsrastern. Vitruv beschreibt dieses Verfahren in *De architectura,* wobei es darum geht, die hinsichtlich der Winde günstigste Ausrichtung der Straßenzüge zu finden, d.h. zum Beispiel eine klare Ost-West-Ausrichtung zu vermeiden:

Man lege in der Mitte der Stadt eine marmorne glatte Scheibe waagrecht hin oder mache nach Richtscheit und Wasserwaage eine Stelle so glatt, dass eine glatte Scheibe nicht erforderlich ist, um im Mittelpunkt dieser Stelle stelle man einen bronzenen Stab als Aufspürer des Schattens (indagator umbrae) (griechisch heißt diese Vorrichtung Skiotheres) senkrecht auf. Ungefähr um die fünfte Vormittagsstunde ist das äußerste Schattenende dieses Stabes festzustellen und mit einem Punkt zu markieren. Dann muss man, nachdem der Zirkel (vom Mittelpunkt der Scheibe) bis zu dem Punkt, der die Schattenlänge des Stabes markiert, auseinander gezogen ist, (mit dieser Entfernung als Radius) um den Mittelpunkt einen Kreis schlagen. Ebenso muss der nachmittäglich wachsende Schatten dieses Gnomon beobachtet werden und, wenn er die Kreislinie berührt und einen nachmittäglichen Schatten wirft, der gleich lang ist wie der vormittägliche, muss (das Schattenende) mit einem Punkt markiert werden. 7. Von diesen beiden Punkten muss mit dem Zirkel ein kreuzweiser Durchschnitt beschrieben und durch den Durchschnitt der Kreisbögen und den Kreismittelpunkt eine Linie gezogen werden biszum äußersten, damit man die Mittagslinie (Südrichtung) und die Nordrichtung bekommt.[12]

Wenn alle diese Richtungen markiert sind, kann man das ursprüngliche *punctum* des Gnomons verlassen und in diesem grafischen System weiterarbeiten. Dies ist der Moment des Groma: »Nachdem dies so gemacht ist«, schreibt Vitruv, »soll an jeder Ecke des Oktagons ein Groma aufgestellt und so die Einteilung der Nebenstraßen ausgerichtet werden.«[13]

So wie jeder Körper ein *centrum* hat, werden auch die römischen Städte und Kolonien im Gründungsakt von einem Mittelpunkt aus entworfen: Die Kreuzung des doppelten Einschnittes, die zum Schnittpunkt und zur Ursprungs-Kreuzung von *decumanus* und *kardo,* den beiden Hauptachsen, wird, markiert der Groma, mit der solche Teilungspunkte und Linien in beliebiger Weise reproduziert werden können.

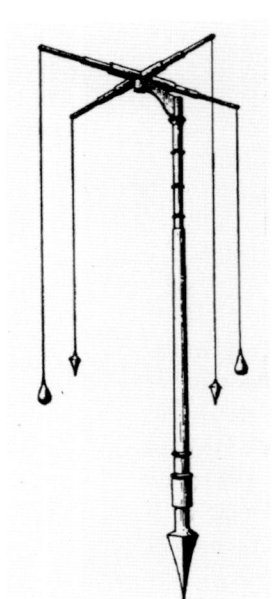

GROMA

Mit diesem Messinstrument wird also das ganze Limitations-Raster entworfen, das zusätzlich mit beschrifteten Grenz-Steinen markiert wird. Die Signaturen dieser Steine wiederholen das grafische Feld des Groma und indizieren mit ihren grafischen Oberflächen von nun an die Eigentums- und Staatsgrenzen. Das Fadenkreuz des Groma aber macht zugleich deutlich, wie sehr mit diesem Gerät schon das römische Raster festgelegt ist. Denn dieses Instrument, das nur eine einzige, nämlich rechtwinklige Teilungsoperation implementiert hat, erlaubt nur die Vermessung von Geraden, die sich rechtwinklig schneiden, d.h. die Konstruktion von Quadraten oder Rechtecken, nicht aber von Dreiecken wie etwa bei der späteren Vermessungstechnik der Triangulation. Erst nach dieser Einschreibung und Erzeugung des gerasterten Territoriums werden die Positionen der Eckpunkte und Grenzen auf Katasterplänen und Bronzetafeln fixiert. Diese Pläne sind nicht Vorlagen für die Konstruktion, sondern nur deren Abschrift und Registratur. Alle diese einzelnen Pläne werden schließlich seit 78 v. Chr. auch in der zentralen kaiserlichen Registratur in Rom, dem *tabularium*, zu einem *Orbis Romanorum* zusammengefügt und verleihen dem *Imperium Romanum* seine sichtbare juridische und räumliche Evidenz.[14] Erst dieses spezifische Ensemble von astronomischen, geometrischen, juridischen und verwaltungstechnischen Praktiken installiert ein Zeichensystem, das von dem jeweils gesetzten *punctum* der Stadt-Gründung aus im realen Raum ein Straßen-Raster aufspannt, das auch über die Stadt hinausreicht.

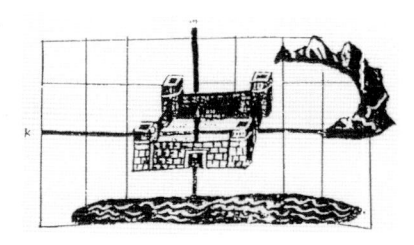

LIMITATIONSRASTER NACH HYGINUS

Die Punkte und Linien, die Eigentums- und damit Rechtsverhältnisse markieren, sind deshalb keine bloß gedachten oder repräsentierenden Pläne, sondern werden selber zu unverrückbaren Stellen, Orten, Straßenzügen und architektonischen Gebilden im Raum. Genau dies manifestieren die Grenzsteine und die sie autorisierende Macht des römischen Rechts. Als solche werden sie zu einem Datum im doppelten Sinne: als Adresse im Raum, die mit einem spezifischen Inhalt einen Ort benennbar und damit als mögliches Eigentum bezeichenbar macht. Die einzelnen Raster-Felder aber fügen sich nicht unbedingt zu einem homogenen Raster zusammen; vielmehr gibt es vielfältige Übergangsformen zwischen den Rastern einzelner Colonisationen oder zwischen Rasterfeldern und dem *acer arcifinius*[15] oder auch natürlichen Hindernissen, wie etwa Bergzügen oder Ufern von Gewässern, die sich nicht ins quadratische Schema der *limitatio* einfügen.

REPRODUKTION

Das römische Raster ist also Produkt einer Setzung von Punkten, einer ursprünglichen Teilung und deren beständiger Reproduktion; es funktioniert als Ordnungsform, als Grenzziehung von Eigentumsverhältnissen im Territorium selbst, als Prinzip einer quadratischen modularen Stadt- und Raumanlage und als speicherbare Zeichnung. Die große Zahl der Kolonialstädte wie auch die schnell auf- und abbaubaren Militärlager verweisen mit ihrer Rasterform zugleich auf ihre eigene Wiederholbarkeit und Reproduzierbarkeit. Nach diesem Verfahren lassen sich Räume modellieren und erweitern, deren Teile und Grenzen verortbar und registrierbar sind. Noch heute existieren diese Netze von Straßenzügen innerhalb und außerhalb von Städten.

Nachdem im Mittelalter Stadtgründungen mit Rasterstruktur kaum stattfanden, scheinen wieder dieselben Kriterien vorzuherrschen, wenn im 16. Jahrhundert zwar nur vereinzelt in Europa, in der Neuen Welt aber überall Städte gegründet werden, die alle auf dem Prinzip der Rasterung basieren. Doch dieser Sachverhalt weist einen wichtigen Unterschied gegenüber dem antiken Muster der Stadt- und Militärlagerarchitektur auf. Denn mittlerweile ist das Raster insbesondere seit dem 15. Jahrhundert zu einem grafischen Medium auf Papier geworden, in dem sich fundamentale medientechnische Funktionen miteinander verbinden. Die grafischen und geometrischen Operationen, wie sie in der praktischen Geometrie in allen Ingenieurbereichen wie etwa Architektur, Kartographie, Navigation oder Instrumentenbau zum Einsatz kommen, haben als basale Elemente neben Punkt und Linie nicht mehr eine bloße Fläche, sondern ein Raster. Diese vornehmlich quadratische Rasterung wird zum entscheidenden Merkmal grafischer Oberflächen; dies gilt selbst dann, wenn es sich um Projektionen von gewölbten Flächen auf eine Ebene, wie im Falle der Karten oder der zentralperspektivischen Abbildungen handelt.[16] Man kann sogar sagen, dass die zweidimensionale Oberfläche als solche vom Raster als einem grafischen Instrument konstituiert und kontrolliert wird. Dessen unterschiedliche Funktionen machen die eigentümliche grafische Operativität transparent.

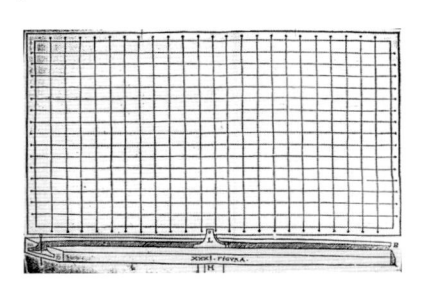

LEVINUS HULSIUS: RASTER ALS INSTRUMENT

Überzieht man also eine Oberfläche mit einem regelmäßigen Raster, so markiert es deren Ebenheit ebenso wie deren Maßstab. Denn es ist zunächst ein Instrument der Verortung und Ordnung der grafischen Oberfläche. Jeder Kreuzungspunkt der Rasterlinien ist eine exakte Koordinate, jedes Rasterfeld eine verortbare Teilfläche. Die einzelnen Rasterlinien bilden mit ihren senkrechten Teilungen zugleich Skalen, wie sie auf Karten oder Messinstrumenten angebracht sind, um dort die entsprechenden Werte ablesen zu können. Das Raster ist also als grafische Ordnung von Daten auf Papier verwendbar, ebenso als Korrelation homologer Ordnungen wie im Falle der Ortung geografischer Gebilde oder auch als Zuteilung oder Einteilung von Land, wie etwa schon im Sinne der römischen Agrimensoren.

Schon die durch Kataster hergestellte Raum-Ordnung weist auf die zweite Funktion des Rasters als Reproduktionsgerät. Gerade eine Raumordnung verlangt die Möglichkeit, sie beständig erweitern und damit reproduzieren zu können. Dies wird besonders wichtig, wenn es sich um die Reproduktion von grafischen Oberflächen selbst handelt: So hat Leon Battista Alberti in seinem Malerei-Traktat *Della pittura*, in dem er erstmals die Herstellung eines perspektivischen Bildes beschreibt, die Malfläche in ein Rasterfeld verwandelt. Dabei wird das geöffnete Fenster, durch das man eine reale Szene sieht, mit einem gerasterten Tuch bedeckt. Das, was nun auf dem Tuch »gezeichnet und gemalt« erscheint,[17] muss nur noch auf eine zusätzliche entsprechende Tafel übertragen werden. Dazu ist das transparente *velum* mit einem Raster ausgestattet,[18] das erlaubt, den Ort jedes sichtbaren Gegenstands und jeder Linie genau festzulegen. Quadrat für Quadrat kann so von dem *velum* auf die eigentliche Bildfläche kopiert werden. Das *velum* verknüpft damit zwei Funktionen: Als Fenster markiert es die Schnittfläche der Sehpyramide und generiert eine präzise definierbare grafische Fläche; als gerasterte Fläche ist das *velum* ein Ordnungs- und Reproduktionsinstrument, das die exakte Übertragung dessen, was auf dem Tuch erscheint, auf die eigentliche ebenso gerasterte Bildfläche erlaubt. Damit bildet das *velum* ein Messinstrument und einen Zeichen-Apparat zur Erzeugung und Übertragung grafischer Daten. Es fungiert aber noch als eine Schnittstelle, deren Daten vom Auge abgelesen und dann per Hand auf eine andere grafische Fläche aufgetragen werden: Erzeugung und Speicherung der Daten findet hier auf getrennten grafischen Oberflächen statt, oder anders formuliert: Beobachtungsgerät und Zeichenapparat sind nur lose durch eine Übertragung miteinander gekoppelt, die auf der Merkfähigkeit des menschlichen Blicks basiert. Dieser Blick kontrolliert mit Hilfe des Rasters die Übertragung der einzelnen Daten und macht damit einen Fehler-Abgleich.

Die Version von Albrecht Dürer zeigt die beiden Raster im Fenster und auf der Zeichenfläche. Erst Dürers Perspektivapparat verbindet die beiden Funktionen in einem einzigen Gerät, wenn er das Fenster mit einer Tür versieht, mit der die Speicherfläche selbst zum Teil des Instruments wird. In diesem Fall erzeugt das jeweilige Fadenkreuz eines anvisierten Punktes als mobiles Raster dessen Koordinaten, die direkt auf die Zeichenfläche übertragen werden können, wenn die Tür ge-

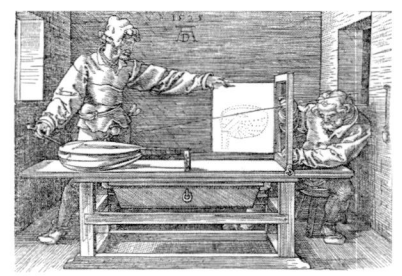

DÜRERS FENSTER UND TÜR

schlossen ist. Dabei wird das Gitter zwar für die Reproduktion überflüssig, doch es fehlt zugleich als Ordnungsmuster des Bildes selbst.

Durch diese Form der direkten Speicherung wird die Übertragung der Messdaten, die bei Vermessungsgeräten sonst als einzelne numerische Messwerte vorliegen, zu einer grafischen Operation mit Punkten und Linien: Erzeugung, Verarbeitung und Speicherung der Daten erfolgen in ein und demselben grafischen Medium.

Bilder werden dadurch ebenso gerastert wie Karten, die in der Frühen Neuzeit nach dem Vorbild der ptolemäischen Geographie mit Rastern überzogen werden. Die seit dem frühen 15. Jahrhundert sehr aktuell gewordene Geographie von Ptolemaios, ist vor allem eine Anleitung zur Konstruktion der Karten für die Orte, deren Koordinaten in langen Listen aufgeführt werden. Doch enthält der überlieferte Text weder Bild noch Karte, sondern schreibt nur das Reproduktionsverfahren auf, mit dem man aus den Messdaten jederzeit eine Karte herstellen kann. Ptolemaios' Text erläutert das Reproduktionsproblem in präziser Weise, wenn er sagt, dass es das Ziel seiner Anleitung ist, »zu zeigen, wie man auch bei dem Fehlen einer Kartenvorlage nur an Hand des Textes die Karte auf das leichteste herstellen kann. Denn das beständige Kopieren früherer Vorlagen pflegt die Abweichungen infolge der nach und nach sich einschleichenden Veränderungen bis zu einem hohen Maß der Unähnlichkeit der Kopie gegenüber dem Original zu steigern.«[19] Insoweit ist die Ptolemäische Geographie ein Reproduktionsinstrument, denn deren Listen von Koordinaten-Daten lassen sich einfach auf einem Raster beliebiger Größe reproduzieren.

Für den Fall, dass die einzelnen Daten, d.h. Orte als Koordinatenpunkte eingetragen werden, verschränkt sich Ordnungs- und Reproduktionsfunktion des Rasters unmittelbar. Doch auch beim direkten Kopieren von Karten, das auch im 15. und 16. Jahrhundert immer noch ein Problem ist, dient das Raster als wichtiges Instrument. Das Abzeichnen von Bildern oder Karten kann im Unterschied zu Druckverfahren den Reproduktionsvorgang mit einer Vergrößerungs- oder Verkleinerungsoperation verbinden, je nach dem Verhältnis von Ausgangs- und Ziel-Raster.

Gerade bei der Vervielfältigung von Karten wurde dieses Verfahren in besonderem Maße eingesetzt. Da die Original- oder Master-Kopie meist in großem Maßstab angefertigt war, bedeutete die Reproduktion häufig eine Verkleinerung. Im Falle des *Padrón Real* in der *Casa de la Contratación* von Sevilla, derjenigen Karte, auf der alle topografischen Daten des spanischen Weltreichs im 16. Jahrhundert gesammelt wurden, hing von dessen exakter Reproduktion die ganze Macht dieses Weltreichs ab.

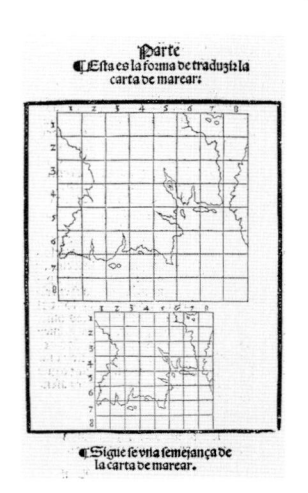

MARTIN CORTÉS:
KOPIEREN VON KARTEN

Zugleich, und das ist die dritte Funktionsform des Rasters, erlaubt es gerade die bei der Reproduktion so wichtige Kontrolle, den Fehlerabgleich zweier grafischer Gebilde, die identisch sein sollen. Der Vergleich Quadrat für Quadrat erleichtert diesen Abgleich insbesondere bei unregelmäßigen grafischen Gebilden. Je kleiner die Rasterfelder, um so kleiner, sagt Alberti, werden die Fehler. So wird in den frühen zentralperspektivischen Bildern häufig auch ein Raster in Form eines Bodenmusters ins Bild gekippt; es fungiert so als Kontrolle und Testbild für die richtige Konstruktion des perspektivischen Raumes.

Das Raster bildet also einen fundamentalen medialen Operator der grafischen Oberfläche auf Papier ebenso wie auf den Messinstrumenten. So ist es nicht erstaunlich, dass sich das Raster in der Frühen Neuzeit vor allem in der Neuen Welt als Konstruktionsform bei Stadtgründungen durchsetzt: Im Gegensatz zu den antiken Rasterstädten entstehen die neuen Kolonialstädte auf Papier als eine Ordnung von Daten; etwa als ein grafisches Diagramm der Liste der Mitglieder einer Schiffsbesatzung, die in dem neu gegründeten Ort Raum als Eigentum namentlich zugewiesen bekommen.

Dieses Raster auf Papier dient zugleich der Reproduktion dieser Daten als Stadttopographie. Dazu wird dieses Raster nun tatsächlich auf den planen Erdboden übertragen und das papierene Verortungsinstrument damit auch architektonisch realisiert. Zugleich gewährt die so erfolgte Verteilung des Landes den einfachen Abgleich mit der Liste, die ja demselben Ordnungsprinzip entspricht. Buenos Aires, Mendoza, Vera Cruz, Quito, Truxillo oder wie die Orte auch heißen, jede Stadt gleicht der anderen wie Listen, die immerfort dasselbe Organisationsprinzip anschreiben. Das, was sich Gelehrte und Architekten wie Antonio Averlino, Francesco di Giorgio Martini oder Pietro Cataneo in Europa als ideale Städte ausdachten und in einigen Fällen sogar realisieren konnten, diese Idealität ist in der Neuen

LISTE, DIE EIN PLAN IST: BUENOS AIRES

Welt eine geworden, die man wie Listen auf Papier reproduzieren, ordnen und kontrollieren kann.[20] Das Raster ist zu einem multifunktionalen grafischen Medium geworden. Die Städte, die alle gleich aussehen und in denen man sich nicht mehr verirren kann, machen damit das Utopia der Idealstädte serienmäßig konstruierbar. Das Serienprodukt Rasterstadt in den Kolonialgebieten der Frühen Neuzeit ist ein neuer Typ von Nicht-Ort, der überall ist.

ANMERKUNGEN

[1] Vgl. zur Geschichte der Rasterstädte das Kapitel »Das Gitter«, in: Spiro Kostof: *Das Gesicht der Stadt. Geschichte städtischer Vielfalt,* Frankfurt 1992, 95–158.

[2] Vgl. dazu die klassische Schrift des römischen Historikers Polybius aus dem 2. Jh.v.Chr.: Polybius: *Castrametatio romanorum,* Leyden 1592.

[3] Leon Battista Alberti: *Zehn Bücher über die Baukunst (1452),* Darmstadt 1991, 245.

[4] Vgl. dazu Moritz Cantor: *Die Römischen Agrimensoren und ihre Stellung in der Geschichte der Feldmesskunst. Eine historisch-mathematische Untersuchung,* Leipzig 1875; F. Blume, K. Lachmann, Th. Mommsen, A. Rudorff: *Die Schriften der Römischen Feldmesser. II. Erläuterungen und Indices (1852),* Hildesheim 1967.

[5] Aulus Gellius: *Noctes Atticae* 16, 13, 9. Vgl. dazu Okko Behrends: »Bodenhoheit und privates Grundeigentum im Grenzwesen Roms«, in: ders., Luigi Capgrossi Colognesi: *Die römische Feldmesskunst. Interdisziplinäre Beiträge zu ihrer Bedeutung für die Zivilisationsgeschichte Roms,* Göttingen 1992, 213f.

[6] Balbus: *Ad Celsum expositio et ratio omnivm formarvm,* in: ders.: *Ad Celsum expositio et ratio omnium formarum. Présentation systématique de toutes les figures; Podismus Epaphroditi et Vitruvi Rufi lieber de ivgeribus metivndis. Corpus Agrimensorum Romanorum* II und III, Napoli 1996, 38.

[7] Hygini Gromatici Constitutio Limitum. *L'établissement des Limites. Corpus Agrimensorum Romanorum IV,* Napoli 1996, 4.

[8] Cantor: *Die römischen Agrimensoren,* 65.

[9] Varro: *De lingua latina* VII. 6; zit. nach Heinrich Nissen: *Orientation. Studien zur Geschichte der Religion. Drittes Heft,* Berlin 1910, 2. Vgl. dazu auch Nissens frühere Studie: Heinrich Nissen: *Das Templum. Antiquarische Untersuchungen,* Berlin 1869.

[10] Hyginus: *Constitutio limitum,* 68.

[11] Michel Serres: *Gnomon. Die Anfänge der Geometrie in Griechenland,* in: ders. (Hg.): *Elemente einer Geschichte der Wissenschaften,* Frankfurt/M. 1998, 118.

[12] Vitruv: *De architectura libri decem. Zehn Bücher über Architektur,* Darmstadt 1976, 63.

[13] Vitruv: *De architectura,* 68.

[14] Hyginus: *Constitutio limitum,* 144/146. Vgl. auch O.A.W. Dilke: *The Roman Land Surveyors. An Introduction to the Agrimensores,* Newton Abbot 1971, 113.

[15] Vgl. O.A.W. Dilke, *The Roman Land Surveyors,* New York, 1971, 96.

[16] In beiden Fällen handelt es sich um ein ungleichmäßig geteiltes Raster, das aus den Verzerrungen resultiert, die entstehen, wenn das Raster einer gekrümmten Fläche auf eine Ebene projiziert wird.

[17] Leon Battista Alberti: *De pictura. Die Malkunst,* in: ders.: *Das Standbild. Die Malkunst. Grundlagen der Malerei,* Darmstadt 2000, 251.

[18] »[…] ein Tuch, das aus feinstem Faden lose gewoben ist, nach Belieben gefärbt, mit etwas dickeren Fäden in eine beliebige Anzahl von parallelen Quadraten eingeteilt und über einen Rahmen gespannt.« Ebd., 248.

[19] Ptolemaios *Einführung in die darstellende Erdkunde,* Erster Teil., Wien 1938, 60.

[20] Vgl. etwa: *La ciudad hispanoamericana. El sueño de un orden.* Madrid 1997.

JOSEPH VOGL

BELIEBIGE RÄUME
ZUR ENTORTUNG DES STÄDTISCHEN RAUMES

Aus der Buckower Enklave heraus hat Bertolt Brecht einmal ferne, abwesende Städte, Großstädte angesprochen und dabei eine seltsame Unterscheidung getroffen. In der Buckower Elegie mit dem Titel »Große Zeit, vertan« von 1953 schreibt er: »Ich habe gewusst, dass Städte gebaut wurden / Ich bin nicht hingefahren. / Das gehört in die Statistik, dachte ich / Nicht in die Geschichte.// Was sind schon Städte, gebaut / Ohne die Weisheit des Volkes?«[1] Wie immer die große und vertane Zeit hier auf die großen und fernen Städte bezogen ist – diese Städte sind nicht nur kein Gegenstand und kein Ereignis des Gedichts hier, sie werden vielmehr ganz grundsätzlich mit einem Fragezeichen versehen, mit einem Fragezeichen, was ihre Ereignishaftigkeit betrifft: Welche Ereignisse sind sie? Was macht das für einen Unterschied, wenn etwas in der Geschichte oder in der Statistik passiert? Welche Unterscheidung – wie auch immer provisorisch – ist das? Was wären also Städte, die einerseits in die Geschichte und andererseits in die Statistik gehören? Welche unterschiedlichen Orte, Ortschaften sind hier und dort jeweils benannt?

Ich will hier auf Brechts Gedicht und seine Hoffnung, die Städte wären nicht »ohne die Weisheit des Volkes gebaut«, nicht weiter eingehen; aber ich würde gerne und ganz thesenhaft ausgehend von dieser Differenz und dieser Spannung drei Fragen ansprechen, welche die folgenden Überlegungen bestimmen sollen:[2] 1. Wie konstituiert sich die neuzeitliche, moderne Stadt als ein ganz spezifischer Ereignisraum, als ein Ereignisraum, der eben die Frage nach dem Verhältnis von Geschichte und Statistik aufwirft? 2. Lässt sich aus diesem Ereignisraum auch eine bestimmte Wahrnehmung, eine Ästhetik des städtischen Raums ableiten? Und 3. welche Ereignisse sind es schließlich, die dieser Raum beherbergt, was hat man von diesen Ereignissen zu erwarten?

Immer wieder hat man den Übergang von der mittelalterlichen Stadt in Europa zur neuzeitlichen und schließlich modernen nicht nur als Transformation der Stadt und des Städtischen beschrieben, sondern insgesamt als einen Prozess der Verstädterung, als einen Prozess der Urbanisierung, der weit über den räumlichen, politischen, sozialen Topos der Stadt selbst hinausreicht: Sei es, dass der abgegrenzte Ort der Stadt in eine deterritorialisierte Nicht-Stadt übergeht; sei es, dass der alte Schutzraum, die befestigte, gesicherte und befriedete Stadt umgekehrt zu einem unbefriedeten, friedlosen Ort, zu einem Ort der Unsicherheit geworden ist; sei es schließlich, dass sich die scharfen politischen, ökonomischen, symbolischen Grenzen zwischen der Stadt und dem Land, Zentrum und Peripherie selbst aufgelöst und gelöscht haben. Allerdings lässt sich zu diesen Prozessen der Entdifferenzierung – die in unterschiedlichen Wendungen von Theoretikern und Historikern angesprochen findet: bei Max Weber, Lewis Mumford, Spengler, Jacques LeGoff, Henri Lefebvre oder Saskia Sassen – eine weitere Veränderung hinzufügen, eine Veränderung, die tief in die Struktur und den Typus der Stadt als Ereignisraum hineinreicht. Es erscheint mir nämlich bemerkenswert, dass zu einer Zeit, in der sich die alten Stadtmauern und Einfriedungen der Städte aufzulösen beginnen, in der sie obsolet oder zumindest fragwürdig geworden sind, zu einer Zeit, in der sich die scharfe räumliche Diskontinuität zwischen dem Topos der Stadt und dem weiten offenen Land verwischt, dass zu einer Zeit, in der – zumindest in einigen wichtigen Exemplaren – die Stadt auf die Vorstadt und die Vorstadt auf das Land ausgreift – dass sich also zu dieser Zeit die Stadt als ein geschlossener und homogener Raum auf einer anderen Ebene neu konstituiert.

So ist etwa die Stadt London – um eines der wichtigsten Beispiele zu nennen – spätestens seit dem 17. Jahrhundert nicht nur von einem Kranz an Vorstädten umgeben, sie hat sich nicht nur auf eine ganz grundlegende Weise entgrenzt, wie zeitgenössische Beobachter feststellten, etwa Daniel Defoe im Jahr 1726: »Wo könnte hier eine Grenzlinie gezogen oder ein Umgrenzungswall angelegt werden?«[3] Man hat vielmehr zur selben Zeit begonnen, diese Stadt auf ganz andere Weise als einen Zeichen- und Datenraum zu beobachten, als einen Raum wenigstens, dessen Gestalt nicht allein in Architekturen und Straßenzügen, nicht allein in den Bewegungen von Volk und Bürgern in den Straßen und auf den öffentlichen Plätzen ablesbar und erkennbar wird. Schon seit dem Konzil von Trient im 16. Jahrhundert wurden etwa katholische Pfarreien angehalten, Register von Taufen und Heiraten, später auch von Todesfällen anzulegen, kurz also: demografische Daten zu erheben. In London hat man die ersten Verzeichnisse seit 1562 angelegt, ab 1603 wöchentliche Erhebungen über Taufen und Beerdigungen durchgeführt.[4] Lässt sich schon hier eine Serialität erkennen, die über die Grenzen von Ständen und Zünften hinwegläuft und die Homogenität dessen erzeugt, was man ›Bevölkerung‹ nennen mag, und kann man schon hier einen Raum erkennen, der die Grenzen der Stadt anders, nämlich nicht rechtlich und nicht politisch, sondern arithmetisch und nach der Gestalt der großen Zahl zieht, so wurde erst im 17. Jahrhundert damit begonnen, diesen neuen Raum als einen Bereich mit eigenen Regeln und Gesetzmäßigkeiten zu beschreiben und zu errechnen. 1662 veröffentlichte der erfolgreiche Kaufmann John Graunt seine *Natural and Political Observations [...] made upon the Bills of Mortality*, kurz darauf, 1666 schloss der Unternehmer und Politiker William Petty eigene Beobachtungen daran an. In seiner Einleitung formulierte Graunt sein Interesse ganz genau: Es gehe darum, von diesen Daten den richtigen Gebrauch zu machen, etwa nach der Zu- oder Abnahme von Beerdigungen zu fragen, oder nach Unfällen, die im Verlauf der Wochen selten oder häufig geschehen. Graunt hat damit nicht nur nach der Regelmäßigkeit von Ereignissen gefragt, sondern mehr noch nach deren Wahrscheinlichkeit, er hat schließlich Tafeln angelegt, die für dieses oder jenes Alter das wahrscheinliche Überleben eines Individuums angeben können.[5] Man hat diese Entstehung der politischen Arithmetik oder Statistik bereits ausführlich beschrieben,[6] seltener aber deren Bedeutung für die Genese oder Genealogie eines städtischen Raums, eines städtischen Ereignisraums. Denn mit den Publikationen von Graunt, Petty oder Arbuthnott (die sehr schnell ähnliche Beobachtungen für Paris etwa nach sich zogen) lässt sich feststellen, dass es nicht die Feudalgesellschaft und der ländliche Raum, sondern die städtische Gesellschaft war, die am Anfang einer neuen, demografischen Datenerhebung, einer neuen Wissensform, nämlich der Statistik steht; und es lässt sich überdies erkennen, dass damit gerade die Stadt zum Raum einer spezifischen Ereignishaftigkeit geworden ist, einer Ereignishaftigkeit, die eben von der Serialität, Regelmäßigkeit und Wahrscheinlichkeit bestimmter Ereignisse charakterisiert ist.

Ich möchte hier auf die Geschichte der Statistik und der Wahrscheinlichkeitsrechnung nicht weiter eingehen, auf eine Geschichte übrigens, in der Graunt immer wieder als ein ›Columbus‹ der Daten angesprochen wurde,[7] ich möchte vielmehr einige Aspekte und Konsequenzen verzeichnen, die nun die Struktur, die innere Form dieses städtischen und statistischen Ereignisraums betreffen.

1. Spätestens seit dem 17. Jahrhundert lässt sich bemerken, dass eine Stadt bevölkert ist, dass sie also nicht bloß bewohnt ist, sondern ›bevölkert‹ ist in einem ganz spezifischen Sinn: nämlich nicht aus einer Ansammlung von Bürgern und Rechtssubjekten, von Handwerkern, Händlern und Funktionsträgern besteht, sondern aus einer Population, d.h. aus Leuten, die nicht diese oder jene Eigenschaft besitzen, vielmehr dadurch zusammengehören, dass sie in großer Zahl existieren. Die Leute sind zu statistischen Ereignissen geworden und unterliegen unterschiedslos und allesamt bestimmten, regelmäßigen und wahrscheinlichen Ereignissen, Risiken und Erwartungen. Noch bevor also die Stadt im 19. Jahrhundert zum Beobachtungsraum von Massen und Massenphänomenen geworden ist, präsentiert sie sich als Entstehungsort jener Menge, die nicht aus Individuen, Per-

sonen oder Subjekten, sondern schlicht auf Bevölkerung besteht. Auch das muss man zu einem Prozess zählen, den man Verstädterung nennt.

2. Mit dieses Datenbewegungen und Ereignissen ist die Stadt nicht nur ein Ort auf der Landkarte, ein topografischer oder architektonischer Raum; sie ist nicht nur ein ökonomisches, politisches oder administratives Zentrum, sie ist nicht bloß eine Korporation, eine rechtliche Einheit, eine Kommune. Sie ist vielmehr auch zu einem epistemologischen Ort geworden, sie konstituiert sich als Raum mit einer eigenen Episteme, als Wissensraum, der auf besondere Weise mit den wirklichen Vorfällen und Begebenheiten korrespondiert bzw. nicht korrespondiert. Während nämlich Geburten und Todesfälle, Krankheiten, Verbrechen oder Unfälle in der empirischen Welt immer noch mit bestimmten Gründen und Motiven, Verursachungen und Verschuldungen geschehen, also nach den Gesetzen der Kausalität anschreibbar sind, so werden all diese Ereignisse im neuen statistischen Raum der großen Zahl von ihren Kausalketten losgelöst, d.h. seriell, regelmäßig und mehr oder weniger wahrscheinlich. Sie gewinnen ihre statistische Evidenz gerade dadurch, dass sie nicht mit Gründen geschehen, sondern als Häufigkeiten auftauchen, wie immer die je einzelnen Umstände und Ursachen auch aussehen mögen. Wie immer also die unterschiedlichen Kausalserien aufeinandertreffen und Zusammenstöße, d.h. Kontingenzen erzeugen – im neuen städtischen bzw. statistischen Raum haben all diese Ereignisse erratischen Charakter wie das Wetter, sie passieren häufig, selten, vorhersehbar – all das aber (und das macht ihre statistische Konsistenz aus) mit einer gewissen Grundlosigkeit: Es ist gerade eine aufsteigende Grundlosigkeit, die diesen neuen städtischen Ereignis- und Datenraum charakterisiert.

3. Schließlich wird dadurch auf besondere Weise ungewiss oder fraglich, was in einer Stadt, was im städtischen Raum, was in diesem Datenraum der Stadt tatsächlich geschieht. Sind nämlich die relevanten Ereignisse berechenbar und wahrscheinlich, unterliegen sie einem statistischen Erhebungs- und Verarbeitungsprozess, so bricht eine kategoriale Grenze zusammen, eine ontologische Differenz (wenn man so will): die Grenze nämlich zwischen den Begebenheiten, die eintreten, und denen, die nicht passieren, die Grenze also zwischen den wirklichen und unwirklichen Ereignissen. Im Zeichen der statistischen und wahrscheinlichkeitstheoretischen Operation, deren Anfänge eben in den Großstädten des 17. Jahrhunderts liegen, wird zwischen den Grenzwerten der notwendigen und der unmöglichen Ereignisse eine Skala entworfen, auf der sich die mehr oder weniger seltenen, mehr oder weniger häufigen, mehr oder weniger möglichen oder wahrscheinlichen Ereignisse anschreiben lassen. Und das bedeutet: Dieser Ereignisraum transzendiert die Dichotomie von fiktiv und real, das Nicht-Ereignis gewinnt an Realität. Der nicht oder noch nicht eintretende Tod, die nicht ausbrechende Krankheit, der nicht passierende Unfall haben in diesem Ereignissystem dieselbe Realität wie all jene Vorfälle, die sich tatsächlich und manifest ereignen. Das

Nicht-Ereignis gewinnt nun dieselbe (statistische) Qualität wie das Ereignis selbst und wird durch die Akkumulation und Verstreuung der großen Datenzahl produziert. Etwas unvorsichtig formuliert könnte man hier von einer Irrealisierung oder Fiktionalisierung des Ereignismassivs sprechen; in jedem Fall aber von einem Überschuss an Ereignishaftigkeit, mit der sich gerade der städtische Datenraum als Möglichkeitsraum konstituiert, als eine Potenzialität, die nicht die wirklichen von den unwirklichen, sondern bloß die aktuellen von den virtuellen Ereignissen sondert.

Lassen Sie mich an dieser Stelle wenigstens zwei Dinge festhalten, um dann einen Schritt weiterzugehen. Es sollte hier deutlich werden, wie die Stadt zu einem zweideutigen Ort geworden ist, der ein Problem, eine besondere Frage für die Geschichte, für die Geschichtsschreibung darstellt oder darstellen wird. Nimmt man nämlich den Rahmen des skizzierten Datenraums als Passepartout der Ereignisstruktur, so lässt sich darin durchaus eine Provokation für die Erzählung, für eine narrative Geschichte erkennen: die Serialität und die große Zahl (die Bevölkerung), die aufsteigende Grundlosigkeit (die fehlende Zurechnung oder der Mangel an Sinn) und die Virtualisierung der Ereignisse (die Realität von Nicht-Ereignissen) müssen ja auch als eine Grenze des Erzählens begriffen werden, wenn Erzählen nicht zuletzt die Datierung, die Lokalisierung von Ereignissen in Raum und Zeit bedeutet. Die Entortung der Stadt zum Datenraum und der damit verbundene Überschuss an Ereignishaftigkeit jedenfalls durchkreuzen eine epische Ordnung – das Erzählproblem des späteren Stadt- oder Großstadtromans wird sich ja nicht zuletzt in dieser Spannung zwischen Narration und Statistik formieren. – Und eine zweite Bemerkung: So sehr sich die Stadt als Ortschaft, d.h. als Topos schlechthin gründet (wie Max Weber bemerkt hat[8]), so sehr ist die Genese eines neuzeitlichen oder modernen Ereignisraums der Stadt von Entortung geprägt. Noch bevor die großen Projekte zur Planung und Organisation des städtischen Verkehrs realisiert werden, lässt sich die Stadt – vor dem Hintergrund der genannten Überlegungen – als Verkehrsraum begreifen: eben als Überschuss an Ereignishaftigkeit, als jener Möglichkeitsraum, als jene mögliche Welt, in der ein Reservoir von Ereignissen, ein Behälter von Nicht-Orten jeden spezifischen Ort und jedes spezifische Ereignis wie eine Dunstschicht umgeben. Mit der Koinzidenz von städtischer Gesellschaft und statistischem Projekt wollte ich andeuten, wie der Stadtraum zum Objekt einer systematischen Indetermination wird, wo jeder Ort nicht nur Schauplatz bestimmter Ereignisse ist – im Sinne eines »avoir lieu« –, sondern sich weitet oder öffnet zu einem Raum, in dem die nicht, noch nicht oder vielleicht nie eintretenden Ereignisse insistieren. Der städtische Raum ist in dieser Hinsicht bestimmt und von Bestimmungen befreit zugleich; er realisiert sich und seine Ereignisstruktur nur in dieser konstitutiven Zweideutigkeit.

Es erscheint also durchaus plausibel – und damit komme ich zum zweiten Schritt meiner Überlegungen –, die Entwicklung der modernen Stadt mit der systematischen Gegenüberstellung von Orten und Nicht-Orten zu beschreiben, wie Marc Augé das vorgeschlagen hat. Ich erinnere an seine Definitionen. Demnach wäre der Ort als ein Platz bestimmt, an dem sich individuelle und kollektive Identitäten bilden oder wiedererkennen, Relationen sich konkretisieren und eine (gemeinsame) Geschichte ablesbar wird; also ein ebenso topografisch wie rhetorisch lokalisierbares Territorium, ein Topos. Der Nicht-Ort dagegen müsste als ein Raum entworfen werden, in dem Identitäten unbestimmt, Relationen ungewiss und Geschichten unlesbar werden, eine ebenso räumliche wie rhetorische Indetermination. Nun hat ja Augé selbst nicht bloß von einer Vermehrung von Nicht-Orten im metropolitanen Raum gesprochen (und dabei an spezifische Verkehrs- und Durchgangsräume gedacht: Schnellstraßen, Autobahnkreuze, Flughäfen, Einkaufszentren, Flüchtlings- und Durchgangslager); er hat die Produktion dieser Orte nicht nur mit einem Überschuss an Ereignishaftigkeit zusammengebracht. Er hat vielmehr das Geschehen der Stadt selbst in der Spannung, in der Verschränkung, in der wechselseitigen Durchdringung von Orten und Nicht-Orten situiert, gewissermaßen als ein Verweissystem, in dem ein pulsierender Wechsel von Bestimmung und Unbestimmtheit, Lokalisierung und Entortung passiert.[9] Vor dem Hintergrund der Überlegungen zur statistischen Ereignishaftigkeit würde ich diese Durchdringung gerne als die besondere Qualität eines städtischen Wahrnehmungsraums ansprechen, als ästhetische Qualität eines Raumgefüges, das architektonische Gegebenheiten, Ereignisformen, Semiotiken, Medien und Beobachter zusammenschließt und einen spezifischen Wahrnehmungsprozess provoziert. Das wäre der *beliebige Raum*: ein Raum also, der indefinit bleibt und doch empfänglich ist für Bestimmungen; ein Raum, der nicht manifeste Ereignisse wie ein Gedächtnis umschließt und doch mögliche Ereignisse, Noch-Nicht-Ereignisse erwartet; ein Raum, der Identitäten auflöst und doch eine Modulation möglicher Identitäten herbeiruft; ein Raum, der nicht von der manifesten Anwesenheit eines Geschehens, sondern von der Eventualität eines – vergangenen oder künftigen – Geschehens geprägt ist; ein Raum schließlich, in dem keine Geschichte, sondern mögliche Geschichten passieren.

Lassen Sie mich für diesen Raum, für diese Ästhetik des städtischen Raums ein Beispiel nennen, das auf die genannte Weise Architektur, Ereignisse, Zeichensysteme und Beobachter zusammenbringt und damit eine eigene Qualität (oder Nicht-Qualität) erzeugt; ein Beispiel, das aus einem der überragenden Großstadtfilme stammt. Es handelt sich um Antonionis *La Notte* von 1960; und es handelt sich in diesem Film um eine Sequenz, die eine besondere Erforschung des städtischen Raums vorführt. Lydia (gespielt von Jeanne Moreau) und Giovanni (gespielt von Marcello Mastroianni) haben gerade einen sterbenden Freund im seltsam entvölkerten Krankenhaus besucht, sind dann über überfüllte Straßen in eine ebenso überfüllte literarische Gesellschaft gelangt, bis Jeanne Moreau plötzlich, scheinbar grundlos aus diesen vorgezeichneten Wegen, Orten und Ereignissen ausbricht, in eine Abwegigkeit und in eine Ziellosigkeit gerät, in eine Bewegung, die einen planlosen Plan skizziert. Lassen Sie mich diese Bewegung kurz beschreiben.

Zu Beginn dieser Sequenz tritt Jeanne Moreau durch einen Hof- oder Torbogen auf die Straße und gerät in der Folge in eine Reihe von Begegnungen, Zufallsbegegnungen: ein Mann an der Straßenecke, Wartende an einer Straßenbahnhaltestelle, ein lachendes Männerpaar, ein weinendes Kind, eine alte, gebückte Frau, ein Zweikampf zwischen jungen Männern, Jugendliche, die Raketen steigen lassen. Wesentlich scheint mir dabei zu sein, dass diese Begegnungen kleine, lokale Schauplätze eröffnen, Szenen, die sich ohne Notwenigkeit ergeben und konsequenzlos bleiben, fast parataktisch und diskontinuierlich aufeinander folgen und keine wie auch immer zusammenhängende Ordnung erzeugen. Damit passt auch zusammen, dass diese Begegnungen mit schnellen und plötzlichen Affektwechseln verbunden sind, die man immer wieder dem Gesicht von Jeanne Moreau ablesen kann: ein Zögern, Verzweiflung, Lachen, Schrecken, Betroffenheit und Teilnahmslosigkeit. Jede Beteiligung, jede Verwicklung in einen Schauplatz schlägt in größte Ferne und umgekehrt um – auch hier liegt die der Akzent der Darstellung nicht auf einer wie auch immer stimmigen psychischen Konsistenz, sondern auf dem Wechsel, einer inkohärenten Folge. Dasselbe wiederholt sich in den Bewegungen, die die Kamera verfolgt: Stillstand und Zielstrebigkeit, Warten und Umherirren, Beschleunigung und Verlangsamen, eine Bewegung, die keine Konstanz, keine Wege, keine Verbindung zwischen Punkten und Orten markiert. Der Raum, der durchmessene Raum wird dabei selbst ganz und gar heterogen, lässt keine Synthese zu. Immer wieder werden Schwellen und Öffnungen überschritten, die nirgendwohin führen, alle möglichen Anschlüsse zulassen, keinen Plan, keine Topographie, keine räumlichen Koordinaten ergeben. Es ist dies ein unübersichtliches, inhomogenes Raumgefüge, das die Unterscheidungen von Innen und Außen löscht, das Innen im Außen spiegelt und sich schließlich nur durch eine gewisse Unfertigkeit auszeichnet, ein Raum im Entstehen, der sich nicht zuletzt in abgeschnittenen Perspektiven, Halbtotalen und immer wieder ruinenhaften Fassaden manifestiert. Schließlich ist diese ganze Sequenz von Zeichen übersät, optischen und akustischen Signalen, die offenbar Bedeutung besitzen aber unlesbar bleiben, Ziffern und Buchstaben, ein Sirenenklang, das Dröhnen eines Flugzeugs, Signale, die weit über den Bildraum hinausreichen.

Ich würde eine Sequenz dieser Art gerne als Darstellungsform beliebiger Räume ansprechen wollen und dabei (mit Gilles Deleuze[10]) folgende systematische Merkmale festhalten.

1. Was hier vorgeführt wird, ist zunächst eine grundlegende Fragmentierung des Raums, des Wahrnehmungsraums. Man hat es hier mit einem Raum zu tun,

der keine Metrik und keine Maßverhältnisse besitzt, sich diskontinuierlich organisiert, von Einstellung zu Einstellung eine Vielzahl möglicher Anschlüsse erlaubt und insgesamt ohne Synthese bleibt; sein organisatorisches Prinzip ist der Anschlussfehler.

2. Dies korrespondiert auch mit der Unfertigkeit dieses Raums. Durchdrungen von unspezifischen Zeichen und Signalen zeichnet er sich dadurch aus, dass kein Merkmal ihn dauerhaft, keine Beziehung ihn verlässlich charakterisiert. Die Kontinuität der Bewegung in diesem Raum wird von übergangslosen Zuständen, Situationen und Affekten besetzt, von Anbrüchen, die keine Fortsetzung finden, von Abschlüssen, die kein Ende bedeuten. Bestimmungen werden gesetzt und widerrufen, und insgesamt folgt seine Genese einer De-Markierung, einer De-Symbolisierung, die bei all dem, was in diesem Raumgefüge an Ereignissen, Begegnungen und Bedeutungen geschieht, immer wieder in eine grundlegende Unbestimmtheit, in eine Indetermination führt.

3. Darum hat der Raum dieser filmischen Promenade auch nicht wirklich eine Extension, eine Ausdehnung, er konstituiert sich viel eher über Unterbrechungen, Intervalle und Zwischenräume. Er ist kein Raum, in dem man sich kontinuierlich von einem Ort zum anderen bewegt, er vollzieht vielmehr eine Annullierung der Entfernung und macht den Null-Vektor – um das mit Henri Lefèbvre zu formulieren[11] – zu seinem generischen Prinzip. Jeder Punkt kann sich virtuell auf jeden anderen Punkt beziehen, übergangslos. Man müsste diesen Raum als ein Ensemble von unverbundenen Singularitäten beschreiben, als System von virtuellen Beziehungen: So sehr sich diese oder jene Ereignisse in ihm manifestieren, so sehr ist er doch vor allem ein Gefäß aller möglichen Ereignisse, ein Reservoir ausstehender Konkretionen. Er umschließt Potenzialqualitäten, vollzieht eine Virtualisierung des Geschehens, wird schließlich zu einem Ort des Möglichen und der Ungewissheit. Es wird sich hier mit Sicherheit nichts oder etwas oder dieses und jenes ereignen.

4. Schließlich ist dieser Raum auch nicht in Zusammenhang mit einer chronologischen Ordnung darstellbar. Er besteht aus zusammenhangslosen Stellen und Orten, die weder durch eine zeitliche Sukzession noch durch eine narrative Abfolge aneinandergereiht werden. Mit diesem räumlichen Gefüge löst sich eine motivierte und lineare Anordnung von Vorher und Nachher auf, es gibt keinen Vektor der Zeit, der hier eine Linie von Vergangenem über die Gegenwart bis in das Künftige hinein zieht. Man hat es vielmehr mit einer stillstehenden, besser noch: leeren Zeit ohne Gegenwart, Vergangenheit und Zukunft zu tun, die all das enthält, was sich ereignet hat oder ereignen wird, aber im Augenblick nicht, nicht mehr oder noch nicht geschieht. Diese Anlage – das sei wenigstens angemerkt – trifft sich übrigens mit dem Ende der Sequenz in Antonionis Film: Ganz zufällig ist Jeanne Moreau hier an den Stadtrand und an einen Ort gelangt, an dem Lydia und Giovanni sich zum ersten Mal begegneten – an einen Ort allerdings, der im

Verlauf des Films weder vergangen noch erinnert, sondern schlicht verschwunden sein wird.

Lassen Sie mich das kurz zusammenfassen. Ich habe versucht, ausgehend vom Topos der Stadt einen Raum zu beschreiben, der – am Beispiel der im 17. Jahrhundert entstehenden Statistik – eine gewisse epistemologische Konsistenz gerade dadurch gewinnt, dass er diese Ortschaft entortet und einen Datenraum schafft, der ein intensives Verhältnis zwischen den manifesten und ungeschehenen Ereignissen herstellt und eine Koordination der Begebenheiten nach den Gesetzen der Serialität, Regelmäßigkeit und Wahrscheinlichkeit vollzieht. Der städtische Raum (seine architektonische Ordnung) korrespondiert also unmittelbar mit einem Datenraum, und man könnte hier durchaus von einer städtisch-statistischen Einheit sprechen. Das macht die Stadt nicht nur zum Geburtsort einer neuen Entität (der Bevölkerung), sondern provoziert vielmehr eine Beobachtungsform, die die Ereignisse mit einer gewissen Grundlosigkeit und schließlich mit der Qualität des Unwirklichen, d.h. Möglichen oder Virtuellen auszeichnet. Noch vor der Realisierung der großen verkehrstechnischen Projekte könnte die Stadt darum als ein Verkehrsraum angesprochen werden, der sich im Wechselverweis von Orten und Nicht-Orten konstituiert. Will man gerade darin eine besondere Qualität des modernen städtischen Raums erkennen, so nicht zuletzt im Sinne eines ästhetischen Charakters, den ich mit Deleuze beliebigen Raum genannt habe: ein Raumgefüge, in dem sich eine gleichsam statistische Wahrnehmungsweise mit konkreten Architekturen verbindet. Die Fragmentierung des Raums, die De-Markierung seiner Bestimmungen, seine Potenzialqualitäten und schließlich seine leere, a-chronische Zeit – all das macht den beliebigen Raum schließlich zu einem Ereignisraum, der sich vor allem als eine Verdichtung des Möglichen begreifen lässt.

Dies führt mich – am Schluss – zu einer letzten These, die natürlich ausführlicher belegt werden sollte. Will man die Geschichte der modernen Stadt als Geschichte eines Ereignisraums fassen, so wird man auf die Genese eines beliebigen Raums stoßen, d.h. auf ein Gefüge aus architektonischen Gegebenheiten, Zeichen und Wahrnehmungsformen, das sich durch jenen Überschuss an Ereignishaftigkeit auszeichnet, in dem das Mögliche insistiert, das Zufällige und Grundlose sich ereignet und das darum von dem durchzogen wird, was man eine Dunstschicht sozialer Unwirklichkeit nennen könnte. Ich glaube, dass dieser Ereignisraum, diese Dunstschicht sozialer Unwirklichkeit, die sich durch die Unbestimmtheit, die Virtualität von Ereignissen und Beziehungen auszeichnet, seit Ende des 19. Jahrhunderts nicht nur die moderne Kultur heimgesucht hat, sondern eine von Reihe Fragen und Forschungen eröffnete. Zum Beispiel eine entstehende Stadtsoziologie, etwa bei Georg Simmel, der die Wirklichkeit der Großstadt gerade im Unkörperlichen, Überschreiten ihrer »physischen Grenzen« erkennt;[12] oder eine entstehende Massensoziologie bzw. -psychologie (bei Gustave LeBon oder Gabriel Tarde), für die ja der Massenmensch nicht nur ein Träumer oder ganz und gar irrational ist, sondern selbst eine Fiktion, eine Irrealität: das Milieu des Massenmenschen ist der Somnambulismus, er ist ein unwirkliches Wesen, das ganz und gar aus virtuellen Relationen und Ereignissen besteht[13]; oder schließlich eine politisch-ästhetische Recherche: nicht nur wie eben bei Antonioni, sondern schon etwa bei den Surrealisten, für die die Stadt zum Residuum von Zufall und Grundlosigkeit geworden ist und insgesamt 'einen »Standort« motiviert, von dem aus, wie es bei André Breton heißt, »Leben und Tod, Reales und Imaginäres, Mitteilbares und Nicht-Mitteilbares, Oben und Unten nicht mehr als widersprüchlich empfunden werden«.[14] Die Stadt, die städtische Topographie bildet sich aus dieser Perspektive nicht als Topos, nicht als Atopos und auch nicht als Heterotopie, sondern als eine Art innerer Exotopie: als Raum einer modernen Odyssee, deren Bewegung in der endlosen Verwechslung seiner Stellen und Orte mit seinen Stellen und Orten besteht.

ANMERKUNGEN

[1] Bertolt Brecht: *Große Zeit, vertan* in: *Gesammelte Werke,* Bd. 10, 1010, Frankfurt/M. 1973.

[2] Plenarvortrag, *9. Internationales Bauhauskolloquium: Medium Architektur. Zur Krise der Vermittlung,* Thesis 3. 49. Jahrgang, Weimar 2003.

[3] Zit. nach Leonardo Benevolo: *Geschichte der Stadt,* Frankfurt/M. 1993, S. 711.

[4] Vgl. Lorraine Daston: *Classical Probability in the Enligthenment,* Princeton 1988, S. 126; Ian Hacking: *The Emergence of Probability. A Philosophical Study of Early Ideas about Probability, Induction and Statistical Inference,* Cambridge 1975, S.102.

[5] Johannes Graunt: *Natürliche und politische Anmerkungen über die Todten-Zettel der Stadt London [...],* Leipzig 1702; vgl. William Petty: *Political Arithmetic,* Glasgow 1751; John Arbuthnott: *An Argument for Divine Providence, taken from the Constant Regularity in the Birthes of Both Sexes,* in: *Philosophical Transactions 27,* Nr. 328, 1710, S. 186-195.

[6] Vgl. Daston, a.a.O., S. 126-128; Hacking, a.a.O., S. 102-108.

[7] Vgl. Hacking, a.a.O., S. 103.

[8] Max Weber: *Die Stadt,* in: *Gesamtausgabe, Abt. 1, Schriften und Reden,* Bd. 22/5, (Hg) Wilfried Nippel, Tübingen 1999, S. 59-61, 121.

[9] Marc Augé: *Orte und Nicht-Orte. Vorüberlegungen zu einer Ethnologie der Einsamkeit,* Frankfurt/M. 1994.

[10] Zur Begriffsbildung und Charakteristik des beliebigen Raums« vgl. Gilles Deleuze: *Das Bewegungs-Bild. Kino 1,* Frankfurt/M. 1989, S. 151 ff.

[11] Henri Lefèbvre: *Die Revolution der Städte,* München 1972, S. 105.

[12] Georg Simmel: *Die Großstädte und das Geistesleben,* in: *Das Individuum und die Freiheit. Essais,* Frankfurt/M. 1993, S. 192-204.

[13] Gustave LeBon: *Psychologie der Massen* [1895], München 1950; Gabriel Tarde, *L'Opinion et la Foule* [1901], Paris 1989.

[14] André Breton: *Zweites Manifest des Surrealismus. 1930,* in: *Manifeste des Surrealismus,* Reinbek 1977, S. 55.

WALTER PRIGGE

TYPOLOGIE UND NORM
ZUM MODERNEN TRAUM DER
INDUSTRIELLEN FERTIGUNG
VON WOHNUNGEN

Die menschliche Behausung ist eine Frage des Massenbedarfs. In Deutschland sind 85% aller Wohnungen Kleinwohnungen. Ihren Bewohnern fällt es heute nicht mehr ein, sich die Beschuhung nach Maß anfertigen zu lassen, sondern sie beziehen Vorratsprodukte, die infolge verfeinerter Fabrikationsmethoden die meisten individuellen Bedürfnisse befriedigen. Die kommende Generation wird ebenso ihre Behausung vom Lager bestellen. Die Art und Weise, wie wir heute noch Städte und Häuser bauen, ist nahezu die gleiche wie im Mittelalter, im Gegensatz zur Herstellung zahlreicher Gebrauchsgegenstände, die uns heute die Maschine besser und billiger und in ganz verändertem Herstellungsverfahren liefert als früher das Handwerk...[1]

Einzig Begriffe wie »Behausung« oder »Beschuhung« verraten, dass dieser Text Mitte der zwanziger Jahre geschrieben wurde – sein utopischer Inhalt bleibt, gerade auch in Zeiten einer möglichen *Mass Customization*, aktuell: Wird nun die kommende »digitale« Generation ihr Wohnhaus vom Lager aus dem Computer bestellen? Wird nun also die »zweite Moderne« diese Industrialisierungsutopie verwirklichen, die die »erste Moderne« bereits konzipiert hatte? Es erscheint daher zweckmäßig, die Anmerkungen zu den historischen Themen Standard, Typus und Norm in diesen Text von Walter Gropius aus dem Jahre 1926 einzuschreiben. Er diskutiert den Traum der historischen Avantgarde vom *fix und fertig eingerichteten Wohnhaus vom Lager*. Der Übergang von der handwerklichen zur industriellen Produktion von Wohnungen konzentriert die architektonische Arbeit auf die Erforschung und den Entwurf von Prototypen, die eine Serienfertigung organisieren sollten. Das Produkt, das »Fertig-Haus«, sollte nicht nur fix, also schneller als gewöhnlich, hergestellt werden, sondern zudem, durch einheitliche technische Normen fixiert, eine gleichmäßige Qualität und Wirtschaftlichkeit garantieren.

Eine rationelle Bauwirtschaft, die gute und billige Häuser herstellen kann, bedingt:

1. Serienweise Herstellung von Häusern auf Vorrat, die nicht an der Baustelle, sondern in stationären Werkstätten, in montagefähigen Einzelteilen, einschließlich Decken, Dächern, Wänden, erzeugt werden; also Herstellung eines Baukastens im Großen auf der Grundlage der Normung.

2. Anwendung neuer, raumsparender Techniken und Baustoffe, die den Verkehr durch Einsparen an Masse und Gewicht entlasten.

3. Rationeller Baubetrieb an der Baustelle unter Einschaltung mehrerer Arbeitsschichten zur vollen Ausnutzung des Tageslichts. Montage der Häuser aus den serienweise hergestellten Teilen nach genauem Zeitplan unter weitgehender Ausschaltung der Leerläufe, ähnlich wie in industriellen Betrieben.

4. Rationell aufgestellte Baupläne, die unter weitgehender Verwendung von Normen bis auf das letzte Detail ähnlich wie Maschinen-Montagepläne in großem Maßstab vor Inangriffnahme des Baues durchgearbeitet werden. Ihre Grundrissgestaltung muss letzter Extrakt rationeller Wohnungsforschung sein. Der Gedanke anbaufähiger Kleinsthäuser, die bei Familienzuwachs vergrößert werden können, muss berücksichtigt werden.

5. Weitsichtige Finanzpolitik der Baugeldgeber mit dem Ziel, die Bauzinsen durch Ausschaltung unproduktiver Zwischenstellen herabzusetzen.

Der »Baukasten im Großen« war bereits 1926 nur noch eine Metapher jener Gedankenexperimente einer »schweren« Vorfertigung, die Gropius u.a. zuvor zur Vorstellung einer kubistischen Montage von ganzen Hausteilen zu »Wohnmaschinen« verführt hatten. Stattdessen werden nun eher die reduzierten Ansätze der Zementindustrie fortgeführt, genormte Betonteile auf der Baustelle zu montieren: In dieser »leichten« Montagebauweise sollte sich der Übergang zur mechanisierten Serien-Produktion von Wohnhäusern in den zwanziger Jahren vollziehen (paradigmatisch die Frankfurter Plattenbau-Fabrik).

Tayloristische Zeit- und Raumstudien waren bereits in anderen Bereichen der industriellen Rationalisierung erfolgreich erprobt. Sie generieren Wissen über arbeitsteilige Produktionsprozesse und monopolisieren dieses – nun vom unmittelbaren Produzenten abgespaltene – Wissen im wissenschaftlich-technischen Management, das sich als herrschende Forschungs- und Entwicklungsabteilung über den gesamten Produktionsprozess etabliert.

Massenproduktion für den Markt setzt zudem soziologisches Wissen über anonyme Konsumenten voraus, das durch empirische Untersuchungen der Nutzungen von Wohnungen generiert wird. Die Grundrisswissenschaft von Alexander Klein bis zu Ernst Neufert analysiert die neuen industriellen Lebensformen, stellt den durchschnittlichen Raumbedarf anonymer Bewohner fest und synthetisiert die Anforderungen an alltägliche Bewegungsräume zu Wohnungstypen, die sich nun an statistischen Durchschnitten orientieren.

Die architektonische Arbeit führt dieses technische, betriebliche und soziologische Wissen zusammen: Der Architekt musste »Organisator der Bauwirtschaft« werden, wollte er nicht, in der Konkurrenz zum Ingenieur, Dekorateur der Fassade bleiben. Diese Erkenntnis aus dem Historismusstreit zwang die Architekten zum Bündnis mit der Industrie, wie es der Deutsche Werkbund, Gropius oder auch Le Corbusier (er nannte sich »Industrieller«) anboten.

Um die Kontrolle über die mechanisierte Produktion von Wohnungen zu gewinnen, führt der Architekt das Wissen über die arbeitsteilige Fertigung in seiner transformierten Arbeit zusammen und konzentriert es im Entwurf von Proto-Typen. Folgt die von der handwerklichen Erfahrung losgelöste architektonische Form-Arbeit nun den neuen Fertigungsmethoden (Form follows Fertigung), so wird der Entwurf ein Instrument zur Analyse dieser neuen Methoden (ähnlich wie heute das *Rapid-Prototyping* auch ein Instrument der Entwurfsanalyse ist). Mit dieser Analytik wird das architektonische Entwerfen »theoretisch«: Der architektonische Entwurf speichert dieses produktionstechnische Wissen über Analyse/Zerlegung und Synthese/Montage und enthält nun die »Theorie« der Produktion/Reproduktion von Typen. Die architektonische Arbeit löst sich in der Anwendung dieses Wissens vom Kunsthandwerk und übernimmt die analytischen Methoden der industriellen Produktionstechnologie.

Die Durchführung dieses Rationalisierungsprogramms ist ohne Anwendung von Normung und Typung nicht denkbar. Bei jeder wirtschaftlichen Fertigung entstehen von selbst Typen, bei deren Entwicklung die Art des fabrikatorischen Vorgangs entscheidend für ihre Gestalt ist. Erst wenn sich eine größere Anzahl Typen entwickelt hat, kann an eine Normung geschritten werden. Die Norm ist der weitere und größere Begriff. Der elementare Ausgangspunkt für die Normung sind einfache Größen, die mit der menschlichen Größe zusammenhängen, wie z. B. das Maß für eine Tür oder ein Bett. Aus diesem Grunde kann verschiedenen Typen die gleiche Normung zugrunde liegen, denn es ist nicht erforderlich, dass die Maßnormung auch den ganzen konstruktiven Vorgang von vornherein festlegt. Je weiter ausdeutbar der Rahmen für die Normung gefasst werden kann, desto längere Geltung wird die betreffende Norm behalten. Die deutsche Baunormung bearbeitet vier Gebiete: Formnormung, Qualitätsnormung, Normung der technischen Vorschriften und Normung der wirtschaftlichen Arbeitsmethoden...

Bereits im klassischen Zeitalter der Moderne wurden um 1800 die traditionellen Typologien des sozialen Gebrauchs von Haus und Straße transformiert. In der mittelalterlichen Stadt funktionierten lokale Gestaltungsvorschriften wie »Gesetze«, normativ wie juristisch fixierte Regeln. Dagegen erzeugen die Typologien von Durand u.a. durch die Rasterung des architektonischen Raumes (Zerlegung und Montage) Varianten von spezifischen Gebäuden für bislang unbekannte Funktionen der bürgerlichen Gesellschaft des 19. Jahrhunderts. Die Diagramme dieser strukturellen Typologien sind generierende Werkzeuge, die typische Formen wie »von selbst« erzeugen: Sie enthalten keine verbindlichen Entwurfsanweisungen im Sinne juristischer Formvorschriften, sondern theoretische Regeln zur Analyse des Entwurfs von variablen Gebäudetypen, mit denen die »Selbstfindung der Formen« flexibel reguliert werden kann. Unabhängig von regionalen Standpunkten sind diese Regeln an jedem Ort in gleicher Weise und damit ökonomisch effizient anwendbar. Diese strukturelle Typologie ist also keine »repressive«, das heißt »normative« Norm, die gesetzlich fixiert und verbietet, sondern sie ist »produktiv«: Die moderne Typologie ist eine »normalisierende« Norm, die sich durch die Produktion von Varianten, also durch Streuung und Abweichung vom normalen Durchschnitt, reproduziert. Neben das rigide fixierte Gesetz, das Abweichungen von der Norm diskriminiert und sanktioniert, treten in der Disziplinargesellschaft die sozialen Dispositive einer historisch neuen Art von Normalisierung: Sie produzieren die spezifisch modernen Formen von Individualität und richten ihr Handeln an flexiblen Normen aus, die um Durchschnitte pendeln.

Die strukturelle Wohnungstypologie ist ein solches normalisierendes Dispositiv – sie ist die moderne Form von Norm, mit der die Architektur das typische Alltagshandeln der Individuen im Raum an statistischen Durchschnitten orientiert und damit normalisiert. So identifiziert auch Gropius Typ und Norm, indem er – in einer Textvariante zum letzten, unten zitierten Satz – von systematischer Vorarbeit an der Gestalt des Gegenstandes spricht, ehe sein »Formtypus, die Norm« gefunden wird.

Auf den ersten Blick erscheint die technische Grundlage der modernen Typologie, die Vereinheitlichung der Maße von Bauteilen, »gesetzlich« normiert; doch auch diese technischen Normen pendeln um Durchschnitte, die zwischen Staat und Industrie ausgehandelt werden. In speziell dafür eingerichteten und zunehmend auch international vernetzten Institutionen werden die Maße und die Toleranzen der technischen Normen diskutiert und vorstaatlich festgelegt: Diese »privatrechtlichen« DIN-Normen sind Ausdruck der zunehmenden Tendenz der Entstaatlichung/Schwächung des Bereichs staatlicher Rechts-Normen zugunsten normalisierender, sozial ausgehandelter Dispositive der zivilen Gesellschaft. Auch wenn technische Normen für längere Zeit fixiert werden, so bleiben sie doch prinzipiell flexibel anwendbar und damit auch veränderbar. Seit den zwanziger Jahren beginnen sie, die gesamte Kultur des Bauens zu durchdringen (von »Form« bis zu »Arbeitsmethoden«).

Die in fast alle Sprachen übersetzte »Bauentwurfslehre« von Ernst Neufert stellt ab 1936 die durch solche technische Normen vereinheitlichten Varianten von Gebäudetypen enzyklopädisch vor. Neufert scheitert jedoch mit der durch den Krieg beförderten megalomanischen »Bauordnungslehre« von 1943 (nur deutsch), die alle deutschen technischen Baunormen zusätzlich durch ein einziges Maß vereinheitlichen sollte. Durands konstruktive Raster führten den Form suchenden Architekten noch maßstabslos vom Unbekannten zum Bekannten, Neuferts schematisches Gebäude-Handbuch zeigt dagegen bekannte, durchgenormte Modellgebäude und damit das Fortschreiten der technischen Normung im 20. Jahrhundert.

Die Annahme, eine Industrialisierung des Bauwesens würde eine Vergewaltigung des Individuums und eine Verhässlichung der Bauform nach sich ziehen, ist durchaus irrig. Sie ist nur durch missverstandene und schematische Anwendung von Typen entstanden, die noch subjektiven Charakter tragen oder sie ergibt sich aus wirtschaftlichen Nebeninteressen einzelner Gruppen. Denn der Typus ist nicht ein Hemmnis kultureller Entwicklung, sondern geradezu eine ihrer Voraussetzungen. Er birgt die Auslese des Besten in sich und scheidet das Elementare, Ueberindividuelle vom Subjektiven ab... Immer war der Typus im Zeichen gesitteter gesellschaftlicher Ordnung. Die Wiederkehr gleicher Teile wirkt ordnend und beruhigend wie die Einheitlichkeit unserer Kleidung. Betrachten wir die Fugger-Häuser in Augsburg... so entzückt uns gerade der Rhythmus gleicher Formen im Gegensatz zur parvenuhaften Uebertrumpfung der Vorstadtwohnhäuser der vergangenen Generation, deren jedes einen andern Stil, anderes Material und andere Formen aufweist. Wer sich heute ein Automobil kauft, wird nicht daran denken, sich eines nach Maß bauen zu lassen...

Typologie und Normung sind Begriffe des technisch-industriellen Sektors, sie werden jedoch interdiskursiv mit kulturellen und sozialen Diskursen gekoppelt, um Typologien als »normalen« Bestandteil auch der modernen Kultur und ihrer spezifischen Form von Individualität auszuweisen. In einem ersten Schritt wird die traditionelle Form von Individualität (parvenuhafter Subjektivismus) der neuen Form gegenübergestellt (Überindividuelles, Elementares). Dazu schreibt der Text die üblichen negativen Konnotationen der industriellen Kultur (Schematismus) der vorangegangenen Generation zu, um die falsche Anwendung der Typologie im Stil-Chaos des Historismus zurückzuweisen. Mit dem Hinweis auf vormoderne Traditionen wird die typologische Vereinheitlichung sodann positiv gewertet: Die Rhythmus gleicher Formen wird lustvoll besetzt (»entzückt«), er »beruhigt« die denormalisierende Angst vor dem Chaos und ist generelles Symbol »gesitteter Ordnung«. Die Botschaft lautet: Typologische Vereinheitlichung ist normal – wie beim Automobil, dem eingeführten Kollektivsymbol von Modernität. Der zweite Schritt der Argumentation zeigt, in welche Ordnung die moderne Typologie führt und welchen selbstnormalisierenden Spielraum sie der Individualität einräumt.

Das Wohnhaus ist ein typisches Gruppengebilde, ein Glied der größeren Einheit, der Straße, der Stadt. Die Einheitlichkeit dieser Zelle innerhalb des ganzen Stadtgebildes muss äußerlich zum Ausdruck kommen, die Abweichung der Größen gibt uns trotzdem die nötige Variation. Die besten Stadtbilder der Vergangenheit… geben den bündigen Beweis, dass sich Schönheit und Klarheit eines Stadtgebildes, mit der Durchführung des Typus, mit der Wiederholung typischer Hausgebilde steigert. Die Norm ist immer ein letztes, reifstes Ergebnis aus der Uebereinstimmung sachlicher Lösungen verschiedener Individuen. Sie ist der Generalnenner einer ganzen Zeit. Der natürliche Wettbewerb verschiedener Typen nebeneinander lässt der Eigenart der Nation und des Individuums den Spielraum sich auszuwirken. Eine Vereinheitlichung der Bauelemente wird die heilsame Folge haben, dass unsere neuen Wohnhäuser und Städte wieder gemeinsamen Charakter tragen. Eintönigkeit, wie z.B. die der englischen Vorstadthäuser, wird vermieden werden, sobald wir erst imstande sind, die Forderungen zu erfüllen, dass nur die Bauteile typisiert werden, die aus ihnen zusammengesetzten Baukörper aber nach individuellem Wunsch variieren. Der Typus ist nicht erst eine Erfindung der heutigen Zeit, er war von jeher Zeichen kulturellen Wohlstandes. Durch eine weise Beschränkung auf wenige Typen für die Bauten und Dinge unseres täglichen Bedarfs steigt ihre Qualität und sinkt ihr Preis, und damit hebt sich notwendig das gesamte soziale Niveau…

Die spezifisch moderne Subjektivität bildet sich in tendenziell klassenlosen Individuen mit prinzipiell gleichartigen Bedürfnissen aus, die jedoch durch Artikulation individueller Wünsche einen flexiblen persönlichen Spielraum erhalten. Individualität wird somit zu einer Frage der Variationsbreite, der statistischen Streuung um Durchschnitte, die eine nicht-subjektivistische »Persönlichkeit« ausdrückt. Dieses Einpendeln an der Norm ist Ergebnis der Übereinstimmung zwischen den Individuen über das normale Maß von Variation und Abweichung: Solche flexible Normalität wird nicht gesetzt (»Generalnenner«, nicht: Gesetz), sondern als »letztes, reifstes Ergebnis« eines diskursiven Prozesses zwischen den gesellschaftlichen Akteuren zustimmend erworben. Diese moderne selbstnormalisierte Individualität wird in den typologisch variierten Wohnhäusern mit einheitlich genormten Bauteilen gelebt und damit auch alltäglich reproduziert: Sie symbolisieren die kulturelle Modernität dieses flexiblen Spiels zwischen Individuum/Variation und Nation/Einheit.

Die Stadt ist der gemeinschaftliche Raum, der diesen Prozess der flexiblen Normalisierung zwischen Individuum und Gesellschaft vermittelt. Die nach industriellen Prinzipien hergestellte Serie von Wohnhäusern ist tendenziell unbegrenzt und transformiert den historischen Wohn-Block zur Wohn-Zeile. Mit ihr löst sich das moderne Gebäude und damit auch die historische Gebäude-Typologie endgültig vom Straßen- und Stadtzusammenhang ab, der aus der Montage von Wohneinheiten neu zusammengesetzt wird. Aus der kleinsten räumlichen Zelle die Welt einheitlich neu aufbauen: Das ist die rationale architektonische Utopie

Mitte der zwanziger Jahre. Mit der Stadt als komplexen gesellschaftlichen Zusammenhang stößt diese Utopie allerdings zugleich auf ihre Grenze. Denn die »neue Stadt« erfordert eine Reform der gesamten Stadtplanung (Ökonomie, Verkehr, Infrastruktur, Eigentum etc.), die von den avantgardistischen Architekten nicht gesteuert werden kann. Was bleibt, ist eine begrenzte Politisierung der Planungskultur: die Reform der Vorstadtsiedlung als Prototyp der industriellen Zukunft. Mit ihr versuchen die sozial-demokratischen Architekten der zwanziger Jahre den Übergang vom handwerklichen zum industrialisierten Wohnungsbau zu realisieren: »Anhebung des sozialen Niveaus« durch Typisierung und Normung der »Wohnung für das Existenzminimum«.

Die Durchführung der Typung und Normung in unserer Bauwirtschaft vom handwerklichen zum fabrikatorischen Betriebe kann sich nur allmählich vollziehen. Gewaltsames Vorgehen birgt die Gefahr in sich, dass das Schema siegt, während der Ausgangspunkt immer das Individuum sein muss... Die Normung... baut sich hauptsächlich auf den bisherigen handwerklichen Herstellungsmethoden auf. Es wird erforderlich sein, die Normung nunmehr auch auf bauindustrielle Methoden auszudehnen.

Die Krise der Stadt und die Lage des Individuums werden in den zwanziger Jahren durch eine Vielzahl von Untersuchungen, Institutionen und Kongressen (CIAM) erforscht und mit Hilfe neuer Methoden dargestellt, die zur gleichen Zeit entwickelt und popularisiert werden (z.B. Otto Neuraths »pädagogische« Bild-Statistik). In diesen wissenschaftlichen Forschungsfelder werden die spezifischen gesellschaftlichen Normalitätsformen interdiskursiv vernetzt: Ausgehend von den produktionstechnisch-architektonischen Problemstellungen werden medizinisch-biopolitische mit demografisch-statistischen und sozialökonomisch-versichernden Diskursen in der städtischen Wohnungsproblematik miteinander verknüpft. Zentrales Element dieser Verknüpfung ist der Aufbau eines statistischen Dispositivs, das durch einheitliche Verdatung der unterschiedlichen Forschungsdisziplinen homogene und bereits internationale Vergleichsfelder des Wissens über das moderne Wohnen produziert, mit denen Normalitäten deskriptiv beschrieben und ihre Grenzen diskutiert werden können. Die »Wohnung für das Existenzminimum« ist ein solches statistisches Dispositiv des wohnungspolitischen Wissens, mit dem eine akzeptable Toleranzzone um einen statistischen Durchschnitt festgelegt wird: Eine flexible Normalitätsgrenze im Wohnen, als »Sicherheitsmaßregel der kapitalistischen Gesellschaft« (Giulio Carlo Argan), die definiert, was wohnungspolitisch »normal« heißen soll. Sie ist Bestandteil des sozialen Sicherheitsdiskurses, der die Angst vor sozialer Denormalisierung der industriellen Massengesellschaft bändigen soll und die weitere Entwicklung des »Sozialen Wohnungsbaus« in den nächsten Jahrzehnten bestimmen wird. Mit diesem heute noch gültigen Begriff versuchte Adolf Hitler in den dreißiger Jahren (unter Mitarbeit seiner Spezialisten

Albert Speer, Ernst Neufert u.a.), die normale Durchschnittswohnung für die deutsche Familie normativ, also juristisch zu fixieren. Die fordistische Wohnungspolitik der Nachkriegszeit führt das praktisch fort, jedoch nun wieder mit etwas flexibleren Formen der Selbst-Normalisierung, wie sie bereits in den avantgardistischen Industrialisierungsansätzen der zwanziger Jahre sichtbar wurden.

Das fix und fertig eingerichtete Wohnhaus vom Lager wird in Kürze ein Hauptprodukt der Industrie werden. Die Durchführung des umfassenden Problems erfordert allerdings entschlossenes gemeinsames Vorgehen... Die großen Bauherrenorganisationen, Staaten, Kommunen, Großindustrie haben die Pflicht, die notwendigen Versuche, die der Hausproduktion vorausgehen müssen, zu finanzieren: Oeffentliche Versuchsplätze mit Hilfe öffentlicher Mittel... So wie die Industrie jeden Gegenstand, den sie vervielfältigt, zahllosen Versuchen systematischer Vorarbeit unterwirft, an der Kaufleute, Techniker, Künstler gleichermaßen beteiligt sind, ehe sein Typus gefunden wird, so verlangt auch die Herstellung typisierter Bauteile systematische Versuchsarbeit in großzügigem Zusammengehen der wirtschaftlichen, industriellen und künstlerischen Kräfte.

Die Siedlung Törten in Dessau von Walter Gropius (1927) ist solch ein erster, mit öffentlichen Mitteln geförderter Versuchsplatz des peripheren Siedlungsbaus, in dem mit industriellen Typen experimentiert wurde. Er ist ohne die gleichzeitige »systematische Versuchsarbeit« in den Bauhaus-Werkstätten nicht denkbar: In diesen Werkstätten tritt die Handwerksarbeit in Kontakt mit industriellen Fertigungsmethoden und soll durch die handwerkliche Herstellung von Prototypen in die neue Arbeitsteilung der großen Industrie integriert werden. Gegenstand der Werkstattexperimente des Bauhauses war die breite technische und künstlerische Durchdringung von Material und Konstruktion, von Form, Raum und Zeit.

Im Bereich der Architektur führte diese experimentelle »proto-typische« Zusammenarbeit von Handwerk, Technik und Kunst dazu, die durch die industriellen Beziehungen dynamisierten Bewegungen der Individuen in Wohnung, Haus und Stadt, also die alltäglichen Handlungszeiten, typologisch zu verräumlichen. Auf diese architektonische Verräumlichung alltäglicher Zeiten/Bewegungen, mit der die moderne flexible Form der Normalisierung von individuellen Lebensformen bis heute reproduziert wird, sollte die kritische Analyse historisch zurückgehen, wenn die aktuellen postindustriellen Ansätze einer *Non-Standard*-Architektur diskutiert werden, die beanspruchen, die Industrialisierungsutopie der Moderne hinter sich zu lassen: Denn sie versuchen, den normalisierten, typisch programmierten Wohnraum in Bewegung zu setzen, indem sie den modernen Container wieder verzeitlichen.

ANMERKUNG

[1] Walter Gropius: *Normung und Wohnungsnot*. Vortrag zur 9. Jahresversammlung des Deutschen Normenausschusses am 6. November 1926, in: *Technik und Wirtschaft*, Heft 1/1927 (hier lediglich durch redundante Sätze zur Wirtschaftlichkeit von Normen gekürzt). Zahlreiche Textvarianten, wie z.B. *der große baukasten*, in: *Das Neue Frankfurt*, Heft 2/1926; sowie wieder in: Walter Prigge (Hg): *Ernst Neufert: Normierte Baukultur im 20. Jahrhundert*, Frankfurt/M. 1999. Aus den Ansätzen dieser Publikation wurde der vorliegende Beitrag entwickelt (zuerst französisch in: Migayron/Mennan (Hg): *Architectures non standard*, Ausstellungskatalog Centre Pompidou, Paris 2003)

II.

ÄSTHETISCHE RÄUME

ANNETT ZINSMEISTER

SCHÖNE NEUE WELT
KONSTRUKTIONEN IM VIRTUELLEN

Virtuelle Räume, ob als computerbasierte Architektur, als Medienkunst oder als Computerspiel gestaltet, sind eine neue Möglichkeit der Konstruktion von »Wirklichkeit« bzw. von »Welt«. Diese Konstruktion obliegt einer Medientechnik, die spezifische Werkzeuge zur Verfügung stellt. Entsprechend sind diese Weltentwürfe nicht nur in ihrer Zeitlichkeit an die entsprechende Hard- und Software gebunden, sondern auch in ihrer Art der Konstruktion. Denn die aktuellen Parameter der Hardware (die den meisten *usern* derzeit Grenzen von 24 bit, 19-21 Zoll, 1000-2500 Mhz setzt) klassifizieren nicht nur die Vergänglichkeit dieser temporären Weltanschauungen, sondern auch die Grenzen einer Technik, die sich von Produkt- zu Produktgeneration wandelt.

Architekten, Künstler und Designer sind also erstmals an eine dynamische Produktpalette spezifischer Hard- und Software gebunden, die auf einem rein wirtschaftlichen Kalkül basiert: Eine globale Kundschaft bestimmt durch ihren Konsum von technischem Equipment und ihr bereits vielfach kontrolliertes Nutzerverhalten das Angebot. Nicht von ungefähr verspricht die Entwicklung spezifischer Software zumindest technisch die Voraussetzung dafür, dass jeder Mensch ein Künstler sei. In der virtuellen Welt des World Wide Web und der Computerspiele sind entsprechend jene *environments* besonders populär, die Gestaltungsfreiraum im utopischen Reich vermeintlich grenzenloser Möglichkeiten offerieren. In der Konstruktion von virtuellen Räumen und »Computerspielwelten«[1] begegnen sich Kunst, Architektur und Ökonomie. Aus diesem Blickwinkel erscheint es interessant, einige dieser artifiziellen Nicht-Orte vermeintlich besserer neuer Welten ins Visier nehmen:

The Sims heißt eines der erfolgreichsten Computerspiele, das nun seit einigen Monaten auch als *online-commu*nity im Internet verortet ist. Unter *www.thesimson-*

line.com formieren Menschen aller Nationalitäten (oder besser gesagt ihre Avatare) in einer virtuellen Stadt eine globale Gemeinschaft. In dieser konstruierten Nachbarschaft konstituiert sich eine Nähe zwischen fiktiven Figuren, die in einer überschaubaren Stadt miteinander leben und arbeiten, Beziehungsnetze knüpfen und sich ihr individuelles Umfeld gestalten. Worin steckt der Reiz, Stunden vor dem Monitor zu verwenden, um virtuelle Beziehungen zu pflegen und virtuelle Räume einzurichten? Ist es die Verlockung, in den unendlichen Weiten des Virtuellen den Traum einer schöneren Neuen Welt planbar oder gar verwirklicht zu wissen?

Der Unterhaltungswert solcher Verheißungen scheint mehrfach historisch verbürgt: Bereits Lukian von Samosata propagierte seine phantastischen Reiseerzählungen aus dem 1. Jahrhundert als Entspannungslektüre für Studierende, um »ihren Geist, nachdem sie ihn mit ernsthaften und anstrengenden Studien anhaltend beschäftigt haben, ausruhen zu lassen, und durch eine schickliche Erholung zu künftigen Arbeiten desto kräftiger und munterer zu machen«. Lehrreiche Botschaften hinter Abenteuer und Witz zu verstecken, gehörte ebenso zur Strategie des gewitzten Griechen wie der verführerische Reiz der Lüge und ihrer »Mannichfaltigkeit«. Die fließenden Grenzen zwischen Realität und Erfindung, zwischen wahrhafter Kritik an Zeitgenossen und erfundenem Kontext inszenierte Lukian als ein Spiel der Musen mit den Grazien.[2]

Der englische Jurist Sir Thomas Morus, der sich bei der Verfassung des ersten namentlich utopischen Romans im Jahre 1516 deutlich auf antike Vorbilder berief, pries diesen werbewirksam im Untertitel als ein kurzweiliges Vergnügen. Der lateinische Titel seines Romans lautet in ungekürzter Fassung: »Ein wahrhaft herrliches, nicht weniger heilsames denn kurzweiliges Büchlein von der besten Verfassung des Staates und von der neuen Insel Utopia«. Morus' Erzählung von der Entdeckung der Insel Utopia war der Publikumserfolg gewiss, schien doch mit der Eroberung neuer Kontinente im Zuge der Kolonialisierung die Möglichkeit, einen idealen Staat zu finden (oder besser noch: zu installieren), in vorstellbare Nähe gerückt. In diesem ersten raumkonstruktiven Entwurf eines idealen Gesellschaftsmodells bildet eine rasterförmige Matrix die Basis des quadratisch angelegten Stadtmodells Amaurotum, das sich als städtischer Prototyp nicht nur 54fach, sondern geradezu unendlich vervielfältigen ließe. Die Häuser Utopias, die sich in rechteckigen Wohnhöfen gleichsam als Objekte innerhalb des Rasters gruppieren, sind temporäres Wohnfeld für wechselnde Nutzer. Alle zehn Jahre findet in Utopia eine Verlosung der Häuser statt, die die Bewohner zu regelmäßigen Umzügen zwingt. Die Wohnung wird zum transitorischen Raum in der Ortlosigkeit.

Koloniale Raster verhalfen bereits in der Antike den griechischen Stadterweiterungen eines Hippodamos von Milet zu einer einfachen Orientierung und guten Durchwindung. Den militärischen Heerlagern des antiken Rom garantierte das Raster Übersichtlichkeit und damit ebenso leichte Kontrolle wie schnelle

Mobilmachung. Morus beschrieb folglich in seinem Roman das utopische und gleichsam effiziente Modell einer modularen Stadt, die in Serie geht. In diesem orthogonalen Raster der ewigen Wiederkehr werden Bürger, Soldaten und Güter sogar im Ortlosen adressierbar. Der Ort am Nicht-Ort geht der Anwesenheit voraus. Knoten und Quadranten sind numerisch zu lokalisieren, verortete Informationen entsprechend übertragbar und einfach zu verwalten. Das Raster als verheißungsvolles Muster bedingungsloser Rationalität, perfekter Bürokratie, vollständigen Wissens und überschaubarer räumlicher Ordnung garantiert Gleichförmigkeit in der Differenz und Wiederholbarkeit in der Unterschiedlichkeit. Es wird somit zu einem Fundament des Utopischen, auf dem nach *Amaurotum* noch zahlreiche Idealstadtentwürfe der Renaissance gründen sollen.

So nimmt es nicht wunder, dass das orthogonale Stadtschema Utopias sich sowohl in Albrecht Dürers Entwurf einer idealen Stadt von 1527 wiederfindet, als auch bei Leonardo da Vinci und im utopischen Roman *Christianopolis* des Theologen Johan Valentin Andreæ von 1619. Und auch Vincenzo Scamozzi entwickelte nur vier Jahre zuvor aus seinen geometrischen Analysen im Dienste der »Idee einer universalen Architektur« eine urbane Form und schreibt in seinem Idealstadtentwurf *Palmanova* das Bebauungsraster in die Kreisform der Befestigungsanlage ein.

Mit der Entdeckung der Zentralperspektive wird erstmals eine proportionsgetreue Darstellung von Raum möglich und folglich die Stadt zum planbaren Kunstwerk. Anstelle von Symbol und Bildformel werden der Bildgegenstand, die Bildfläche und der Augenpunkt zu basalen Elementen einer neuen Bild- bzw. Raumkonstruktion. Die Perspektive wandelte das Verstehen der Welt in ein rationales, mathematisches Konstruieren von Welt. Der Architekt und Architekturtheoretiker Leon Battista Alberti beschrieb als erster die Zentralperspektive als Abbildverfahren zur naturgetreuen Konstruktion eines Bildraumes und entwickelte mit dem *velum* ein transparentes Raster als Übertragungsinstrument. Mit dieser präzisen Übertragungstechnik gelang es Alberti, das Bild eines dreidimensionalen Raumes zu erzeugen. Diese Methode verhalf dazu, daß die visionären Idealstadtentwürfe der Künstler

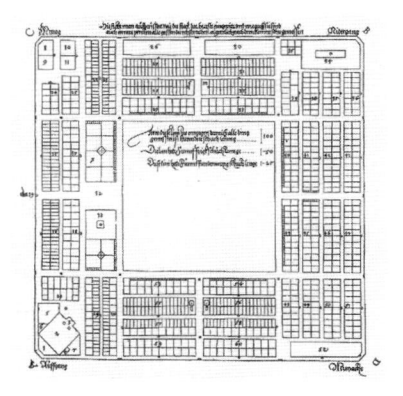

ALBRECHT DÜRER: PLÄNE VON RECHTWINKLIGEN STÄDTEN IN: ETLICHE UNDERRICHT ZU BEFESTIGUNG DER STETT, SCHLOSS UND FLECKEN, NÜRNBERG, 1527.

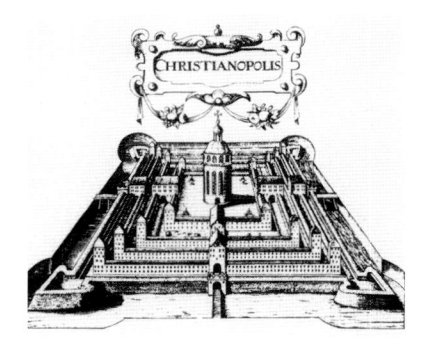

JOHANN VALENTIN ANDREAE: REI PUBLICAE CHRISTIANOPOLITANAE, 1619.

und Architekten dieser Zeit optimal zur Darstellung gebracht werden konnten. Raumvisionen erschienen erstmals als räumliche Illusionen. Alberti interessierte diesbezüglich nicht nur die Technik der Darstellung, sondern auch die Planung einer Architektur im Dienste der Menschheit. Er verglich den Staat mit einem großen Haus und das Haus mit einem kleinem Staat. In der Vorrede zu seinen *Zehn Büchern zur Baukunst* heißt es: »Ein Architekt wird der sein, behaupte ich, der gelernt hat, mittels eines bestimmten und bewundernswerten Planes und Weges sowohl Gedanken und Gefühl zu bestimmen, als auch in der Tat auszuführen, was unter der Bewegung von Lasten und der Vereinigung und Zusammenfügung von Körpern den hervorragendsten menschlichen Bedürfnissen am ehesten entspricht und dessen (möglichste) Erwerbung und Kenntnis unter allen wertvollen und besten Sachen nötig ist.« Und: »Es liegt nämlich in der Form und Gestalt der Gebäude tatsächlich eine Art ursprünglicher Erhabenheit und Vollendung, die unser Inneres erregt und sich sofort bemerkbar macht.«[3] Seine Planung einer idealen Stadt, die er im vierten Buch darlegt, verbindet die Idee eines von Platon geprägten Gesellschaftsmodells mit einem stadträumlichen Konzept. Dabei teilt Alberti die Stadtbewohner in drei Klassen: in Untertanen, in Soldaten und leitende Beschäftigte sowie in Gelehrte und Reiche. Umfang und Größe der Stadt richten sich nach der Möglichkeit der Nahrungsbeschaffung und der Verteidigung. Der Mensch gewann in seinen Überlegungen nebst funktionalen Bauweisen, Hierarchien in der Baukunst und Ratschlägen über die Nutzung verschiedener Gebäudetypen an zentraler Bedeutsamkeit und wurde genau genommen selbst zum Teil der Planung.

Der römische Bildhauer und Mailänder Architekt Antonio di Pietro Averlino alias *Filarete* (Freund der Tugend) verfasste von 1461-64 seinen *Trattato di Architettura*. In Anlehnung an Platon erörtert er darin in Dialogform die Planung und den Bau der Idealstadt *Sforzinda*. Zwei aufeinander gelegte Vierecke bilden einen sternförmigen Grundriss. Die Spitzen der oktogonalen Stadtanlage mit radialem Straßensystem sind mit einem Turm, die stumpfen Winkel mit einem Tor versehen. Die Straßen führen von allen Toren und Türmen geradlinig zur zentralen Piazza und werden jeweils in der Mitte von großen Plätzen unterbrochen, an denen sich Kirchen oder Handelsmärkte befinden sollen. Alle Plätze sind mit Wasserstraßen umgeben, um den Lärm des Wagenverkehrs zu beschränken. Jede zweite Hauptstraße ist eine schiffbare Wasserstraße. Ein großes Wassersammelbecken auf der Piazza dient der Überflutung und Reinigung von Straßen und Plätzen. Das detailliert gezeichnete *Haus der Tugend und des Lasters* steht als allegorisch beschriebener Einzelbau für die

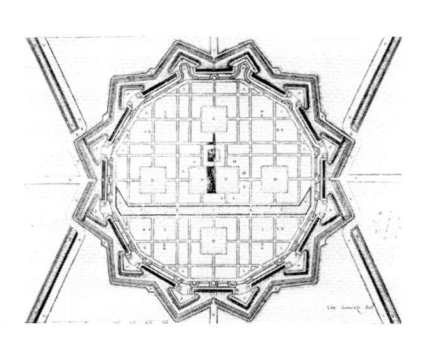

VINCENZO SCAMOZZI:
PLAN EINER IDEALEN STADT IN: L'IDEA DELL'
ARCHITETTURA UNIVERSALE, VENEDIG 1615.

architektonische Umsetzung eines streng gegliederten Bildungsprogramms: 7 Räume gilt es zu durchschreiten, um die 7 Freien Künste zu erlernen, 7 Etagen stehen für 7 Tugenden bzw. für 7 Todsünden. Filarete verstand sich nicht nur als Architekt, sondern auch als Wissenschaftler und Humanist, der im Auftrag der Mächtigen handelte. Die Idee der *varietà* – nach Alberti der Ausdruck für menschliche Individualität – führte Filarete fort: Er forderte entsprechend den menschlichen Unterschieden einmalige Gebäude. Wiederholung und Gleichförmigkeit galten als Frevel, denn sie stünden dem göttlichen Schöpfungsplan entgegen. Gleichwohl formulierte Filarete wohl erstmalig die Möglichkeit der unbeschränkten Repetition und Reihung identischer Häuser: »Der Mensch, wenn er wollte, könnte viele Häuser bauen, die sich alle in der Form ähneln könnten, so dass eins wie das andere aussehen würde.«[4] Und es war Filarete, der aus den menschlichen Proportionen ein anthropometrisches, repetetives Modulsystem entwickelte.

Mit der Wiederentdeckung der Antike gerät auch der Mensch alias *homo vitruvianus*, als zergliedertes Idealbild für die bauliche Harmonie symmetrischer Proportionen, in den Fokus der Künstler und Architekten des *Quattrocento*. Auf der Suche nach einem vom Menschen abgeleiteten, perfekten Maßsystem stieß Filarete buchstäblich auf die Grenzen des menschlichen Körpers. In seinem *Trattato di Architettura* versuchte er der körperlichen »Ungleichmäßigkeiten« Herr zu werden, indem er die Vielgestalt des natürlichen Wachstums auf eine verbindliche ideale Größe reduzierte. Mittels einer Klassenunterteilung in Zwerge, Kleine, Mittlere, Große und Giganten erklärte Filarete die Großen zum Ideal, oder auch als Meßlatte, die wiederum selbst nach dem Vorbild des ersten und schönsten Mannes konstruiert wurde, nämlich Adam, der als Ebenbild göttlicher Vollkommenheit erschaffen wurde.[5] »Beginnend mit der Einteilung des Kopfes in Nasenlängen führt er [Filarete] einen Neun-Teste-Modulkanon des dorisch genannten Mannes vor. Damit soll der Leser in den Stand gesetzt werden, auch beim Bauwerk jedes Maß von Glied zu Glied zu verstehen und korrekt zu entwerfen.«[6] So wird bei Filarete der Kopf als vornehmstes und wichtigstes Körperteil zum Modul (*misura* = Maß) eines anthropometrischen Systems, das die Anthropometrie im Hinblick auf Vitruv buchstäblich auf den Kopf stellte. Doch erst Leonardo da Vinci verlieh Vitruvs Beweis für den Ursprung der Zahlenordnung in der Symmetrie des menschlichen Körpers nachhaltig Eleganz, indem er den Menschen so zu proportionieren bzw. zu idealisieren verstand, dass er sich in Kreis und Quadrat gleichermaßen fügte.[7] Wie ein Stück Land wurde der menschliche Körper unterteilt und vermessen, um sich in das quadratische Raster zu fügen und folglich als maßstäbliche Zeichenschablone Gebäudegrundrisse und -ansichten zu proportionieren. Als quadrierte Zeichenvorlage geht der Körper im maßstabsgetreuen Übertragungsverfahren mit dem Zirkel (Filarete) oder als naturgetreue und präzise Abbildung im Dispositiv der Zeichenmaschine (Dürer) auf. Das Ideal eines »ein-

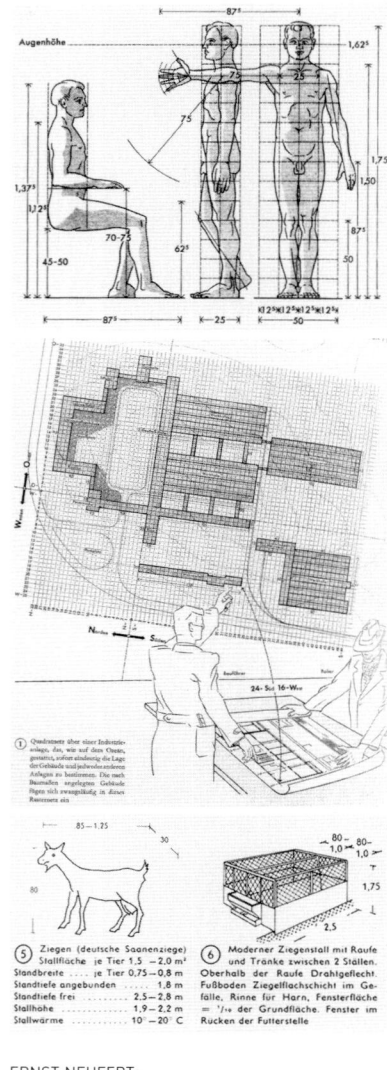

ERNST NEUFERT:
DIE PROPORTIONEN DES MENSCHEN IM OKTA-
METERMASS, IN: BAUORDNUNGSLEHRE, 1943.

LAGEPLAN EINES INDUSTRIEWERKES AUF EINEM
MASSNETZ VON 2 IBA = 5M, IN: BAUORDNUNGS-
LEHRE, 1943.

KLEINTIERSTÄLLE,
IN: BAUENTWURFSLEHRE, 1936.

zigen« Menschen der Renaissance wird zum Ideal eines vermessenen und »genormten« Menschen *avant la lettre*.

Suchte Vitruv noch nach dem Vorbild der baulichen Proportionen im Ideal des gerasterten Menschen und machte sich entsprechend dessen Fuß als modulare Maßeinheit zu nutze, so gab im zwanzigsten Jahrhundert der Architekt Ernst Neufert dieser Suche recht und setzte ihr gleichsam ein Ende, indem er den menschlichen Fuß in unauflösbarer Allianz mit dem industriellen Ziegelformat vereinte. Mit dem Hinweis auf Vitruv und die Anthropometrie entwickelte Neufert in seiner Bauentwurfslehre von 1936 ein Baumaß-System, das in der Verbindung von Dezimal- und Duodezimalsystem ein Grundmaß von 1,25 Meter festschreibt. Mit diesem »Oktametersystem« gelang es Neufert, bauliche Maße wie Raumhöhen und Ziegelformate (25x12,5cm) mit dem Durchschnittsmenschen (175 cm) in einem effizienten Berechnungssystem optimal zu verbinden und zu verwerten. Dieses Baumaß-System avancierte 1942 als Maßgabe rationaler Vereinheitlichung unter DIN 4171 zum Industriebaumaß (IBA) und legt bis heute der Planung und Ausführung beispielsweise von Industriehallen ein festgeschriebenes Raster von 2,50 m zugrunde. Mit der effizienten Rasterung der Grundrisse werden nicht nur Raumgrößen und Bauteile typisiert und als kombinierbare Einheiten arithmetisiert, sondern auch sämtliche im Raum lozierten Objekte. Alles, was sich im gebauten Umraum befindet, vom Ziegel bis zum Menschen, vom Laufstall bis zum Flugplatz, ob stehend, gehend, fahrend oder fliegend –, jedes Objekt wird einer Messung unterzogen und in ein vereinheitlichendes räumliches Raster eingefügt. Das orthogonale Schema dient hier zur Verbildlichung von Maßverhältnissen (Proportionen): »Das Quadrat führte die ästhetische (Proportion: Maßverhältnisse), die raumkonstruktive (Raster: Module) und die ökonomische Dimension des Bauens (Normierung: Bauteil) zusammen.«[8]

Ernst Neufert studierte am Staatlichen Bauhaus in Weimar und war Mitarbeiter im privaten Bauatelier von Walter Gropius, wo er zum Chefarchitekten und Bauleiter des allseits bekannten Bauhausgebäudes in

Dessau avancierte. 1926 wurde er selbst zum Professor am Bauhaus in Weimar ernannt und zudem Leiter der Architekturabteilung. Walter Gropius spielte in Neuferts Werdegang nicht nur als Lehrer und späterer Arbeitgeber eine wichtige Rolle. Mit dem deutschen Normungsausschuss unterstützte er maßgeblich das Erscheinen der *Bauentwurfslehre* 1936.

Bereits 1910 äußerte sich Gropius zur Gestaltung mit »fabrikmäßiger Massenware« folgendermaßen: »Von jedem Gegenstand liegt gleichzeitig eine Auswahl von Entwürfen in verschiedener Ausführung und Preishöhe, aber gleicher Größe vor. Sämtliche Teile passen unbedingt, da sie nach ein- und derselben Normalgröße hergestellt und je nach Wunsch auswechselbar sind. Der Bauherr kann sich nun selbst aus dieser Fülle von Material und wechselnden Formen nach persönlichem Geschmack ein Haus komponieren.«[9] Mit seinem *Programm zur Gründung einer allgemeinen Hausbaugesellschaft auf künstlerisch einheitlicher Grundlage m.b.H.* entwirft Gropius ein Konzept, das den Architekten durch ein »Programm« zu ersetzen versteht. Voraussetzung für dieses Unterfangen war jedoch die Ermittlung der günstigsten Größenverhältnisse« für alle wesentlichen Bauteile, die zuerst durchgeführt werden mussten und dann »die Normalgrößen« und somit die eigentliche Grundlage für derzeitige und zukünftige Entwürfe bilden sollten. Sein Schüler und Mitarbeiter Neufert leistete die Ermittlung dieser günstigsten Größenverhältnisse und erhob in seiner *Bauentwurfslehre* das Maß zum Gesetz der Formgebung, das Architekten der Moderne wiederholt zum Herrscher über den Raum forderten. »[D]as Maß wird Herr, das Chaos gezwungen, Form zu werden; logisch, unzweideutig, Mathematik, Gesetz«,[10] proklamierte Ludwig Hilbersheimer in seiner *Großstadtarchitektur* 1927 und fand in Neuferts *Bauentwurfslehre* und der Festlegung der DIN-Norm nur wenige Jahre später Bestätigung.[11]

Neufert schrieb das maßliche Raster als Rechengrundlage fest, auf dem von nun an Architektur im Idealen, Universalen, Ortlosen und doch zugleich Realen gründet, sobald es als Achsmaß gebauter Wirklichkeiten partikular und ortsgebunden wird. Er visualisierte zudem ein Programm mit einer Bibliothek an Räumen und räumlichen Objekten, die unsere ganze Lebenswelt umfasst. Die Objekte dieser Bibliotheken werden in das Raster eingefügt und mit einem *snap to grid* daran ausgerichtet. Bezeichnend ist, dass diese Tätigkeit von Künstlern, Architekten, Spielern und Rechnern ausgeführt werden kann. Die Raumeinheit, das Bauteil, das Mobiliar, das Objekt und sogar der Mensch wird sowohl in der Moderne, als auch in der Objektbibliothek von Ernst Neufert, CAD-Programmen und Strategiespielen zur Repräsentation »günstigster Größenverhältnisse« bzw. von »Normalgrößen«.

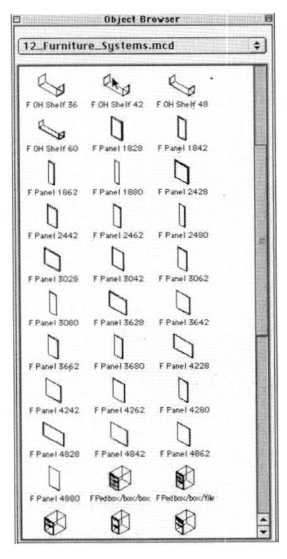

CAD BIBLIOTHEK, MOBILIAR – PALETTE, IN: ARCHICAD 2000.

Im Erscheinungsjahr der Neufertschen Bauentwurfslehre 1936, baute Konrad Zuse in Berlin den ersten Computer und Alan Turing entwickelte das mathematische Modell einer universalen, diskreten Maschine und leistete damit der Berechenbarkeit (nicht zuletzt von Lebenswelt) Vorschub. Turing schuf das Modell einer Maschine, die mit einer bestimmten Anzahl von Elementen und einer bestimmten Anzahl klar definierter Regeln, die auf diese Elemente angewendet werden, jedes entscheidbare Problem in endlicher Zeit und ohne menschliches Zutun lösen konnte. Man könnte also sagen, dass mit Ernst Neufert die Elemente und Regeln an definitorischer Schärfe gewinnen und mit Konrad Zuse die konkrete und nicht bloß mathematische Maschine, die mit diesen Elementen vielleicht jedes lösbare architektonische Problem in endlicher Zeit rechnen könnte. Mit der Entwicklung des Rechners zum universalen Medium wird, wie auch bei Neufert, die Grafik hinsichtlich ihrer räumlichen Gestaltungsfunktion zum Mittler zwischen abstrakten Zahlen (Koordinaten und Maßen) und räumlich-bildlicher Beschreibung. Die Visualisierung numerischer Daten (Maße) generieren bei Neufert und auch heute, in der spezifischen Software, erst jene Objekte, die idealisierte, typisierte und virtuelle Welten konstituieren.

Konrad Zuse, der geniale Bauingenieur, schuf mit dem Computer eines jener Vehikel, die seit jeher nötig waren, um den Zugang zu idealisierten und virtuellen Welten zu gewähren. In der Literatur des 16. Jahrhunderts war es noch schlicht ein Schiff, mit dem Beginn von Science Fiction im 19. Jahrhundert z.B. eine Zeitmaschine oder anderes technisch ausgefeiltes Gerät, das meist geniale Ingenieure zu konstruieren vermochten.

Der Computer gewährt uns nun im zwanzigsten Jahrhundert den Zugang zu den verheißungsvollen Welten, den idealen Städten und globalen Dörfern: »We look forward to starting this journey with you. Welcome!« lädt Luc Barthelet (Senior VP, Maxis) vertraulich ein zur verheißungsvollen Wirkungsstätte von The Sims: »The Sims Online is an online world where the Sims are real. You get to be yourself or whoever you want to be. In this world you have your own piece of land to do with as you please. So, you can create a house [...] or whatever else you can imagine [...]. The Sims Online is a massive online world that you can access at any time. [...] Everything that you buy, build or create will be there when you return.«

Die Stadt der »Sims-online« ist, ähnlich den Wohnhäusern auf Utopia, ein transitorischer Ort mit temporären Bewohnern, wenngleich diese meist weniger innerhalb der Stadt den Wohnraum wechseln, sondern täglich mehrfach die Stadt verlassen oder gar nicht erst in Erscheinung treten.[12] Will Wright, »the creator of SimCity™« und »The Sims™«, hat mit dieser Spielsoftware den Generator einer virtuellen Welt entwickelt, die in ihrer konstruktiven Ausprägung auffallend vieles mit den ersten Konzepten utopischer, idealer und moderner Städte gemein hat.

So erscheint *Sims-Lane* als utopisches Stadtmodell im Virtuellen, das jene orthogonale Matrix im Ortlosen ausbreitet, auf die schon Morus, Andreæ, Dürer usf. ihre idealstaatlichen und -städtischen Konzepte gründeten.

Das Computerspiel *The Sims* basiert, wie die meisten anderen Strategie-Spiele und CAD-Programme, auf Objektbibliotheken, die hier die Materialien stiften, um sich häuslich niederzulassen und gemütlich einzurichten. Mit dem Versprechen »to build your dream house« oder »whatever you can imagine« wird eine freie Wahl und Entscheidungsmöglichkeiten in Aussicht gestellt, die sich tatsächlich nur in den Grenzen einer limitierten Objektbibliothek und eines festgeschriebenen Rasters abspielen kann. Was heißt es also, »to be yourself or whoever you want to be«? Was sind die Grundlagen dieser verheißungsvollen, gar neuen Identität, sei es in der baulichen Gestaltung meines Traumhauses oder in der personellen Konstruktion meines Avatars bzw. SIMs?

Raster und Norm formieren hier die Basis, auf der jeder Spieler (s)eine Identität aus einem Sortiment an Fertigbauteilen zusammenbauen kann. Das begrenzte Sortiment an Objekten zeigt nicht nur eine formale Festschreibung, sondern auch der Spielverlauf selbst propagiert ein formales Vokabular. Nach einer vollbrachten Einrichtung des virtuellen Heims aus dem vergleichsweise kleinen Sortiment von Bauhaus-Möbeln in The SIMS, geraten die gestaltungswilligen Spieler zwangsläufig in die Bredouille, wenn sie feststellen müssen, dass den plötzlich auftretenden Depressionen der Bewohner nur mit der Anschaffung eines neuen, nämlich plüschigen Mobiliars Abhilfe zu schaffen ist. Nicht Formalismusstreit, sondern das Programm einer dem Spielesystem inhärenten Psychologie erzwingt hier nahezu unbemerkt die Umsetzung einer Puppenstubenarchitektur. Die vermeintlich individuelle Gestaltung des Eigenheims in der Schönen Neuen *Sims Community* entpuppt sich als das Kitschdiktat eines Programmierers, der die Einrichtung dieser Lebenswelten ebenso rigoros vorschreibt wie Walt Disney die Vorhangfarben in seinen *gated communities*.

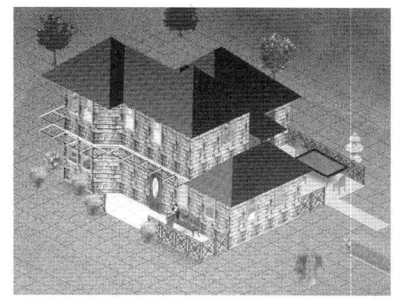

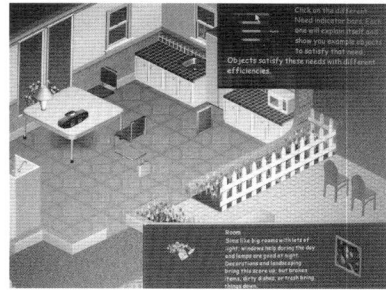

MUSTERHAUS SIMS LANE; MUSTEREINRICHTUNG, IN: THE SIMS 2000, EINFÜHRUNGSMENÜ.

Idealisierter Raum und idealisierter Körper werden seit der Antike rational zergliedert und strukturiert und als berechenbares Medium konstruiert. In der Anthropometrie werden Raum und Körper auf einen gemeinsamen Nenner gebracht. Mit der Idealisierung und ab dem 19. Jahrhundert mit der Normierung wird die Modularisierung von Städten und Körpern konstruktiv. Vom Körper, zum Raum, zur Stadt, zum Planquadrat lässt sich aus berechenbaren Modulen ein Gefüge konstruieren, in dem jedes Element kalkulierbar, adressierbar und damit austauschbar wird. Datenträger und gleichsam die Matrix dieser idealisierten und rationalisierten Konstruktionen ist das Raster, auf dem nicht nur historisch jene utopischen Nicht- bzw. Schön-Orte gründen, sondern auch die virtuellen Welten von Computerspielen oder gemeinhin von CAD-, Simulations- und Rendering-Programmen. *Copy* und *Paste* sind hierbei maßgebliche Operationen, mit denen – unabhängig von Ort und zukünftigem Nutzer – modularisierte Raumkonstanten auf der Zeichenoberfläche kombiniert werden und ideelle und virtuelle Räume konstituieren. Dabei sind Werkzeugpaletten und genormte Linienstärken ebenso formatierende Elemente wie die verfügbaren Objekte aus digitalen Bibliotheken.

Die Kombination aus Raster und Objektbibliothek findet in der architektonischen Planung ihren Ursprung bei Neuferts Bauentwurfslehre und wird zum Programm: Mit einer eindeutig definierten endlichen Anzahl an Elementen kann auch eine Maschine diese Elemente nach entsprechend endlichen Möglichkeiten kombinieren. Gerade diese Kombination, die in der Gestaltungswelt spezifischer Software (und der Spielewelt bei *The Sims*) noch heute gewissermaßen »das Handwerk« von Architekten, Designern, Künstlern, und Spielern repräsentiert, ist genau genommen eine Rechenleistung, die in vermessenen Räume vermessene Objekte in optimalen oder auch effizienten vermessenen Abständen zueinander gruppiert.

Was da in der virtuellen Welt von *The Sims* zum Vorschein kommt, ist im Hinblick auf die hier vorgestellten historischen Referenzen von Idealisierung, Standardisierung, Typisierung und ökonomisierter Darstellungstechnik auch Ausdruck dessen, was in dem Medium Computer bzw. dem Werkzeug eines *Computer Aided Design* eingeschrieben ist und nicht ohne Folgen für architektonische Formen und Inhalte sein kann. Mit dem Durchbruch objektorientierter Software, die den Gestalter vom technischen Vermögen der Programmierung entlastet, wird ihm gleichwohl ein Werkzeug in die Hand gegeben, das ihn zwingt, nach bestimmten Modi zu operieren und dazu verführt, sich – der Einfachheit halber – auf ein minimiertes Vokabular zu beschränken. Formen und Inhalte sind im Virtuellen nicht mehr spontaner künstlerischer Ausdruck, sondern an industrielle, d.h. vorfabrizierte Möglichkeiten und mehr denn je an ein technisches Wissen gebunden, das überhaupt erst den Zugang zu einer »künstlerischen Freiheit« gestattet. Denn das formatierte Set an möglichen Optionen können nur jene verändern, die sich zuvor ein spezialisiertes technisches Wissen aneignen.

Die Konstruktion utopischer und virtueller Räume obliegt einem medientechnischen A priori. Dieses ist, wie die ersten Planungskonzepte idealer Kolonien und Städte schlechthin, geprägt von Ordnung, Effizienz und Reproduzierbarkeit. Präzision, Berechenbarkeit und Kontrolle sind zugleich die Optionen eines idealräumlichen Programms, das den »Plan zum Diktator« werden ließ, wie einst Le Corbusier angesichts seines *plan voisin* für eine Stadt der Zukunft euphorisch verkündete. Architekten, Designer und Künstler und alle Utopisten der Zukunft sollten sich dazu aufgerufen fühlen, sich nicht von tradierten Vorbildern mehr oder weniger blind leiten zu lassen, oder in reiner Geschichtsvergessenheit die ewige Wiederkehr des Gleichen zu zelebrieren. Sie sollten im Entwurf, in der Konstruktion sich ihrer spezifischen Werkzeuge bemächtigen, sie kritisch entwenden und entfremden und sich nicht von den Paradigmen der Effizienz verführen lassen.

ANMERKUNGEN

[1] Claus Pias: *ComputerSpielWelten*, München 2002.

[2] Lukian von Samosata: *Der wahren Geschichte. Erstes und zweites Buch* in: *Lügengeschichten und Dialoge*. dt. Übersetzung von Christoph Martin Wieland 1788/89 in: http://gutenberg.spiegel.de/lukian/luegen/lueg032.htm.

[3] Leon Battista Alberti: *Zehn Bücher über die Baukunst* (*De Re Aedificatoria* 1452), Vorrede, Darmstadt 1991.

[4] Filarete, ed. Finoli-Grassi (1972) S. 27 (Dank für die Übersetzung an Laura Barbati) vgl.: Hanno-Walter Kruft: *Geschichte der Architekturtheorie*, 4. Aufl. 1995 S.58.

[5] Filarete: *Trattato di Architettura* (zwischen 1461 und 1464), weiterführend: Marcus Frings: *Mensch und Maß. Antropomorphe Elemente in der Architekturtheorie des Quattrocento*, Weimar 1998 und Dörte Kuhlmann: *Lebendige Architektur*, Weimar 1998.

[6] Filarete nach Frings: a.a.O. S. 159.

[7] Da Vinci leistete damit der Zerlegung des Menschen (als Maß aller Dinge) in anthropometrische Module Vorschub. (Nachfolger: u.a. Francesco di Giorgio Martini, Dürer), weiterführend: Paul von Naredi-Rainer: *Architektur und Harmonie*, Köln 1982.

[8] Walter Prigge (Hg.): *Ernst Neufert. Normierte Baukultur*, Frankfurt/M. 1999, S.10.

[9] Walter Gropius: *Programm zur Gründung einer allgemeinen Hausbaugesellschaft auf künstlerisch einheitlicher Grundlage m.b.H.*, 1910 in: Probst/Schädlich (Hg.): *Walter Gropius*, Bd. 3, Berlin 1987.

[10] Ludwig Hilbersheimer: *Großstadtarchitektur*, Stuttgart 1927, S.103. Von diesen rigorosen Visionen nach mathematischen Gesetzen distanzierte sich Hilbersheimer rund vierzig Jahre später indem er sie als »unmenschlich« verwarf.

[11] Mit dem Versuch, ein verbindliches Maß in der *Bauordnungslehre* (BOL) 1942 festzuschreiben, konnte sich Neufert glücklicherweise nicht durchsetzen. Gleichwohl zeigt sich bei Neufert von Anbeginn eine Ökonomisierung der Planung, der Wille zu einer Reduktion der Möglichkeiten auf ein universales, ein ideales Maß, das der Einheitlichkeit Rechnung tragen will und soll. Vgl. hierzu auch: Annett Zinsmeister: »Lebens(t)raum im Bausatz«, in: *Standards. Neue Rundschau*, 115. Jg. Heft 4, Frankfurt/M. 2004, S.100 ff.

[12] Da das Verhalten der zukünftigen online-Bewohner von *Sim City* noch nicht statistisch ausgewertet werden konnte, bleibt natürlich abzuwarten, wie diese sich in der Konstruktion und im Umgang mit ihrem Wohnraum verhalten werden. Interessant wäre zum Beispiel zu wissen, was mit Häusern geschieht, deren Bewohner nicht mehr in Erscheinung treten, weil sie schlicht die Lust am Spiel verloren haben. Es ist nicht anzunehmen, dass die Programmierer bereits den «Ruinenwert» der zurückgelassenen Häuser berechnet haben.

UTE HOLL

KINEMATOGRAFISCHE RÄUME ALS UTOPISCHE
ÜBERLEGUNGEN ZU EINIGEN ASPEKTEN
DER RAUMKONSTRUKTION IM WERK
FRIEDRICH WILHELM MURNAUS

I.

Utopien lassen sich erst entwerfen, wenn technische Medien das Nirgends dieser neuen Räume bereits entdeckt und eröffnet und, so steht zu befürchten, bereits gesichert haben. Für eine neue Wahrnehmung in der Moderne hat Walter Benjamin dies im Kunstwerk-Aufsatz untersucht und als einen Ort der Restrukturierung der Wahrnehmung, ihrer Utopisierung, das Kino benannt: »Die Rezeption in der Zerstreuung, die sich mit wachsendem Nachdruck auf allen Gebieten der Kunst bemerkbar macht und das Symptom von tief greifenden Veränderungen der Wahrnehmung ist, hat in den Kinos ihren zentralen Platz.«[1] Wenn Walter Benjamin den Zustand der Zerstreuung als Charakteristikum apperzeptiven Verhaltens in der Moderne bezeichnet, als dessen paradigmatisches Beispiel ihm zunächst das Kino gilt, so verbindet er es vor allem mit der Montage, dem schnellen Wechsel der Bilder, der Schauplätze, Räume und Zeiten, und der »Chockwirkung«, die die Kinogänger exzentrisch werden lässt und sie davor bewahrt, sich ins Kunstwerk zu versenken. Versenkung als Rezeptionshaltung nämlich galt Benjamin in der korrupten bürgerlichen Kultur als »Schule asozialen Verhaltens«.[2] Mit Benjamin wäre ein utopisches Moment des Kinos dort zu suchen, wo sich Räume neuen sozialen Verhaltens in der Zerstreuung, der Ablenkung, der Geistesgegenwart eröffnen. Es ist die Interferenz zwischen dem kinematografischen Apparat, dem Bild und der sich historisch wandelnden Wahrnehmung als einer, wiederum mit Benjamin, »leiblichen«[3], die im Folgenden als kinematografischer Raum betrachtet werden soll. Am Beispiel einiger Sequenzen aus den Filmen

Friedrich Wilhelm Murnaus ließe sich neben der Montage noch ein zweites Moment der Kino-Wahrnehmung entdecken, durch welches sich neue Formen der Sinnlichkeit und der Leibwahrnehmung und entsprechend möglicherweise auch neue Formen von, in Benjamins Sinne, sozialen Verhaltens und neuer Beziehungen erfahren lassen.

Der »kinematografische Raum« ist kein präzis umrissener terminus technicus, er taucht vielmehr als Metapher *und* Metonymie, als Ersatz *und* Perspektive eines sich in der Kinorezeption herstellenden spezifischen Sozialen auf. In der Filmwissenschaft hat sich zunächst der Begriff vom *filmischen Raum* durchgesetzt, um darauf hinzuweisen, dass es bestimmte filmische Mittel sind, die Raumillusionen auf einer zweidimensionalen Leinwand erzeugen und die Basis für ein entsprechendes Imaginäres oder Ideologisches bereiten.[4] Rudolf Arnheim, der Film- und Kunsttheoretiker, der als Assistent in der Frankfurter Gestaltschule ausgebildet wurde, hat diese Mittel bereits in seiner »Theorie des Films« konzise zusammengestellt. Das Film-Bild wird dabei als Relation von Filmbauten und Kameraoptik begriffen, die künstlerischen Verfahren allerdings könnten genauso für die Malerei und die Photographie gelten: Arnheim nennt die partielle Abdeckung des Raums »gesetzte Größenunterschiede«, die in der Bildkomposition einen homogenen zentralperspektivischen Bildraums unterstellen, die Einrichtung von Rahmen, die wie Architekturen das Bild in den Raum setzen. Technisch produzierte Unschärfen simulieren atmosphärische Unschärfen im Verlauf der Weite des Raums, die Wahl der Optik, der Brennweiten, modelliert den Raum ebenso wie das Licht, das insbesondere Körper räumlich gestaltet. Von diesen Effekten, die Raum oder Räume schaffen, unterscheidet Arnheim ein Verfahren, das nur dem Film und dem Kino angehört: das der Bewegung, sowohl der Bewegung im Bildkader als auch der Bewegungsformen der Kamera.[5] Das gesamte Inventar solcher Raumillusionsverfahren bildet ein geschlossenes System und entsprechend hat Hartmut Winkler die Konstruktion des filmischen Raums streng mit einem Gefängnis verglichen, eines, das dank der Implementierung linearer Optik in photografische und filmische Geräte stets den Dispositionen des zentralperspektivischen Sehens unterworfen bleiben wird. Zwar haben immer wieder Filme und Genres, Regisseurinnen und Regisseure dieses Dispositiv unterlaufen und durchbrochen,[6] doch diese gehören für eine strenge Filmkritik zum Kino wie die Ausbrecher zum Gefängnis.

Friedrich Wilhelm Murnau hat an der Grenze zwischen expressionistischem Film und dem Weimarer Realismus eigene Formen filmischer und kinematografischer Raumkonstruktion entwickelt. Einerseits setzt auch er in der Montage entfernte Orte zu einem kohärenten Raum der Kino-Vorstellung zusammen: beispielsweise in der bekannten Sequenz aus NOSFERATU, in der von einer Szene, in der der Gesandte des Immobilienmaklers Hutter in den Karpaten von Nosferatu in der Schlafkammer aufgesucht wird, zum Wisborger Schlafzimmer geschnitten wird, in dem dessen Frau Ellen im Bett hochschreckt und genau das wahrzunehmen scheint, was die Zuschauenden im Kino gerade gesehen hatten: die Umarmung des Vampirs. Der von Benjamin für solche Schnitte diagnostizierte *Chock* und die entsprechende geistesgegenwärtige künstliche Kombination von Kontexten und Kausalitäten tritt also ein, die Konzentration der Aufmerksamkeit verdichtet Räume in der Vorstellung, eine wie auch immer symbolisch zu deutende imaginäre Identifikation der Gestalten verschränkt die Stränge der Erzählung und fesselt die Kinobesucher.

Auch in der Inszenierung öffnet oder überschreitet Murnau klassische filmische Raumformen. Während, *grosso modo*, das französische Kino in die Raumtiefe hinein spielt und das amerikanische Kino auf die Konstruktion des Raums im Schuss-Gegenschuss vertraut, ging das deutsche Kino der zwanziger Jahre zunächst noch von frontalen Kompositionen aus, die stets an Prozeniumsbühnen erinnerten – viele der Regisseure und Schauspieler des Weimarer Kinos hatten bei Max Reinhardt debütiert. Murnau setzte Kompositionen in die Raumtiefe und andererseits flächige, perspektivisch verkürzte Räume gegeneinander, setzte enge kammerspielartige Kompositionen gegen weite, totale Landschaften der Außenaufnahmen, so dass ein emotionaler Raum aus den Reaktionen auf die konfrontierten Leinwandräume entsteht: In GANG IN DIE NACHT (1920) findet sich Beispiele für dieses Verfahren ebenso wie in DER BRENNENDE ACKER (1921/22) und im PHANTOM (1922), insbesondere am Anfang dieses Films, wenn der sich im Schreiben therapierende und befreiende Buchhalter-Dichter Lorenz Lubota abwechselnd vor dem flirrenden Ausblick auf einen blühenden Kischbaum gezeigt wird und daraufhin, als *Flash-Back*, in der düsteren engen Wohnung, in der er die Zeit seiner Jugend mit der Familie eingepfercht war, ohne Raum zu schreiben, so dass »Raum« – als immer zugleich architektonisch-urbanistischer *und* sozialer – ihm zum Schwindel wurde. Gerade im festen räumlichen Gefüge der kleinbürgerlichen Stadt stürzt Lubota ab.

Es ist die Oberfläche des leuchtenden, bewegten Kirschblütenbildes, gefilmt als Bild im Bild, als Blickfang eines Fensterrahmens im Kinocache, das den ersten Hinweis auf ein weiteres ästhetisches Verfahren Murnaus geben könnte, den Raum zu modellieren. In einer Reihe von Einstellungen und Szenen seiner Filme, die stets entscheidend für psychische Wenden oder Krisen der Protagonisten sind, werden Oberflächen - seien es solche von Landschaften, Bauten oder auch Körpern - aufgelöst in ein Flirren und Flackern des Lichts. Geläufig für diese Form der Auflösung wären beispielsweise die Regenszenen in DER LETZTE MANN, in denen sich der Vorplatz des hell erleuchteten Hotels in ein pointillistisches Lichtermeer auflöst, in dem der alte Portier buchstäblich untergeht. Seine unhaltbare Lage wird spürbar in der unhaltbaren Textur des Raumes, in der seine physische Schwäche sichtbar wird. Ein anderes Beispiel für diese Art der Raum-Auflösung wäre die dramatische Szene in GANG IN DIE NACHT, in der der verzweifelte Augenarzt im verwehten und zitternden Heidekraut, mithin in einem einzigen schwarzweiß Geflimmer auf der Leinwand umher irrt, sich schließlich in die bewegte Oberfläche fallen lässt und darin sich selbst aufzulösen scheint. Dieses Flimmern und Flackern des Bildes taucht auch in verschiedenen Szenen in NOSFERATU auf, in der berühmten Kutschensequenz, in der Hutter sich ins Reich Nosferatus aufmacht. Auf dem Weg dahin wird nicht nur das Filmmaterial umgekehrt, erscheint die Szene nicht nur in den ungewohnten Relationen des Negativmaterials, sondern die Blätter am Wegrand sind überstrahlt, zittern im Wind und flirren mit der Lichteingebung. Nicht mehr nur Formen und Gestalten werden wahrgenommen, sondern vielmehr irisierendes vibrierendes Licht. Das Reich Nosferatus ist auch ein Reich des unkontrollierbaren Lichts und des unkontrollierbaren Sehens.

Mit allen drei Formen dieser Raumillusionierung zielt Murnau nicht auf einen Raum, der einer Kulisse im Theater entspräche, sondern auf einen eigenen, imaginären Raum des Kinos. Als Murnau DER LETZTE MANN in Berlin im Atelier der Ufa drehte, besuchte ihn Alfred Hitchcock, der 1924 nebenan den Film DIE PRINZESSIN UND DER GEIGER in eigens entworfenen Bauten drehte... und musste sich von Murnau belehren lassen, dass aller Aufwand im Studio nur relativen Wert habe: »... das einzige was zähle, sei das, was man auf der Leinwand sieht«.[7] Doch nicht nur was auf der Leinwand zu sehen ist, sondern auch die Modulation der Wahrnehmung selbst durch das Licht auf der Leinwand ist der Effekt dieser unterschiedlichen Bearbeitungen des Raums. In Murnaus Umgebung hatte der künstliche Raum des Lichts von Anfang an auch die Konnotation eines sozialen Raums, der durch die künstlerische Bearbeitung konstituiert war. Der Kameramann Karl Freund berief sich, als er den Begriff der Bauhütte für die ideale Arbeitsweise einer Filmproduktionen prägte, auf die Bauweise mittelalterlicher Kathedralen als ebenfalls kollektive Werke aus Licht und Raum, die auf eine kollektive und metaphysische Wirkung zielten.

Dass Murnau, dessen narrative Formen im Film als eher traditionell gelten können, gerade im Hinblick auf die Licht- und Raumgestaltung und durch seine Bearbeitung der Oberflächen eine avantgardistische Position im frühen Weimarer Kino beanspruchen kann, betonte der französische Regisseur Eric Rohmer. Gleich am Anfang seiner Doktorarbeit über »Die Organisation des Raumes in Murnaus Faust« hat er auf genau diese Qualität der Bilder hingewiesen: »Kein anderer Regisseur hat den Raum seiner Filme so genau und erfindungsreich organisiert wie Murnau. Schon auf den ersten Blick vermitteln seine Werke den Eindruck, dass die ganze Leinwandfläche bis in die kleinsten Einzelheiten hinein in jedem Moment belebt ist. Also den Eindruck einer absoluten Beherrschung aller Details, die zum bildlichen Ausdruck beitragen, und einer Erfindungskraft, die ständig neue Formen schafft und zusammenfügt.«[8]

Bereits lange vor dem Faustfilm, im ersten seiner erhaltenen Werke GANG IN DIE NACHT aus dem Jahr 1920, wird diese Form der Raumkonstruktion bzw. der Raumdekonstruktion zum bedeutenden dramaturgischen Moment der Erzählung. GANG IN DIE NACHT ist ein Film über einen blinden Maler, über das Sehen und, in einer autoreflexiven Wendung, über die Leidenschaft des Bildermachens. Murnau inszeniert das Melodram, das auf ein Buch der schwedische Autorin Harriet Bloch zurückgeht, nicht nur als eine »doppelte Dreiecksgeschichte«, in die eine Tänzerin, ein Augenarzt und eben der blinde Maler, gespielt von Conrad Veidt, verwickelt sind, sondern auch als ein soziales Drama, das, wenn es von Konflikten der Künstlers, des Sehens und der Liebe handelt, gleichzeitig die psychische und soziale Verfassung des Mannes, des Männlichen und der Männlichkeit in der Nachkriegszeit zum Thema macht – und mithin einen der größten Tabu-Räume nicht nur des deutschen Kinos berührt.[9]

Murnau realisiert die doppelte Qualität des malerischen Verlangens, das Optische und das Haptische der Künstlerpassion, zu sehen *und* zu tasten in seiner Filmarbeit selbst, indem er die Spaltung dieser sinnlichen Fakultäten im Film wiederholt. Einerseits richtet er das Augenmerk auf das Sichtbare und die Sichtbarkeit, indem er immer wieder andere *Caches*, das Schwarz dunkler Rahmungen oder sehr lange Blenden einsetzt.[10] In den Außenaufnahmen, in denen sich die dramatischen Situationen des Films abspielen, verstärkt er die besondere flirrende Oberflächentextur der Bilder und damit das Haptische an der Filmwahrnehmung zur eigenen Bildqualität. Wenn er das Dunkel der Projektion und die eigentlich nicht wahrnehmbare rhythmische Reizung der Netzhaut – durch die 18 oder 24 Filmbilder pro Sekunde – auf der Ebene der Schwarzweißbilder zum Gegenstand des Sehens werden lässt, verbindet er Kinoraum und Körperraum in diesem unbewussten und unwillkürlichen Aspekt kinematografischer Wahrnehmung. Das geschieht in GANG IN DIE NACHT als Inszenierung einer Krise. Murnau lässt die Physiologie als Grund und als Einbruch in der Kinowahrnehmung wirken, indem er ständig den gleichmäßigen Fluss der Bilder unterbricht und die Augen in die Dunkelheit führt. Jenseits aller imaginären und symbolischen Bedeutungen insistieren die Filme auf dieser medialen Ebene also bereits auf den Bereich der sinnlich-physiologischen Wahrnehmung, lassen spüren, was dann als Thema auf der Ebene der Diegese wiederkehrt: die Unzuverlässigkeit und Verletzbarkeit des Körpers in seiner Sinnlichkeit.

II.

Mit der Kinematographie entsteht ein diskursiver Raum psychophysiologischer Interferenzen, in dem sich technisches Wissen verbindet mit neurologischem. Das hat seinen Grund einerseits in den historischen Koinzidenzen der Laborexperimente in der Psychologie und in frühen Formen kinematografischer Wahrnehmungsexperimente – beispielsweise solcher zum stroboskopischem Sehen, zur Bewegungswahrnehmung und zum Ausdruck. Andererseits aber wird ein älterer Diskurs der Wahrnehmungsphysiologie in den zwanziger Jahren allmählich auch in einem künstlerisch ästhetischen Kontext virulent. Der Raumbegriff in der Kunst erweitert sich, und Regisseure des Weimarer Kinos beginnen, wenn sie »Raum« mit allen avancierten neuen Studio-Tricks ins Werk setzen, über theatralische Effekte hinaus mit der Wahrnehmung selbst der Zuschauer und deren – mit Benjamin – »tief greifender Veränderbarkeit« zu kalkulieren. Natürlich sieht dieser Raum in den einzelnen Fällen unterschiedlich aus, bei Lang anders als bei Lubitsch oder Joe May. Für alle aber gilt zweierlei: Erstens, dass die räumliche Wirkung nicht nur visuell, sondern auch haptisch, als unmittelbar physiologische Wirkung auf Sinnesnerven intendiert und realisiert wurde. Und zweitens, dass dieser neu konstruierte Raum zugleich ein sozialer ist.

Der historische Diskurs, der sich hier niederschlägt und dessen Spuren und direkte Einflüsse in den Arbeitsheften und Notizen der Regisseure erst nachzuweisen wären, lässt sich um die Jahrhundertwende deutlich in den Naturwissenschaften verfolgen. Poincaré beispielsweise hatte von dem geometrischen Raum einen Wahrnehmungsraum unterschieden, der weder als kontinuierlich, noch infinit, noch homogen zu gelten hätte. Den neu bestimmten und noch ungesicherten Wahrnehmungsraum hatte er in einen visuellen, taktilen und einen motorischen Bereich unterteilt, und die Sinnlichkeit des Menschen selbst löste damit den homogenen Raum einer einheitlichen Vorstellungskraft in interferierenden Raumformen auf: in Zustände, wie sie in der kubistischen Malerei bearbeitet werden.[11]

Auch Ernst Mach verwies auf die Unbeständigkeit des Ich als einheitlichem Wahrnehmungskörper, als er in Jena und Wien Empfindungen im Hinblick auf den Raum analysierte. Wenn er am Anfang seiner »Analyse der Empfindungen...«[12] schreibt, »(d)as Ich ist so wenig absolut beständig als die Körper«[13], so weist er zugleich darauf hin, dass diese Erkenntnis sich den im 19. Jahrhundert betriebenen Methoden und Verfahren der Psychologen und Neurophysiologen im Labor verdankte: der Isolierung von Wahrnehmungsleistungen. Mach wiederholt als Faktum, was als Laboraufbau implementiert worden war: »Von den Körpern trennt sich das Sichtbare, Hörbare Tastbare ab«.[14] Dieser Analyse oder dieser sinnlichen Amputation des Körpers folgt dann eine erkenntnistheoretische Synthese:

»Das Ding, der Körper, die Materie ist nichts außer dem Zusammenhang der Elemente, der Farben, Töne usw…«[15] Das »Ich«, das die Anschauung erst zur Erkenntnis integrierte, war in den Labors des 19. Jahrhunderts auf der Strecke geblieben – und mehr noch: inzwischen war es die Phantasie der psycho-physiologischen Wissenschaften, das »Ich« mithilfe von Laborgeräten, Techniken und Trainingsmethoden, die aus den Experimenten folgten, zu synthetisieren. In diese Genealogie von Geräten und Praktiken gehört auch das Kino mit seiner im Dunkel isolierten optischen Reizung und der stroboskopischen Illusion von Bewegung.

Wenn Mach visuelles Erkennen von genuinen Raumempfindungen unterscheidet, so folgt die *geometrische* Wahrnehmung linearen Relationen und Formen, während die Raum*empfindungen* das Resultat von verschobenen Symmetrien sind, von Iterationen und Rhythmen, von Verzerrungen die im *Verhältnis* zum haptischen Stimulus stehen, der sie begleitet. Obwohl »(a)lle Raumempfindungssysteme […] durch ein gemeinsames assoziatives Band, die Bewegungen, zu deren Leitung sie dienen, verknüpft«[16] sind, gibt es uneinholbare Differenzen zwischen optischen und taktilen Empfindungen, die zum Schwindel, zum Taumel, zur Verkennung führen. Es sind diese Zustände, die das Kino Murnaus provoziert und mit denen es unter der Oberfläche bürgerlicher Erzählbarkeiten die Sinnlichkeit selbst als historische und durch technische Medien manipulierbare Zustände zum Gegenstand seiner Kinoarbeit werden lässt. Auch wenn Murnau, wie es scheint, sich nicht explizit mit Mach auseinandergesetzt hat, liegt eine entsprechende Machsche Unterteilung der Wahrnehmungsräume in solche der Außenwelt, des Leibes und der Bewusstseinsinhalte seinen dramaturgischen Konzeptionen zugrunde. Bildkomposition, Textur und Veränderung der Wahrnehmung zugleich bearbeitet Murnau in Bildqualitäten, in Lichteffekten, in Bewegungen im Raum, wenn er Filmgeschichten erzählt. Wenn Mach allerdings hofft, dass das »Prinzip des vollständigen Parallelismus des Psychischen und des Physischen« die Konfusion von Ich und Welt kompensiert, erscheint bei Murnau diese »unzureichende«[17] Abgrenzung zwischen Körper, Ich, Sinnesreizen und Welt jedoch als unheimlich und ist der Grund aller kinematografisch realisierten Emotionen, Krisen und Paroxysmen. Insbesondere die differenzierten Wahrnehmungsräume des Visuellen, Taktilen und Motorischen, die unabhängig von geometrischen Formen und Gestalten Interrelationen begründen, verlaufen in Murnaus Geschichten quer zu Identitäten und Figuren und lassen Raum als Funktionale eines Leuchtens der Objekte, als Relation zu Drehungen eines Schauspielers oder als Effekt eines Flimmerns des Wassers oder des Heidekrauts erscheinen.[18]

III. DER KINORAUM ALS KÖRPERRAUM

Der kinematografische Raum, der auch unabhängig von Bauten und Kulissen, von Optiken und Brennweiten wirksam wird, ist einer, der direkt auf die Sinneswahrnehmung, sogar direkt auf die Nerven einwirkt. Gilles Deleuze hat den optischen Raum, der auf das Gehirn zielt, von einem haptischen Raum unterschieden, der direkt auf das Nervensystem geht. Im Hinblick auf Cézanne und Bacon schrieb er: wie sie zu malen hieße, die Sensation malen.[19] »Schließlich wird man vom Haptischen immer dann sprechen, wenn weder eine enge Unterordnung in dem einen oder anderen Sinn noch eine lockere Unterordnung oder virtuelle Verbindungen bestehen werden, sondern wenn der Blick selbst eine Tastfunktion in sich entdecken wird, die ihm eignet und nur zu ihm gehört, unterschieden von seinen optischen Funktionen.«[20] Es ist dieser haptische Raum, den Murnau für das Kino entdeckt und in dem er die Verflechtungen und Interdependenzen von Medien, Leib und Bewusstsein als Empfindungen von Räumen zu organisieren sucht. Wenn Murnau, wie in GANG IN DIE NACHT, auch das Dunkel im Kino nicht nur als Reich der Blinden, sondern als Reich der Kino-Sehenden inszeniert, arbeitet er an einem Bildraum, der die Nerven und damit die Körper der Zuschauer selber zu affizieren hätte.

Wenn Murnau in seinen Filmen Licht und Schatten immer radikaler, fundamentalistischer, wie im FAUST, aufeinanderprallen und damit sichtbare und spürbare Räume *in* architektonischen Räumen und auch *gegen* architektonische Räumen entstehen lässt, tritt er damit selbst einen Gang in die Nacht des kinematografischen Raumes an, den er nicht nur als psychischen, als imaginären, sondern viel mehr noch als sinnlichen und der Physis zugehörigen Raum einsetzt. Allerdings immer vor dem Hintergrund der Frage, wie dieser Raum auch zu symbolisieren, zu konventionalisieren, nicht einfach zum Ort eines Zusammenbruchs zu machen wäre. In den taktilen Räumen möglicherweise ließe sich für einen entschieden und aus Prinzip nomadisierenden Murnau, einen Unangepassten, einen sinnlich in Kategorien bürgerlicher Einfalt gesperrten möglicherweise ein Moment des Utopischen ausmachen. Nicht auf geografischen Territorien jedenfalls, sondern auf den unentdeckten Gebieten der Sinnlichkeit suchte er Beziehungen, die er hätte eingehen können. Die von Walter Benjamin ganz auf die Seite der Montage verlagerte »taktile Dominante, die die Umgruppierung der Apperzeption regiert«[21] wäre mit Murnau vor allem in den sich auflösenden Oberflächen zu suchen. Die »Rezeption in der Zerstreuung« hätte damit auch einen wirkliche mediale Korrespondenz erhalten.

ANMERKUNGEN

[1] Walter Benjamin: *Das Kunstwerk im Zeitalter seiner technischen Reproduzierbarkeit* in: W. B.: *Gesammelte Schriften,* Rolf Tiedemann und Hermann Schweppenhäuser (Hg) Frankfurt/M. 1980, S. 431-469, S. 466.

[2] Ebd., S. 463.

[3] »Wir sind durch unsere Leiblichkeit, letzten Endes am unmittelbarsten durch unsern eigenen Leib, in die Wahrnehmungswelt, also in eine der höchsten Sprachschichten hineingestellt.« Walter Benjamin: *Wahrnehmung und Leib* in: W.B.: *Gesammelte Werke , Fragmente vermischten Inhalts.* Bd. VI. S. 67. Vgl. dazu auch: Gertrud Koch: »Kosmos im Film. Zum Raumkonzept von Benjamins ›Kunstwerk‹« in: Sigrid Weigel (Hg): *Leib- und Bildraum, Lektüren nach Benjamin,* Köln/Weimar/Wien 1992, S. 35-48.

[4] Rudolf Arnheim: *Film als Kunst,* München 1974, S. 24-47.

[5] Das betrifft das expressionistische Kino insgesamt oder die Filme der Huillet-Straubs und Chantal Akermans, deren Inszenierung durch eine äußerst starre Kamera stets wieder auf den Ausschnitt als künstlichen rekurrieren; oder anders, einen Experimentalfilmer wie Stan Brakhage, der das Material des Films selbst bearbeitete, um den künstlichen Raum der Kamera zu dekonstruieren.

[6] Eric Rohmer: *Die Organisation des Raums in Murnaus Faust,* München 1980, S. 9.

[7] Vgl. Heide Schlüpmann: »Der Gang in die Nacht. Das Motiv des Blinden und der Diskurs des Sehens im Weimarer Nachkriegsfilm« in: Uli Jung, Walter Schatzberg (Hg): *Filmkultur zur Zeit der Weimarer Republik,* München 1992. S. 38-53.

[8] Ebd.

[9] Vgl. dazu Hartmut Winkler: *Der filmische Raum und der Zuschauer: ›Apparatus‹ – Semantik – ›Ideology‹,* Heidelberg 1992.

[10] John Russel Taylor: *Die Hitchcock-Biographie,* Wien/München 1980, S. 58 zitiert nach Klaus Kreimeier: *Die Ufa-Story,* München/Wien 1992, S. 122.

[11] Vgl. dazu Linda Dalrymple Henderson: *The Fourth Dimension and Non-Euclidean Geometry in Modern Art,* Princeton 1983.

[12] Ernst Mach: *Analyse der Empfindungen und das Verhältnis des Physischen zum Psychischen* (zuerst Jena 1886 als »Beiträge« dann 2. Auflage 1900), 9. Auflage, Universität Wien 1922.

[13] Ebd., S. 3.

[14] Ebd., S. 4.

[15] Ebd., S. 7.

[16] Ebd., S. 121.

[17] Ebd., S. 7 ff.

[18] Vgl. entsprechend Eric Rohmers Einteilung der Räume nach Oberflächenwirkungen. E. Rohmer, a.a.O.

[19] Gilles Deleuze: *Francis Bacon, Logik der Sensationen,* München 1995, S. 27.

[20] Ebd., S. 94.

[21] Walter Benjamin, a.a.O., S. 446.

KAI-UWE HEMKEN

DIE FORMGEBUNG DES NICHTS ODER
DIE VISUELLE PRÄSENZ DES UTOPISCHEN
NOTIZEN ZUM SUPREMATISMUS

Wohl kaum eine Phase in der Geschichte der Kunst hat derart viele Ismen hervorgebracht wie das beginnende 20. Jahrhundert. Ungeachtet der Erwägung, dass dieses Phänomen mit der Etablierung der Kunstgeschichte als wissenschaftliche Disziplin und einem Bemühen um sachliche, das heißt allgemeinverbindliche Analyseverfahren der Kunstbewertung einhergeht, so kann – aus dem Blickwinkel der gesamtgesellschaftlichen Entwicklung betrachtet – dieses Aufscheinen als Ausdruck eines historischen Kulminationspunktes gewertet werden. Um 1900 zeigt sich eine zwar schon seit dem ausgehenden 18. Jahrhundert aber nunmehr forcierte Technisierung der Alltagswelt, die überdies in den zwanziger Jahren im Zuge der Weimarer Republik in eine politische Perspektivierung mündet: Mit einer auf Industrieproduktion und Marktwirtschaft bauenden Demokratie wird die Technologie als Generalmaxime einer Verbesserung der Lebensqualität für alle Gesellschaftsgruppen ausgerufen. Avantgardistische Strömungen in Gestalt des technikorientierten Futurismus oder Konstruktivismus erhielten eine staatspolitische, gesamtkulturelle Rückendeckung, wollten sie ihrerseits an der Steuerung der modernen Gesellschaft teilhaben. Neben der genuinen, das heißt immanenten Kunstentwicklung in der Moderne seit 1800, die die Kunst aus dem traditionellen Gefüge etwa der Auftraggebung durch Staat und Kirche entbunden und dem freien Markt stärker übereignet hat, ist für diese Tendenz jener auf Dauer angelegte Legitimationszwang verantwortlich, der nach der Daseinsberechtigung der Kunst in einer auf Verwertbarkeit angelegten und auf Nützlichkeitserwägungen zielenden Industriegesellschaft Ausschau hält. Die Kunst strebt nunmehr nach permanenter Progression, die stets die Nähe und Ferne zur gesellschaftlichen Praxis zum Thema hat. Seinen Ausdruck findet dieses Streben in verschiedenen, auf Affinität oder Abgrenzung bauenden Wechselwirkungen, die die Kunst mit diversen Wertsphären der Gesellschaft wie Wissenschaft, Technik, Industrieproduktion,

Journalismus, Massenmedien, Wirtschaft und Politik oder Diskursfeldern der Kultur wie Geschlechter, Körper, Wahrnehmung, Gewalt, Gedächtnis oder Ethik bis heute eingeht.

Vor diesem monumentalem kulturellen Hintergrund werden nicht nur die Aktivitäten der technikfreudigen Richtungen wie der Futurismus oder das Weimarer und Dessauer Bauhaus sondern auch das Streben der Pointillisten und Kubisten oder gar der Großstadtexpressionisten verständlich. In Zeiten eines fundamentalen und massiven gesellschaftlichen Aufbruchs wurden auch Künstler wie Kasimir Malewitsch oder El Lissitzky beflügelt, die traditionellen Grenzen der Kunst zu überschreiten, um ihre Gestaltungen nicht als ›Dekoration des Lebens‹ oder als ›Vitalisierung des Marktes‹ degradieren zu lassen, sondern als gesamtkulturellen Beitrag vorzusehen, der dem Neuen und gar Utopischen eine visuelle Erscheinungsform zu verleihen sucht.

Dieser Zusammenhang ist für die Geschichte des Utopiebegriffs in der Kunst von nicht geringer Bedeutung, ist doch die Inhaltlichkeit und Funktion von künstlerischen Utopievorstellungen aus der Perspektive des Kunstbegriffs zu bewerten. Gemeint ist eine Wechselwirkung zwischen den Inhalten und der Ästhetik des Utopischen und dem Selbstverständnis der avantgardistischen Kunst im Allgemeinen und ihrem Streben nach gesellschaftlicher Bedeutsamkeit im Besonderen. Konkret lässt sich in verschiedenen Publikationen, Manifesten und künstlerischen Projekten eine Wandlung des Bildbegriffs beobachten, die die Kunstgeschichtsschreibung zunächst auf dem Felde der Malerei konstatiert und mit der Formel ›semiotische Wende‹ versieht: Eine zunehmende Abstraktion in der Bildsprache, die seit dem Ende des 19. Jahrhunderts virulent ist und mit Kunstrichtungen wie dem Impressionismus, dem Futurismus und Kubismus verbunden wird, kann als Indiz für eine Entwicklung gelten, die die ikonografische Zwangsläufigkeit und Allgemeinverbindlichkeit von Zeichen und Bedeutung aufzuheben trachtet. In diesem Zuge wurden verschiedene Antworten unter anderem auf die Frage nach einer realitätsadäquaten Bildsprache formuliert, wie beispielsweise die kubistische Fragmentästhetik oder die dadaistischen Collagen bezeugen. Inwiefern eine neue Bildsprache das Utopische in der Gegenwart anzudeuten und zu realisieren vermag, soll im Folgenden am Beispiel von Kasimir Malewitsch und El Lissitzky verdeutlicht werden; zwei Avantgardekünstler aus verschiedenen Generationen, die zwar durch eine persönliche und künstlerische Nähe verbunden sind, in ihrer programmatischen Perspektivierung jedoch unterschiedliche Ziele verfolgt haben.

DIE SUPREMATISTISCHE UTOPIE

Kasimir Malewitsch, Altmeister der russischen Avantgarde des letzten Jahrhunderts, präsentiert ein ungewöhnliches Motiv: Das hochformatige Bild aus dem Jahre 1913 zeigt im Hintergrund eine kubistische Formensprache, vor die er in Frontalsicht eine Violine geblendet hat. Abgeschlossen wird diese Montage durch das Motiv einer Kuh. Dieses Gemälde verwundert ob seiner Kombination, die für ein kubistisches, erklärtermaßen avantgardistisches Selbstverständnis recht ungewöhnlich ist.

Doch bringt Malewitsch einen bedeutenden Beweggrund der russischen Avantgarde auf den Punkt: den Wettstreit der Ismen. Das Zentrum des europäischen Kunstgeschehens, die Speerspitze der Avantgarde verortete sich in Paris. In Cafés und Ateliers trafen sich Georges Braque, Pablo Picasso und Albert Gleizes, um eine ungewöhnliche, hochinnovative Bildsprache zu entwerfen, die in die Kunstgeschichte als Kubismus eingehen sollte. Spätestens mit den Impressionisten konnten sich die Intellektuellen der Pariser Kunstszene auf eine Avantgardetradition berufen, auch wenn sie andere Vorstellungen gegenüber den älteren Generationen hegten.

KASIMIR MALEWITSCH: KUH UND VIOLINE, 1913

Dieser historische Tatbestand wirkte so stark, dass sich sogar Künstlergruppen aus dem Ausland zu Wort meldeten, um in Konkurrenz ihre programmatischen Darlegungen kundzutun. So veröffentlichten die italienischen Futuristen 1909 ihr erstes Manifest in der Pariser Tageszeitung Le Figaro. Tatlin besuchte Picasso in Paris, um in einen künstlerischen Austausch zu treten, wurde jedoch nicht vorgelassen. So kann es nicht verwundern, wenn auch die russische Avantgarde sich an den französischen ›Mitstreitern im Dienste des Neuen‹ orientierten:[1] Zahlreiche Werke erweisen sich als Experimente mit der kubistischen Formensprache: Eine Schichtung von Farbflächen ist kompositionell auf die Bildmitte ausgerichtet. Schriftzüge, Lineaturen und Ausschnitte aus Zeitungen flankieren die im ganzen flächenbetonte Szenerie. Die russischen Arbeiten sind in der Regel mit breiten Pinsel handwerklich gefertigt, während die Ur-Kubisten ihre Werke mit zunehmender Perfektion schufen.

Vor dem Horizont eines Wettstreits um die ultimative Fortschrittlichkeit lässt sich das Kuhmotiv von Malewitsch deuten. Mit diesem Bild kommentierte der Suprematist diese Situation, wenn er die intellektuelle Bildsprache der Kubisten mit der russischen Volkskultur konfrontierte. Dabei ist es nicht nur die Konkurrenz, die in diesem Motiv zum Tragen kommt. Das Bild ist gleichermaßen das Indiz für einen Selbstfindungsprozess, der zu einer erstaunlichen Experimentierfreudigkeit und Innovationslust geführt hat. Diese Tendenz sollte auch in den folgenden Generationen spürbar bleiben, etwa wenn Laszlo Moholy-Nagy und Lajos

Kassak 1922 das *Buch neuer Künstler* und El Lissitzky und Hans Arp 1925 *Die Kunstismen* herausgaben. Es klingt paradox, doch das Streben der Verfasser dieser Schriften war es, zu Lebzeiten der Avantgarde die Geschichte dieser Kunstentwicklung zu schreiben. Keine Abhandlungen erwartete den geneigten Leser, sondern eine Gegenüberstellung von Reproduktionen, die die Vielfalt der künstlerischen Formensprache in ein chronologisches Korsett zwangen, um die eigene Position mithin als fortschrittlichste zu markieren. War noch das *Buch neuer Künstler* ein eher zurückhaltendes Werk mit Manifestcharakter, so waren die Autoren des Kunstismen-Buches bereit, die Leistungen der Avantgarde punktuell sogar zu diffamieren.[2]

Die avantgardistischen Selbstfindungsprozesse pendelten zwischen Abgrenzung und Innovationsdrang. Ein Höhepunkt dieser spannungsreichen Wechselwirkung stellt das Schwarze Quadrat von Malewitsch dar, das zugleich den Ausgangspunkt für die ästhetische Formulierung der suprematistischen Utopie bildet. Wird auch die Datierung (1913/1915) dieser Ikone der modernen Kunstentwicklung kontrovers diskutiert, so ist das Gemälde im Kontext der Gruppe um Matjuschin, Velimir Chlebnikov und Alexej Kručënych zu betrachten. Malewitsch entwarf für die ›postfuturistische‹ Oper *Sieg über die Sonne* Bühnenbilder und Vorhänge, die unter anderem ein ›Quadrat im Quadrat‹ zeigten.[3] Dieser Entstehungskontext ist von geradezu metaphorischer Qualität, wenn Malewitsch den Ort der Bühne als Ausgangspunkt einer Erneuerung der Malerei wählt. Der Fensterblick, der mit dem Perspektivsystem der Renaissance in der abendländischen Kunst seinen Einzug gehalten hat und den unter anderem die Kubisten zu überwinden suchten, stand offenbar stellvertretend für die Tradition schlechthin.

Die Bühne war insofern adäquat, als dass hier – in der Stätte der Inszenierung – der Bühnenvorhang mit dem Motiv des Schwarzen Quadrats nicht nur die Sehgewohnheit des Fensterblicks, sondern das System der Täuschung im Ganzen verneint werden sollte. Der Vorhang holt das Auditorium – eben noch gefesselt von der Scheinwirklichkeit auf der Bühne – zurück zum Alltagsgeschehen. Dieser metaphorische Aspekt spiegelt sich im programmatischen Streben des Künstlers. In einer von der Forschung wenig beachteten Text resümiert Malewitsch 1916 den Ursprung und die Ziele des Suprematismus. Der Künstler schildert die Phänomenologie der westeuropäischen Strömungen (Kubismus, Futurismus), um schließlich unter die ›Zersplitterung‹ des Bildfeldes (Kubismus) einerseits und die ungezügelten Dynamik des Bildfeldes (Futurismus) andererseits einen Schlussstrich zu ziehen.[4] Der Suprematismus (das Höchste) verneint das stete Bemühen der französischen und italienischen Avantgarde, sich von der Tradition abzugrenzen, und will zum ultimativ Neuen voranschreiten.

»Das Schwarze Quadrat auf dem weißen Feld war die erste Ausdrucksform der gegenstandslosen Empfindung: das Quadrat = die Empfindung, das weiße Feld = das Nichts außerhalb dieser Empfindung«, definiert Malewitsch die Sinndimension des Gemäldes. Unverständlich scheint diese Ausführung nur auf den ersten Blick, denn liest man seine umfangreichen weltanschaulichen Gedanken, die er im Jahre 1922 – in Zeiten spätrevolutionärer Turbulenzen – unter dem Titel »Suprematismus – Die gegenstandslose Welt oder das befreite Nichts« niedergeschrieben hat, so werden die verschiedenen Aspekte der kurzen, formelhaften Darlegung plausibel. Der Kernaspekt der suprematistischen Lehre ist eine Absage an ein Denken, das ausschließlich an der praktischen Lebensführung orientiert ist: »In der Lösung praktischer Probleme vertieft, übersehen wir die andere Frage, ob der Mensch die angestrebte Vollkommenheit je erreichen kann, wenn er alle seine Gedanken ausschließlich auf praktisch-nützliche Ziele richtet.«[5] In diesem Sinne richtet sich Malewitsch gegen das Weltbild des Ingenieurs, dem er eine Vollkommenheit lediglich im Irdischen unterstellt. Der Künstler strebt stattdessen nach einer *kosmischen* Perfektion, denn das »ganze Weltall bewegt sich im Wirbel gegenstandsloser Erregung. Auch der Mensch mit seiner ganzen gegenständlichen Welt bewegt sich in der Unendlichkeit des Gegenstandslosen, und auch alle seine Dinge sind im Grunde gegenstandslos […]«[6]

Die ›praktische Intelligenz‹ findet nach Malewitsch ihre Entsprechung in der Welt der Gegenstände, die zum Ziel und Austragungsort des täglichen Handelns erwachsen sind. Im praktischen Handeln ist die Gesamtheit des wert- und normgebenden Regelwerks inklusive ihrer Konditionierungen eingeschlossen. Bezogen auf die kulturelle Sphäre habe die Kunst auf die Welt der praktischen Intelligenz fortwährend reagiert, auch wenn avantgardistische Bestrebungen erkennbar waren. Der Suprematismus verneint die ›Welt des Praktischen‹. Die Kunst orientiert sich nun nicht mehr an den Objekten, sondern vielmehr an den kosmischen Kräften, die auch in der Lebenspraxis spürbar sind: »Auf der Bildfläche gibt es keine greifbare Form. Die Form entsteht nur in der Vorstellung, greifen kann man sie nicht. Nicht greifbare Formen lassen sich nicht verbinden oder trennen.«[7] Und weiter: »Die Entwicklung der Malerei der Gegenwart zeigt, dass sie aus der Kunst im bisherigen Sinne ausgeschieden und in die Gegenstandslosigkeit eingegangen ist. […] In ihr gibt es keine Vollkommenheit, an denen die gegenständliche Kultur so reich ist, keine Vergleichsmöglichkeiten, keine Vorrechte, keine Wertunterschiede.«[8]

KASIMIR MALEWITSCH: SUPREMATISTISCHES GEMÄLDE, 1915

Malewitsch strebt mit der suprematistischen Bildsprache nach einer Befreiung von Konventionen im Allgemeinen und der Figuration im Besonderen. Die gegenstandslose Welt ist die Visualisierung und die Gegenwart einer kosmischenergetischen Harmonie. Wenn Malewitsch das Schwarze Quadrat als Erregung definiert, so ist die Ablehnung der bisherigen Malereikonventionen und -avantgardismen nur eine Seite der suprematistischen Medaille. Es ist zugleich die Präsenz des Universums, womit konzeptionell eine Parallele zur Ikonenmalerei besteht. Außerhalb dieser Präsenz existiert das Nichts. Die Vielzahl suprematistischer Bildwerke erweisen dem Streben nach Visualisierung und Wirken ›energetischer Zustände‹ ihre Referenz.

Ausgehend von der Fragestellung nach Wesen und Wirken der suprematistischen Utopie ist es unerlässlich, einen genaueren Blick auf Malewitschs Bildsprache zu werfen. Die Suprematisten verneinen im Ganzen das Sehstrahlprinzip der Tiefenräumlichkeit, wobei allein Überlagerungen den Eindruck von Schichtungen erwecken. Jede Form der Räumlichkeit wird minimiert, nur das ästhetische Potenzial von Vektoren und Farben soll für die Wirkung ausschlaggebend sein. Organisieren sich auch geometrische, monochrome Flächen ohne erkennbares System auf der Bildfläche, so bleibt dennoch eine stete Orientierung an den gegebenen Bildgrenzen spürbar. Grundsätzlich wird nicht zwischen Linien, Flächen oder gar Konturen unterschieden. Neben der Gewichtung von Formen, die durch Größenunterschiede hergestellt werden, sind weitere Muster erkennbar; hierzu gehören Wiederholungen, Progressionen und gleichmäßige Ausdehnungen. Die Farbigkeit ignoriert die Vorgaben der Formen. Es ist nicht erkennbar, warum eine geometrische Fläche in diesem Ton und eine andere in jenem Ton gehalten ist. Unbestritten ist die Generaldevise, das Farbenspektrum auf Grundtöne wie Gelb, Rot, Blau und Schwarz zu beschränken, denen sich Grün, Grau und Weiß hinzugesellen. Darüber hinaus ist es der Farbauftrag, der wie industriell erscheint: kein Pinselduktus ist sichtbar, der womöglich auf eine künstlerische Handschrift verwiesen hätte.

Im ganzen lässt sich die Bildsprache von Malewitsch nicht als ein eindeutiges Prinzip entziffern, allerdings eröffnet der Suprematist in Schriften sein Konzept: Während die Formen das Transportmittel für die Empfindung der Gegenstandslosigkeit darstellen, dienen die Farben als Träger unserer Wahrnehmung. Diese Unterscheidung ist nicht sofort einleuchtend. Zunächst wird die Instrumentalisierung von Farbe und Form im Bild aufgehoben, wobei er den unterschiedlichen Ausdruckscharakter der ästhetischen Entitäten benennt. Die Form gibt die vektorale Kräfteverteilung im Bild an, während die Farbe eine eher energetische, aber punktgenaue Wirkung erzielt. Beide Ausdrucksformen stehen nebeneinander und entfalten unabhängig und bisweilen widersprüchlich ihre Wirkung, wodurch die Aufgabenteilung für Farbe und Form verständlich wird: Die Form soll die Gegenstandslosigkeit angeben, das heißt der Form wird eine rein kompositorische Kraft zugeschrieben, der Gegenstand löst sich auf und wird zur bloßen Form ohne erkennbare konkrete Funktion. Die Farbe stimuliert den Betrachter auf eine direkte, unmittelbare Weise, so dass sie – wie Malewitsch angibt – als Träger der Wahrnehmung fungieren kann.

Letztlich hat Malewitsch kein neues System geschaffen, sondern eine Kombination bekannter Avantgardismen in einem neuen ästhetischen Kleid und mit einer neuen Konzeption präsentiert. Die Betonung der Form leitet sich vom Kubismus ab, die der Farbe hat im Futurismus ihren Ursprung. Jüngere Forschungen belegen eine enge Anlehnung Malewitschs nicht nur an jüngste avantgardistische Innovationen, sondern auch an traditionellere Bildlösungen. Exemplarisch kann das Bild ›Der Fußballspieler‹ von 1915 angeführt werden. Entspricht es im Ganzen auch den Darstellungsmodi des Suprematismus, so zeigen die Konturen und die Komposition, dass der Künstler bekannte geometrische Schemata wie Linearperspektive (mit bildexternen Fluchtpunkten), Isometrie oder Bildparallelität verwendet, allerdings unauflösbar ineinander verschränkt hat.[9] Verbunden mit einer autarken Farbigkeit verlangt die Formgebung ein Höchstmaß an Wahrnehmungsleistungen, denn der Sehsinn hat beide Wirkungsweisen als parallele Reize zu erfassen. In der Gesamtheit der ästhetischen Erscheinung pendelt der Betrachter somit unentwegt zwischen zwei Formen des Sehens: Es ist einerseits die konventionsgebundene, traditionelle und andererseits die ›reine‹, ent-konditionierte‹ Wahrnehmung. Das Pendeln zwischen beiden Betrachtungsweisen wird dabei keineswegs zugunsten einer entschieden, sondern ist als permanente Unentschiedenheit angelegt. Der Effekt ist verblüffend: Die Suprematisten bezweckten offenbar eine Dynamisierung des Sehens, wodurch ein Zustand höchster wahrnehmungspsychologischer Erregung herbeigeführt wird. In diesem Sinne schreibt Malewitsch in seinem Manifest »Die gegenstandslose Welt«: »Der Wesensinhalt des Suprematismus ist die Ganzheit gegenstandsloser, naturbedingter Erregungen ohne Ziel und irgendwelche Zweckbestimmungen. […] Die Natur kennt in ihrer Gegenstandslosigkeit keine Grenzen, ebenso auch der Suprematismus, der dadurch die freiesten Schöpfungen der inneren Erregung ermöglicht. Er ist frei von Vernunft, diesem untauglichen Hilfsmittel, das nicht fähig ist, irgendetwas zu erkennen oder zu schaffen, weil es ewig in der Gewalt von Erscheinungen und deren Ursachen ist. […] Der Suprematismus hat sich nicht nur außerhalb der gegenständlichen Kunst gestellt, sondern auch außerhalb jeglicher Erfindung. […] Der Suprematismus kann auch nichts übernehmen, weder von der Vergangenheit, noch von der Zukunft, da diese Begriffe ja nur im gegenständlich-praktischen Realismus das Bewusstsein lenken.«[10]

In letzter Konsequenz gibt Malewitsch der Wahrnehmung den Vorrang vor dem Kunstwerk. Das Artefakt wird für ihn zu einem Instrument, die Wahrnehmung steuern zu können und den Zustand der Erregung herbeizuführen. Die Erregung ist ein zentraler Begriff in seinen Schriften zum Suprematismus, wobei es bei einer bloßen Benennung dieses Zustandes bleibt. Gemessen an der Kritik des Suprematismus an der technischen Rationalität einer modernen Industriegesellschaft scheint die Erregung die sensorische Entäußerung der Welt der Gegenstandslosigkeit darzustellen, das heißt, in einer suprematistischen Welt, in der keine Kausalitäten, kein Pragmatismus und keine Zeitlichkeiten mehr existieren, entfaltet sich der Zustand der Erregung. Schlussfolgernd kann das Utopische lediglich erfühlt werden, nicht aber gelebt oder definiert werden. Das Kunstwerk dient nicht nur als materielle Stimulanz sondern gleichermaßen als Garant für die Existenz des Utopischen.

Mit der Priorität der Wahrnehmung gegenüber dem Kunstwerk erscheint die Hinwendung der Suprematisten zur Gestaltung von Gebrauchsgegenständen und Architektur nicht mehr als schwer verständliche Bruchstelle in dem Werdegang einer avantgardistischen Strömung, die sich der politischen Doktrin der russischen Revolution bzw. der so genannten Neuen Ökonomischen Politik verschrieben hatte. Ohne an dieser Stelle die vielfältigen Textilentwürfe oder Gestaltungen von Gebrauchsgegenständen durch Malewitsch und seine Jünger zu erläutern, sei stellvertretend ein kurzer Seitenblick auf die Architektur geworfen. Malewitsch selbst bezeichnet seine Architekturentwürfe als »Planiten«. Gemeint ist damit die Aufsicht als permanente Blickachse der Entwurfsphase. Es gilt offenbar, die Schwerelosigkeit des Fliegens als Ausgangspunkt für die Gestaltung von Architektur zu wählen. Der Suprematist schlägt vor, sich der Schwerkraft und der Dreidimensionalität des Raumes zu entledigen, um eine neue Architektur zu erfinden. Das Verfahren des suprematistischen Architekturentwurfs scheint offenkundig: Ausgehend von einer quadratischen Bodenform erhebt sich zunächst ein Kubus, an dem sich weitere kubische Form unterschiedlicher Proportionen angliedern – offenkundig mit dem Ziel, eine spannungsvolle und zugleich komplexe Verteilung von Baumassen zu erreichen, ohne dass die Funktion solcher Gebäude und Anlagen ersichtlich werden. Malewitsch verräumlicht gewissermaßen die geometrischen Einzelflächen der suprematistischen Bilder, wobei er die Isometrie und die Fluchtpunktperspektive verwendet. Farben werden sehr verhalten eingesetzt. Grau, Weiß und Schwarz herrschen vor, wobei Akzente durch die Farbe Rot gesetzt werden. Im Gegensatz zu Trennung von Farbe und Form und dem Bemühen um einen disfunktionalen Einsatz beider Gestaltungselemente ist hier eine Systematik erkennbar, die verhalten auf eine Funktion schließen lässt.[11]

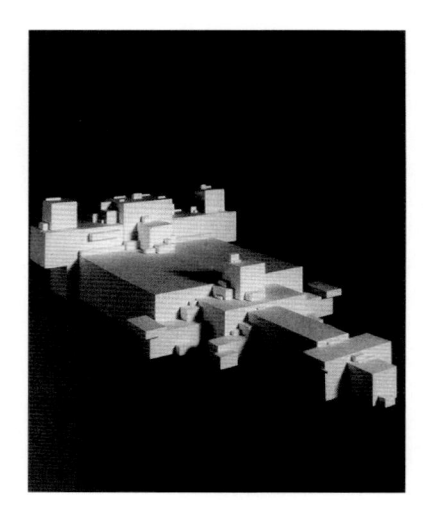

KASIMIR MALEWITSCH:
BETA (ARCHITEKTURMODELL), VOR 1926

Nicht nur im Falle der Gemälde spricht Malewitsch vom Zustand der Erregung, sondern auch auf dem Felde der Architektur: »Der Maler beweist einwandfrei auf seiner Bildfläche, dass seine Welt kein Fundament hat, dass für seine Häuser keine Grundsteine gelegt, keine Ziegelsteine gemauert werden müssen. Trotzdem sagen wir, dass die Häuser stehen. Die ganze Welt seines Bildes ist aufgebaut, aber nicht nur als Bild, sondern als wirkliche Realität. Versuchen wir aber, diese Realität zu wägen, diese Häuser, Berge, Flüsse, dann staunen wir, weil das empfundene Gewicht in Wirklichkeit nicht vorhanden ist. […] Wenn das natürliche Gewicht nach einem bestimmten System zu einem neuen Organismus zusammengefügt wird, kann es schwerelos werden, wie ein auf der Bildfläche dargestelltes Gewicht. […] Das Bild des Malers wiegt vielleicht fünf Pfund, das aber, was auf dem Bilde dargestellt ist, kann die Vorstellung von Tausenden von Zentnern erwecken. […] Ein fertig gebautes Haus macht auf uns einen bestimmten Eindruck, wir haben aber nicht die Möglichkeit, diesen Eindruck genau auszumessen, weder mit dem Zirkel noch mit dem Zollstock. Die Realität des Hauses können wir nur durch eine Empfindung in uns feststellen, was aber die Realität des Hauses in uns sein wird. Nur so können wir sein Gewicht, die Dynamik des Materialdruckes wahrnehmen, das natürliche Gewicht aber bleibt unbekannt, weil alle Einzelteile im Weltall durch gegenseitige Beziehungen sich im Zustand der Ausgewogenheit befinden.«[12]

Zusammenfassend lässt sich sagen, dass Malewitsch geradezu raffiniert das Problem von Gegenständlichkeit und Gegenstandslosigkeit auf die Wahrnehmung bzw. Vorstellungskraft verlagert hat. Er geht davon aus, dass eine Doppelexistenz der Wirklichkeit verzeichnet werden kann. Ist auch die messbare Realität, das heißt die Gegenstandswelt der technischen Rationalität vorherrschend, so muss sie dennoch mit einer Wirklichkeit rechnen, die sich aus der menschlichen Vorstellungskraft speist. So sind Gebäude in ihrer physischen Faktizität zwar berechenbar, jedoch zugleich in einer imaginativen Form als ein vektorialer Spannungszustand existent. In letzter Konsequenz ist für die Suprematisten auch das Bild sowohl physisch als auch psychisch präsent: Mit dieser Argumentation werden die Realität der Alltagswelt und die Illusion der Bildwelt gleichrangig. Unsere Umwelt ist nichts anderes als eine »Wirklichkeit von Wirkungen, oder richtiger: in der Wirklichkeit der durch Wirkung erzeugten Erregungen, deren Sinn sich nicht analysieren lässt«,[13] wie Malewitsch ausführt.

Die Utopie der gegenstandslosen Welt, wie sie die Suprematisten entwerfen, erwächst zu einer imaginativen Größe, die sich – auf dem Felde der Kunst – besonders durch das Bild stimulieren lässt. Entscheidend bleibt jedoch die menschliche Wahrnehmung in Kopplung mit der Vorstellungskraft, um die Welt der Gegenstandslosigkeit ›faktisch‹ zum Auftritt zu verhelfen. Die doppelte Existenz der Wirklichkeit zwischen Physik und Psychologie wird schließlich zu einem Spannungsgefüge, das nicht nur die ästhetische, sondern auch die soziale Erfahrung in Erregung versetzt. Diese – aus Sicht der Suprematisten berechtigte – Differenz zweier Existenzweisen der Realität hat in der gesellschaftlichen Praxis einen wohltuenden Dissens zur Folge: Die Klärung des Realitätsverständnisses und die damit häufig verbundenen Ausschließlichkeitskategorien bedürfen einer Überprüfung durch ihr jeweiliges Korrelat. Die verheißungsvolle Utopie und die leidvolle Realität gehen aus dieser Perspektive eine ›heilige Allianz‹ ein.

Derart vergeistigte Positionen standen die politischen Protagonisten der russischen Revolution weniger aufgeschlossen gegenüber. Resigniert schrieb Malewitsch bereits 1922: »Der historische Materialismus ist ein anschauliches Beispiel für die Unzulänglichkeit des menschlichen Denkens. Für ihn gibt es keine andere Zukunft als die weiterer Unzulänglichkeiten, besonders, wenn der historische Materialismus sich die Kultur der Produktion von Gegenständen zum Ziel gesetzt hat, wenn er durch sie in der Zukunft ein vollkommenes Heil zu erlangen hofft. Der historische Materialismus muss genauso entschieden abgelehnt werden wie der Gegenstand in der Kunst.«[14] Ohne die facettenreiche und kontrovers eingeschätzte Entwicklung und das Selbstverständnis der klassischen Avantgarde im revolutionären Russland und der Sowjetunion zu erläutern, bedarf es keiner großen Ausführungen, dass die Revolutionäre ihrerseits die Avantgarde zu instrumentalisieren wusste. Die Radikalität, die Innovationen und die Erkenntnisse, die die Avantgarde im Zuge ihres Elementarismus und mit Blick auf eine Grammatik des Ästhetischen gewonnen hatten, konnten vortrefflich für die propagandistischen Feldzüge genutzt werden.[15] Inwiefern sich die modernen Künstler diesen Belangen mit Leidenschaft, Willfährigkeit oder im Zustande der Verblendung hingaben, kann an dieser Stelle aufgrund der Komplexität dieses Themas nicht dargelegt werden. Um einer vorschnellen und plakativen Beurteilung zu widerstehen, sei exemplarisch Lissitzkys Weg in den revolutionären Turbulenzen skizziert. Die Gegenüberstellung von Malewitsch und seinem Schüler Lissitzky scheint angesichts vergleichbarer ästhetischer Ansätze, aber unterschiedlicher Utopievorstellungen besonders dienlich zu sein.

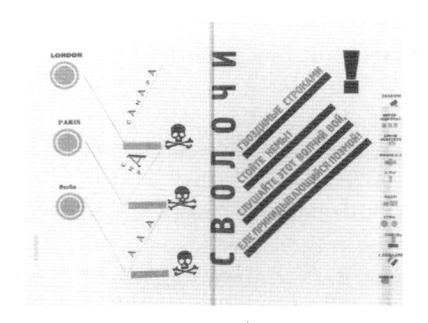

EL LISSITZKY, WLADIMIR MAJAKOWSKI,
DLJA GOLOSA: FÜR DIE STIMME, 1922

Lissitzky hatte sich an den bereits erwähnten Diskussionen der russischen Avantgarde um eine revolutions- und gesellschaftsadäquate Ästhetik beteiligt, jedoch nach deren Ende das Land in Richtung Westen verlassen. Nach seiner Ankunft 1922 in Berlin wurde Lissitzky rasch in die Kulturkreise des so genannten russischen Viertels aufgenommen. Er nahm an den Diskussionen in den Cafes teil und erhielt Aufträge für Buchgestaltungen. »Auf! Schafft Gegenstände!« lautete die zentrale Formel des jungen Künstlers, die er in einer manifestartigen Zeitschrift verkündete und damit sein ambivalentes Verhältnis zu seinem Mentor Malewitsch dokumentierte. Diese Wechselspannung zwischen Suprematismus und aufkommenden Konstruktivismus zeigt sich mehr noch bei Lissitzkys Gestaltungen, wobei die Typographie des legendären Bandes »Für die Stimme« mit Gedichten des Literaten Wladimir Majakowski hervorzuheben ist.[16] Der Konstruktivist stützt seine Bildsprache ähnlich wie Malewitsch auf wahrnehmungsrelevante Aspekte, allerdings gründet sich Lissitzkys Ästhetik auf wissenschaftliche Erkenntnisse, die mehr dem zweckrationalen Handeln als dem suprematistischen ›Erregungszustand des Utopischen‹ genüge leisten.

Der Band »Für die Stimme« zeigt in einem rotfarbenen Umschlag eine Folge von insgesamt 13 Gedichten Majakowskis. Eingeblendet sind Einzel- und Doppelseiten, die ein geometrisches ›Formenspiel‹ aus roten und schwarzen Balken zeigen. Auffällig ist ein Daumenregister, mit dem es dem Leser ermöglicht wird, eine gesuchte Seite rasch aufzufinden. Hilfreich waren kleine zeichenartige Formationen im Stile der Balken- und Linientypographie Lissitzkys, die kein mittelbares ›Lesen‹ der Inhalte durch Buchstaben, sondern ein unmittelbares Erkennen durch abstrakte Zeichen einfordern. Die Motivation, einen solch aufwendig gestalteten Gedichtband zu publizieren, erklärt sich durch die historischen Umstände. Mehr als 300.000 russische Emigranten hielten sich um 1922/23 in Berlin auf. Nachdem der Rapallo-Vertrag im April 1922 ratifiziert wurde und sich dadurch die Grenzen zwischen Ost- und Mitteleuropa wieder öffneten, kam es zu einem explosiven Zusammentreffen von Revolutionsflüchtigen auf der einen Seite und Revolutionären auf der anderen. Die »1. Russische Kunstausstellung« in Berlin war der offizielle Beitrag der neuen Führung Russlands, sich dem Westen als innovative, progressive Kultur vorzustellen. Eine ähnliche Antwort war der Band »Für die Stimme«, mit dem Lissitzky ebenso auf die prekäre Situation in Berlin reagierte wie auch mit der bereits erwähnten Zeitschrift »Vešč-Objet-Gegenstand«, die mit zwei Heften erschien und im Titel den Kernaspekt des Suprematismus aufgreift.[17]

Die Gestaltung des Bandes »Für die Stimme« hat nicht nur für Aufregung in Fachkreisen gesorgt. Historisch gesehen ist sie ein Dokument für die Weiterführung der Forderungen der Avantgarde nach einer elementaren, ent-konditionierten Ästhetik und Wahrnehmung, die die ältere Generation im Kosmischen und die jüngere in der Wissenschaft suchte. Von Bedeutung ist in diesem Zusammenhang die noch junge Disziplin der Wahrnehmungspsychologie, die in Berlin ihre Heimstatt gefunden hatte. Ein kurzer Blick auf die Leistungen dieser Wissenschaft soll die Parallelen zur elementaren Gestaltung erhellen.

Der Begründer der Wahrnehmungspsychologie Max Wertheimer hielt sich seit 1920 in Berlin auf, nachdem er seine Forschungen zur menschlichen Wahrnehmung bereits in den zehner Jahren in Frankfurt am Main erfolgreich abschließen konnte. Etwa zehn Jahre später stellte er seine Entdeckungen, die sich großen Interesses erfreuen konnten, in Publikationen und Vorlesungen der Öffentlichkeit vor. Es ist erwiesen, dass seine Berliner Vorlesungen insbesondere von linksorientierten osteuropäischen Studenten besucht wurde, die zum Teil für Carl von Ossietzky arbeiteten.[18] Dieser historische Umstand lässt vermuten, dass in den zahlreichen Zusammenkünften in Cafes oder Ateliers Wertheimers Entdeckungen und Versuchsreihen Gegenstand der Diskussionen gewesen sind. Meines Erachtens hatte auch Lissitzky Kenntnis von den Ansichten des Wahrnehmungspsychologen – zumindest lassen sich Parallelen einerseits in der formalen Gestaltung der bis zu jenem Tage einmaligen und erstmaligen Balken- und Linientypographie des Bandes »Für die Stimme« und andererseits in der Konzeption der Typographie-Thesen erkennen. Ein Vergleich beider, des Typographen und des Psychologen, ist daher lohnenswert.

In unzähligen Versuchsreihen analysierte Wertheimer die Bedingungen und Möglichkeiten des menschlichen Sehens.[19] Er entdeckte so genannte Schein- oder Phi-Phänomene. Damit wurden Ereignisse bezeichnet, die sich nicht real, sondern nur in der Vorstellung abspielen. Wertheimer setzte die Versuchspersonen vor Seh-Apparate, Stroboskope und Tachistoskope, und provozierte besondere Seh-Erfahrungen: Vor einem neutralen weißen Hintergrund zeigte er am Rande des Bildfeldes eine schwarze Vertikale; danach eine gleiche Szenerie allerdings mit einer Horizontalen. Nach mehrfacher und rascher Wiederholung dieses Versuchs schilderten die Betrachter ähnliche Phänomene: Die beiden Linien liefen um einen Scheitelpunkt aufeinander zu. Wertheimer konnte durch weitere Versuche sogar Bewegungstypen bestimmen: Sukzession, Simultanität und Ruhe. Es löste bei den Versuchspersonen eine Irritation aus, denn die Phänomene waren purer Schein und entsprachen nicht der Wirklichkeit.[20] Entscheidend ist, dass Wertheimer eine Unterscheidung zwischen zwei Formen der Realität unterschied: 1. die haptische oder optische, tatsächliche Wirklichkeit und 2. die Scheinrealität. Letztere ist das Ergebnis eines aktiven und nicht-steuerbaren Wahrnehmungsvorganges, der durch einfache, visuelle Formationen stimuliert werden kann.

Rein gestalterisch gibt es formale Ähnlichkeiten zwischen Wertheimers Illustrationen und Lissitzkys Balken- und Linientypographie. Sie schwirren im Band »Für die Stimme« ohne Halt über einen hellen monochromen Hintergrund. Sie scheinen sich aufeinander zu zu bewegen und entfernen sich wieder. Der helle Hintergrund ist nun keine passive Fläche mehr, sondern ein aktiver, mit Energie angereicherter ›Anschauungsraum‹. Es gilt nicht mehr allein der kosmische Raum Kasimir Malewitschs, sondern der energieträchtige ›Raum‹ der Wahrnehmungspsychologie. Gemessen an Lissitzkys Werdegang als Suprematist der ersten Stunde ist entscheidend, dass seine elementare Gestaltung – auf wissenschaftlicher Basis – eine ›reine‹ Wahrnehmung provozieren kann. Die Balken- und Linientypographie ist gewissermaßen das Werkzeug für eine energetische Stimulanz, die besondere Formen der Scheinwahrnehmung hervorruft. Diese Wahrnehmung ist deshalb ›rein‹, da sie sich nur physiologisch abspielt und nicht kulturell konditioniert ist.

Zum gleichen Zeitpunkt der Entstehung des Bandes »Für die Stimme« formulierte Lissitzky seine berühmten Thesen zur Typographie, die für die ›reine‹ Wahrnehmung von nicht geringer Bedeutung sind:

1. Die Wörter des gedruckten Bogens werden abgesehen, nicht abgehört.
2. Durch konventionelle Worte teilt man Begriffe mit, durch Buchstaben soll der Begriff gestaltet werden.
3. Ökonomie des Ausdrucks – Optik statt Phonetik.
4. Die Gestaltung des Buchraumes durch das Material des Satzes nach den Gesetzen der typografischen Mechanik muss den Zug- und Druckspannungen des Inhaltes entsprechen.
5. Die Gestaltung des Buchraumes durch das Material der Klischees, die die neue Optik realisieren. Die supernaturalistische Realität des vervollkommneten Auges.
6. Die kontinuierliche Seitenfolge – das bioskopische Buch.
7. Das neue Buch fordert den neuen Schriftsteller, Tintenfass und Gänsekiel sind tot.
8. Der gedruckte Bogen überwindet Raum und Zeit. Der gedruckte Bogen, die Unendlichkeit der Bücher, muss überwunden werden. Die Elektrobibliothek.[21]

»Optik statt Phonetik« war eine der Kernaussagen Lissitzkys. Mit ›Phonetik‹ ist die Lautmalerei der italienischen Futuristen gemeint: Die typografische Darstellung eines Buchstaben oder Satzes sollte nicht nur den Inhalt übermitteln, sondern gleichermaßen die Vehemenz und Dynamik der Aussprache angeben. Diese doppelte Aussage der Laut-Malerei wirft Lissitzky über Bord und fordert aus Gründen der Ökonomie und weniger im Zuge einer Abgrenzung zu den westlichen Ismen die Optik. Ausschlaggebend ist hierbei die Funktion des Bandes. Die Revolutionsgedichte sollten rezitiert werden, wobei die Typographie des Bandes diese Aufgabe unterstützen soll.[22] Lissitzky prophezeite das ›bioskopische Buch‹ – eine Formel, die in der Forschung zu Spekulationen geführt hat, aber aus dem Blickwinkel der Gestalttheorie plausibel ist: Der Psychologe verwendete skopische Instrumente wie Tachistoskope oder Stroboskope, um die Natur des Sehens zu ergründen. Lissitzky schließlich entwarf eine Typographie, die das menschliche Sehen zum Ausgangspunkt hat, dieses stimuliert und schließlich optimalisiert.[23] Es gibt demnach eine direkte Linie vom menschlichen Sehen zur Vermittlung von Inhalten. Versteht man mediengeschichtlich die Wahrnehmung als einen Weg von Sender zu Empfänger, so ist die elementare Typografie eine Optimalisierung der Informationsübermittlung – oder – wie Lissitzky sagt – eine ›Ökonomie des Ausdrucks‹.

AUSSTELLUNG 0,10, PETROGRAD 1915

Die Nutzbarmachung wissenschaftlicher Erkenntnisse in der gesellschaftlichen Praxis beinhaltet stets Risiken. Hatten die Avantgardisten der zweiten Generation diese Forschungsergebnisse auch auf das Feld der Künste transformiert und damit in eine vergleichbar nicht-instrumentelle, interesselose Sphäre übertragen, so scheint diese Gefahrendimension minimiert. Die Experimente und Innovationen der ersten Avantgarde-Generation waren von der Utopie einer entkonditionierten Wahrnehmung getragen, wie sie Malewitsch mit der Formel ›Erregung‹ in einer ›gegenstandslosen Welt‹ proklamierte. Ihre Rückführung in den Dienst einer neuen politischen Führung – etwa in Gestalt von Propaganda (Plakat- und Ausstellungsgestaltung, Literatur, Theater, Fotografie oder Architektur) – bedeutet eine Reduktion des utopischen Potenzials. So wird die Trennung zwischen reiner Wahrnehmung im Sinne Wertheimers einerseits und der re-konditionierten Wahrnehmung im Sinne der Revolution nicht mehr aufrecht erhalten.

Zusammenfassend kann festgehalten werden, dass der Suprematismus, geht es um die künstlerische Utopie, stellvertretend für die Avantgarde steht. Malewitsch entwirft in der Kunst eine Gegenwelt zu einer Realität, deren Wert- und Normenschöpfung sich aus dem Denken der Zweckrationalität speist. Die Entkontextualisierung entkoppelt die ästhetischen Phänomene von ihrer Zweckbindung und überantwortet sie einer sich selbst genügenden Formgebung. Im Moment und Zustand ihrer Freisetzung entfalten sie eine ästhetische wie semantische Eigendynamik, deren Grundzug die Prozessualität in Permanenz darstellt. Der Motor dieses transformatorischen Potenzials ist die Paradoxie, wie es Malewitsch mit der Kombination von Raumillusion und Farbgebung realisiert. Der Suprematismus visualisiert mit den Leitkategorien ›Entkontextualisierung‹, ›Prozessualität‹ und ›Paradoxie‹ eine Urform des Utopischen, dessen Begriff im Ursprung die Ortlosigkeit beschreibt. Das ausschlaggebende und grundlegende Moment für die Existenz und Wirkmächtigkeit der Utopie ist jedoch die menschliche Vorstellungskraft, die durch die Kunst stimulierend genährt wird.

ANMERKUNGEN

[1] Dieser künstlerische Urheberstreit um die fortgeschrittenste Innovation in der Avantgardekunst lässt sich auch innerhalb der russischen Szene feststellen. Vgl. hierzu Jane A. Sharp: »Malewitsch, Benois und die kritische Rezeption der Ausstellung 0.10«, in: *Die Große Utopie. Die russische Avantgarde 1915-1932.* Ausst.-Kat. Kunsthalle Schirn, Frankfurt/M. 1992, S. 32-45 sowie: *Mit voller Kraft. Russische Avantgarde.* Ausst.-Kat. Museum für Kunst und Gewerbe Hamburg, Hamburg 2000.

[2] Vgl. hierzu: Kai-Uwe Hemken: »Weltharmonie und Kraftsystem. Das ›Buch neuer Künstler‹ (1922) als Bildmanifest des ungarischen Konstruktivismus«. Nachwort zum Reprint: *Buch neuer Künstler,* Baden (Schweiz) 1992, unpag.

[3] Vgl. Sharp, a.a.O.

[4] Bemerkenswert sind an dieser Stelle die Beobachtungen und Bildanalysen, die Malewitsch in seinem Text schildert. Der Avantgardist, der wenig reiste und eher bodenständig war, beschreibt besonders die kubistischen Arbeiten mit erstaunlicher Genauigkeit hinsichtlich ihrer Wirkung. Meines Erachtens hat Malewitsch Originale vor Augen gehabt und musste sich nicht mit Abbildungen zufrieden geben. Die wohl einzige Möglichkeit, Originale auf russischem Boden zu sehen, war in der Privatsammlung von Morosow und Schtschukin. Vgl. Marina Besonova: *Die Sammlungen Morosow und Schtschukin und ihr Einfluss auf die russische Avantgarde* in: *Morosow und Schtschukin – Die russischen Sammler. Monet bis Picasso.* Ausst.-Kat. Museum Folkwang Essen, Puschkin-Museum Moskau, Eremitage St. Petersburg, Köln 1993, S. 343-362.

[5] Kasimir Malewitsch: *Suprematismus. Die gegenstandslose Welt,* Werner Haftmann (Hg), Köln 1989, S. 36.

[6] Ebd., S. 45.

[7] Ebd., S. 83.

[8] Ebd., S. 84.

[9] Vgl. Olive Whicher: »The Method of projective Geometry and its Application to Suprematism«, in: Patricia Railing (Hg): *On Suprematism,* London 1990, S. 16- 35.

[10] Malewitsch, a.a.O., S. 35.

[11] Wird die Architektur in der Regel ohne Funktion oder Bautyp entworfen, so gibt es dennoch punktuell solche Angaben, etwa im Falle des Hauses für einen Piloten. Unmerklich stellt sich hier eine Formanalogie ein. Denn das mehrteilige Gebäude hat unverkennbar die Form eines Flugzeuges. So simpel diese Zeichnung ist, so problematisch ist sie für das künstlerische Konzept. Formanalogien stellen einen Kompromiss der ansonsten so unnachgiebigen reinen Lehre des Suprematismus dar. Denn wenn es um eine utopische, gegenstandslose Welt der Erregung geht, so darf das suprematistische Haus keine vordergründig pragmatische Ausrichtung aufweisen – zumindest nicht im Entwurfsstadium.

[12] Malewitsch, a.a.O., S. 43.

[13] Ebd., S. 44.

[14] Ebd.

[15] Einen ausführlichen und detaillierten Überblick über diese Zeitspanne und zu diesem Themenfeld vgl. Hubertus Gassner: »Konstruktivisten. Die Moderne auf dem Weg in die Modernisierung«, in: *Die Große Utopie,* a.a.O., S. 109-149. Vgl. auch Hubertus Gassner, Karlheinz Kopanski, Karin Stempel (Hg): *Die Konstruktion der Utopie. Ästhetische Avantgarde und politische Utopie in den 20er Jahren,* Marburg 1992.

16 Vgl. Kai-Uwe Hemken: *El Lissitzky. Revolution und Avantgarde,* Köln 1990. Sowie: *Europäische Moderne. Buch und Graphik aus Berliner Kunstverlagen 1890-1933.* Ausst.-Kat. Kunstbibliothek Berlin, Berlin 1989.

17 Seine Aktivitäten im Zuge der so genannten ›Konstruktivistischen Internationale‹, die im Mai 1922 auf einem Künstlerkongress mit Theo van Doesburg, Hans Richter und anderen heftig diskutiert und schließlich im September desselben Jahres in Weimar gegründet werden sollte, ist ebenso ein Ausdruck seiner selbst erteilten Aufgabe, die Ideen der Revolution als Künstler in den Westen Europas zu tragen. Vgl. *K.I. Konstruktivistische Internationale schöpferische Arbeitsgemeinschaft 1922-1927. Utopien für eine europäische Kultur,* Ausst.-Kat. Kunstsammlung Nordrhein-Westfalen Düsseldorf, Ostfildern 1992.

18 Vgl. Lothar Sprung, Heinrich Sprung: *Zur Geschichte der Psychologie an der Berliner Universität.* Bd. II (1922-1935), in: *Psychologie für die Praxis.* 14.1987, H.3, S. 293-306.

19 Die ersten Abhandlungen *Experimentelle Studien über das Sehen von Bewegung* sowie *Über das Denken der Naturvölker, Zahlen und Zahlgebilde* publizierte Wertheimer bereits 1911/12 in der *Zeitschrift für Psychologie.* Gemeinsam mit der Studie *Über Schlussprozesse im produktiven Denken* wurden diese Forschungsergebnisse unter dem Titel *Drei Abhandlungen zur Gestalttheorie* 1925 in Erlangen veröffentlicht.

20 Wertheimer konnte sogar eine gewisse räumliche Orientierungslosigkeit der Personen feststellen, wenn bei seinen Versuchen keine Verankerungspunkte mitgeliefert wurden.

21 El Lissitzky: *Topographie der Typographie,* in: *MERZ,* 2.1923, Nr. 4, o.p.

22 Dieser Wandel wird bereits zu Beginn des Bandes von Lissitzky zeichenhaft angedeutet: Zunächst blendet er die Figurine ›Der Ansager‹ ein, die im Verlauf des Jahres 1923 mit anderen Figurinen einer der Kestnermappen motivisch bestimmen sollte. Der Propagandist, der Agitator, der Ausrufer der Revolution wird hier beschworen, jedoch allein auf seine Vermittlungsrolle beschränkt. Denn auf der nächsten Seite wird der Ansager von einem beinahe kryptischen Zeichen verfolgt: Ein schwarzer Kreis umschließt eine Gruppe von Buchstaben und Geometrien. Ein Dreieck öffnet den Kreis und verweist auf einen schwarzen Punkt etwa in der Mitte. Daran schließt ein Quadrat an und wird umringt von drei Buchstaben. Dieses Gebilde erinnert an das menschliche Auge oder an eine Kamera.

23 Auffällig ist in diesem Zusammenhang die Aufteilung des Bandes in Gedichte und Typographien, die keine scharfe Trennung zwischen den Texten und den Typographien vorsieht – allerdings einen permanenten Widerstreit zwischen dem Wort als Bild und dem Bild als Wort.

CHRISTOPH ASENDORF

ENTGRENZUNG ALS LEITVORSTELLUNG –
STATIONEN EINER DEBATTE DER SECHZIGER JAHRE

I. EROS AND CIVILISATION

1. Zwei Herausforderungen waren es, die nach dem Zweiten Weltkrieg den gewohnten Begriff von Kultur zur Diskussion stellten. Als ein Phänomen von großer Transformationskraft stellte sich schnell das Entstehen der Konsumgesellschaft heraus; die konservative Kulturkritik Heideggers, Max Picards oder Hans Sedlmayrs ist auch als Reflex darauf zu verstehen. Zweitens beginnt sich seit den mittleren fünfziger Jahren ein Diskurs herauszubilden, den man später unter den Begriff »Gegenkultur« subsumieren sollte. Hier werden nicht einzelne historische (Fehl-)Entwicklungen, sondern es wird die grundsätzliche Anlage der westlichen Kultur in Frage gestellt. Unter dem Gesichtspunkt der Ablehnung der Gegenwart koinzidieren beide kritische Bewegungen, und untergründig gibt es vielleicht auch sonst mehr Gemeinsamkeiten, als den Protagonisten lieb gewesen sein dürfte.

Als frühes Manifest der Gegenkultur kann Herbert Marcuses Buch »Triebstruktur und Gesellschaft« gelesen werden, das 1955 unter dem treffenderen Titel »Eros and Civilisation« erschien. Ihm geht es um nichts weniger als eine Umwertung der Prinzipien, die Freud im »Unbehagen in der Kultur« aufgestellt hatte. Wo letzterer davon ausging, dass Kultur bzw. Zivilisation auf Triebunterdrückung basieren und das daraus resultierende Unbehagen als unvermeidlich ansah, da fragt Marcuse nach der Stimmigkeit dieser Annahme: Während Kultur auf Distanzierungsleistungen beruht, stellt der Eros in seinem Sinn ein alternatives Prinzip dar. Insofern erhält auch der Begriff »Gegenkultur« in diesem Buch eine greifbare Bedeutung.

Im Kern geht es um den Konflikt zwischen dem Lust- und dem Realitätsprinzip. Ist er grundsätzlich gegeben oder das Resultat einer »spezifischen historischen Organisation des menschlichen Daseins«?[1] Für Freud ist die Ausbildung des Realitätsprinzips die Voraussetzung dafür, ein organisiertes Ich zu entwickeln.

Gesellschaftlich manifestiert sich das Realitätsprinzip im Leistungsprinzip und in einem System von Institutionen.[2] Nur das Unbewusste und die Phantasie bleiben vom Lustprinzip beherrscht. Freud sieht im Unbewussten bzw. im Triebleben eine Energie wirksam, die auf die Wiederherstellung eines früheren Zustandes umstandsloser Befriedigung zielt; doch diese Bestrebungen werden vom Realitätsprinzip und seinen Sublimationsanforderungen attackiert und überformt.[3] Unmittelbarkeit ist unvereinbar mit einem System organisierter Herrschaft, mit einer Gesellschaft, die, und hier zitiert Marcuse einen Psychoanalytiker, »bestrebt ist, Menschen zu isolieren, Distanz zwischen ihnen zu schaffen und spontane Beziehungen […] zu verhindern.«[4]

Zehn Jahre nach Ende des Zweiten Weltkrieges würde man von einem Vertreter der Kritischen Theorie nicht unbedingt erwarten, dass ein Autor mit der Rezeptionsgeschichte Nietzsches herangezogen wird, um eine alternative Version des in der westlichen Kultur verbreiteten Realitätsprinzips vorzustellen. Doch es ist Zarathustras Lehre von der ewigen Wiederkehr, die Marcuse bemüht, um gegen das Fortschrittsdenken mit seiner »Tyrannei des Werdens über das Sein« eine Weltordnung möglicher unmittelbarer Erfüllung zu setzen, einer Ewigkeit im Hier und Jetzt, in der das Bezugssystem Transzendenz durch das der Gegenwärtigkeit abgelöst ist. Für Marcuse, den Heidegger-Schüler, ist die Lehre von der ewigen Wiederkehr »der Wille und die Vision einer erotischen Einstellung zum Sein«, das in jedem Augenblick neu beginnt und unmittelbar erfasst sein will; in ihr sieht er das Bild eines neuen Realitätsprinzips, welches »das System der Unterdrückung« durchbricht.[5] Diese gleichsam anarchistische Lesart Nietzsches projiziert er dann auf Konzepte in Kunst und Literatur der ersten Hälfte des 20. Jahrhunderts, auf etwas also, was 1955 als prototypisch modern galt:[6] So, wie die Surrealisten, indem sie sich auf Traum und Phantasie kaprizieren, das Realitätsprinzip untergraben, so ist auch Prousts Eintauchen in die Vergangenheit eine von allen niederen Notwendigkeiten emanzipierende »promesse de bonheur«. Derartige Absetzbewegungen sind Ausdruck der »Großen Weigerung«, so Marcuses offensichtlich von Whitehead übernommene leitende Formel für Unterdrückungen außer Kraft setzendes und utopiebezogenes Verhalten.

In diesem Zusammenhang werden auch einige der zentralen abendländischen Kulturheroen in die Betrachtung einbezogen, Figuren, die über die Jahrtausende hinweg immer wieder Leitbildfunktion hatten. Als Archetyp eines Helden des Leistungsprinzips erscheint nahe liegender Weise Prometheus – von der Antike bis zu Beethoven Inbegriff produktiver Hervorbringung, für Marcuse auch ein solcher des »Fortschritts durch Unterdrückung«.[7] Am Gegenpol stehen Orpheus, Narziss und Dionysos, deren Imago die »der Freude und Erfüllung« ist. Diese Urbilder sind schwer konkreter zu beschreiben, sie verkörpern nicht den Wirklichkeits-, sondern einen utopischen Möglichkeitssinn. In der orphischen und narzisstischen Welterfahrung, wie sie bei Marcuse erscheint, sind die Gegensätze zwischen Mensch und Natur, Subjekt und Objekt überwunden – eine Aufhebung also all der Trennungen und Distanzierungen, die das Realitätsprinzip fordert.

Umstandslos wird dabei zugestanden, dass ein neues, nicht-repressives Realitätsprinzip auch eine Regression in dem Sinne bedeuten würde, dass die im Prozess der Zivilisation zugänglich gewordene Stufe von Rationalität damit nicht erreicht würde. Das ist der Preis der Triebbefreiung. Von der Schwächung des alten Realitäts-Ichs würden also nicht nur die Psyche, sondern auch die Gesellschaft und ihre Institutionen betroffen sein. Im Sinne der Interessen der Institutionen wäre dieser Vorgang sogar »ein Rückfall in die Barbarei«.[8] Marcuse aber sieht nur so die Möglichkeit des Entstehens von etwas Neuem. Wie solch Neues sich jedoch auf die Lebensfähigkeit von Gesellschaften auswirken würde, ist nicht mehr Gegenstand des Buches.

In der Grundanlage ähnlich wie »Triebstruktur und Gesellschaft«, in der Akzentuierung allerdings durchaus abweichend präsentiert sich Norman O. Browns Buch »Zukunft im Zeichen des Eros« *(Life Against Death)* von 1959. Marcuse zitiert Brown gelegentlich und die deutsche Ausgabe von Browns späterem Buch »Love's Body« erschien mit einer Kritik von ihm. Brown spricht Psychoanalyse und Poesie als »moderne Erben der mystischen Tradition« an,[9] die beide am Mythos eines hermaphroditischen Ich, an der Einheit des Solaren und Tellurischen, von Logos und Kosmos zumindest als Option festhielten.

Es ist also durchaus folgerichtig, wenn in der Sekundärliteratur Browns Werk gelegentlich unter dem Rubrum »Neue Mystik« geführt wird. Ob diese auf sozialpsychologische Veränderungen in den USA der fünfziger und sechziger Jahre bloß reagiert oder sie mit anstößt, kann offen bleiben. Auffällig ist jedoch in jedem Fall ihr Eingewobensein in den kulturellen Kontext der Zeit.[10] Insbesondere literarische Werke bewegen sich um verwandte Themen – etwa Richard Farinas »Been Down so Long it Looks Like Up to Me« von 1966, ein, wie man damals sagte, »Untergrundroman«, der Mystizismus und sexuelle Promiskuität mit der Einnahme von Drogen verknüpfte, um der Zeit und jeder Art von Sorge zu entrinnen. Henry Millers »Wendekreis des Steinbocks«, als »Bibel der Hippies« rezipiert, preist, neben den mystischen Erfahrungsformen, das »grenzenlose Universum« der Kindheit, während Norman Mailer in »Advertisement for Myself« mit dem »Hipster« einen Typ von radikaler Individualität beschreibt, der ganz in der Gegenwart lebt. Gegen den Atomismus und die Anomie der modernen Gesellschaft werden wie bei Marcuse und Brown Vollkommenheits- und Einheitsvisionen als Bilder der Befreiung gesetzt.

2. Zwei Jahre nach »Triebstruktur und Gesellschaft« erschien 1957 Arnold Gehlens kleine Schrift »Die Seele im technischen Zeitalter«. Obwohl sich ihre Schlussfolgerungen sehr unterscheiden, teilen beide Autoren doch einige allgemeine Einschätzungen. So benutzt auch Gehlen, obgleich nur in Anführungs-

zeichen, den Begriff der Entfremdung zur Charakterisierung der Wirkungen, die von der Superstruktur der hoch differenzierten gesellschaftlichen, wirtschaftlichen und technischen Verhältnisse ausgehen. Die Kultur der Gegenwart ist ihm eine der Intellektualisierung, die Verhältnisse in den Künsten und Wissenschaften etwa indizieren einen »Abbau an Anschaulichkeit, Unmittelbarkeit und unproblematischer Zugänglichkeit«, an deren Stelle die verschiedensten Modi von Distanzierung getreten sind. Der wissenschaftlich-technische Fortschritt treibt in die Isolierung, zum immer abstrakteren Einzelphänomen, während zur gleichen Zeit die traditionelle Kultur, abgeschnitten von diesen Prozessen und damit von der Gegenwart, ihre Verbindlichkeit verliert. Gehlen konstatiert hier eine Dualismus von Verbegrifflichung bzw. Entsinnlichung einerseits und einer gegenläufigen Primitivisierung auf der anderen Seite.[11]

Wo Marcuse nun aber nach Ausbruchsmöglichkeiten suchte, das feste Gehäuse verlassen wollte, da fragt Gehlen, sich von Utopien nichts erwartend, nach den sozialpsychologischen Konsequenzen, die aus den Gegebenheiten resultieren.[12] Die neuen Entwicklungen befestigen seine Überzeugung von der primären Notwendigkeit auf Dauer gestellter Institutionen. Der große Komplex seiner Institutionenlehre, in vielen Einzeltexten, besonders aber in dem Buch »Urmensch und Spätkultur« entwickelt, steht in engem Zusammenhang mit allgemeinen anthropologischen Anschauungen. Im Kern geht es darum, dass der Mensch, »weltoffen, aber instinktarm«,[13] grundsätzlich gefährdet ist, also zu seiner Entfaltung einer festen, ihn schützenden Ordnung bedarf – und genau das bieten die Institutionen. Sie entlasten, stabilisieren Lebensformen gerade durch ihre überpersönliche Verfasstheit. Gehlen glaubt, dass erst durch diese Sicherheit die Individuen »für eigentlich *persönliche*, einmalige und neu zu erfindende Dispositionen frei« werden.[14] Oder anders herum: erst durch Institutionen werden »so versehrbare Dinge« wie Freiheit oder Bildung lebensfähig,[15] weil sie sie auf Nützlichkeit oder praktische Anwendung beziehbar machen.

Die Künste waren für Gehlen eine Art Probebühne, auf der die Verschiebungen des mentalen Gefüges in der modernen Industriegesellschaft auf eine besondere und für ihn offensichtlich auch sehr reizvolle Weise anschaulich wurden. Im Jahr 1960 veröffentlichte er seine große kunstsoziologische Studie »Zeit-Bilder«. Als einen prototypisch modernen Künstler beschreibt er hier Paul Klee[16] – für ihn ein »pictor doctus«, der seine Lehre systemartig aufbaut. Klee meidet, und das ist Gehlen auffallend wichtig, alles Unmittelbare; in der Distanziertheit sieht er eine wesentliche Voraussetzung von dessen Kunst. Ein so verfasstes bildnerisches Denken berührt sich mit dem epochalen Denkstil, ist auf genuin künstlerische Weise wissenschaftlich in einer von technischer Rationalität geprägten Umwelt.

Solcher Kunst kann eine repräsentative Kraft zuwachsen, was etwa im Fall der Expressionisten unmöglich wäre. Diese sind für Gehlen wesentlich negativ definiert, sie befriedigen primär das Bedürfnis der weitflächig reglementierenden Industriegesellschaft nach »Normenvernichtern, Selbstverbrennern, Bohemiens«.[17] Doch der Stoff des Subjektiven, unmittelbar Erlebten ist schnell verbraucht, die Grundlagen ihrer Kunst erweisen sich als schmal, sie bieten keine Möglichkeit der »Systemsteigerung«. Gehlen fragt sich vor der Überzahl expressionistischer Bilder vergeblich, »was diese endlose stilistische Aufregung vor harmlosen Sujets wie Blumen oder Straßenmädchen eigentlich bedeuten soll«.[18] Er konstatiert, dass Ausdruck und Form nicht ausbalanciert sind, wie das bei einer »peinture conceptuelle«, wie sie Seurat oder Klee verkörpern, der Fall ist.[19] Interessanterweise sieht Gehlen die Funktion der relevanten Kunstwerke ähnlich wie die der Institutionen: ihr Reiz und Sinn könnte »damit zusammenhängen, dass sie uns *mit Daseinsmächtigkeit verschonen*, könnte also in der *Entlastung* liegen«.[20] Natürlich sind hier Emotionen zugelassen, aber »gefiltert und durchbelichtet und in Destillaten gelöst«.

3. In dem Rundfunkgespräch, das Gehlen und Adorno 1965 miteinander führten, trafen zwei für ihre Epoche repräsentative Theorieschulen aufeinander: mit Gehlen ein bedeutender »konservativer Zeitkritiker«,[21] und mit Adorno ein Hauptvertreter der Kritischen Theorie, die auf Analyse und im Fall Marcuses auch Überwindung der als emanzipationsfeindlich verstandenen Tendenzen des technischen Zeitalters zielte. Was bei Lektüre der Druckfassung des Gespräches zunächst auffällt, ist die enorme Höflichkeit im Umgang und der große wechselseitige Respekt der Protagonisten, beides Dinge, die angesichts der oft sehr antagonistischen Debatten in den sechziger Jahren nicht unbedingt erwartbar wären.

Ganz deutlich aber werden ihre Differenzen bei der Erörterung des Begriffes der Institutionen.[22] Adorno referiert ausführlich Gehlens Position – der Mensch als Mängelwesen und seine Entlastung – und stellt dem, was Gehlen »teils pessimistisch, teils aber auch con amore« akzeptiere, die Frage entgegen, ob nicht weniger entlastende Institutionen deren Übermacht reduzieren und so »die Bildung eines freien Subjekts« befördern könnten. Gehlen hingegen glaubt den Menschen vor sich selber schützen zu müssen; er sieht in Institutionen »Bändigungen der Verfallsbereitschaft«, Instrumente also, weniger bildkräftig gesagt, um das Dasein zu stabilisieren. Wenn auch Adorno kaum so weit gehen würde wie Marcuse, sich durchaus nicht positiv zu einer (Gegen-)Kultur des Lust- anstelle des entfremdenden Realitätsprinzips stellt, so fragt er doch Gehlen nach den Folgen von Anpassung und Unterordnung für die erst noch zu entwickelnden Potenziale des Menschen. Was er hier anklingen lässt, ist eine eher defensive Utopie, das Offenhalten eines Leerraumes. Solche unbestimmten Zukunftsbilder aber sind für Gehlen kein ausreichendes Motiv, um theoretische Annahmen zu verändern. Seine Entlastungs- und Suspensionsstrategie zielt ganz auf die Sicherung der fragilen anthropologischen Gegebenheiten in der jeweiligen Gegenwart.

CHRISTOPH ASENDORF

II. FLEXIBLE WELTEN, FREIE BINDUNGEN

Mit einer Ausstellung im Amsterdamer Stedelijk-Museum trat 1949 die Künstlergruppe »Cobra« an die Öffentlichkeit. Werner Haftmann sah in ihrer Malerei eine europäische Spielart des Abstrakten Expressionismus in den USA; sein übergeordneter Begriff ist der der »psychischen Improvisation«.[23] Diese Schulen verbindet, und das gilt ebenso für die gleichzeitig entstandene Farbfeldmalerei eines Barnett Newman oder Mark Rothko, das übergreifende Motiv der Distanzbrechung. Newman etwa operiert mit dem von Edmund Burke entlehnten Begriff des Sublimen, um die Intention seiner die Wahrnehmungskapazität überfordernden homogenen Farbfelder zu erläutern: Das Erzeugen von Schönheit ist das Erzeugen von etwas schon Bekanntem, die Aufgabe der Kunst aber ist die Evokation einer neuen, alles Gewohnte übersteigenden Erfahrung, eben des Sublimen bzw. des Erhabenen.[24] Seine Malerei soll nicht Eindrücke vermitteln, sondern unmittelbar treffen. Pollock geht es nicht um Objektivierung, das Umreißen und Separieren fester Gebilde, sondern, und hier bezog er sich auch auf den surrealistischen Automatismus, um direkten Ausdruck im freien Fluss der Malimpulse. Ähnlich argumentierte Haftmann, als er die Arbeiten der Gruppe »Cobra« charakterisierte: »Was sie miteinander verband, war der Wunsch zu einer unmittelbaren, vom Intellekt ungesteuerten Expression.«[25]

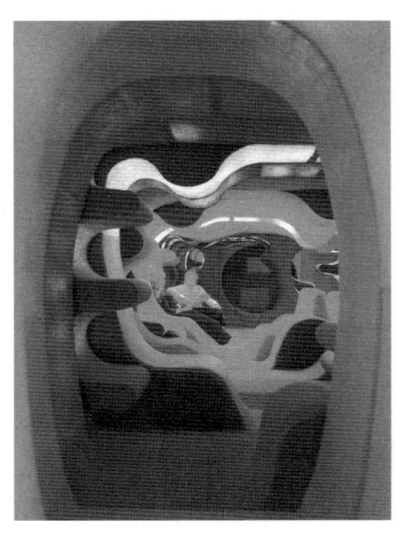

PANTON RAUMDESIGN FÜR DIE AUSSTELLUNG DER BAYER AG »VISIONA«, 1968

Nicht um eine neue Malerei, sondern um eine veränderte Gesellschaft ging es der 1957 gegründeten »Situationistischen Internationale«; dennoch berühren sich die Konzepte untergründig. Zu den Mitbegründern zählte Guy Debord, der in seinem Buch über die »Gesellschaft des Spektakels« seine Ausgangsposition klar umriss: »Alles, was unmittelbar erlebt wurde, hat sich in einer Repräsentation entfernt.«[26] Eine Welt, die sich in dieser Weise »objektiviert hat«, löst Befremden und zugleich den Wunsch nach Gegenstrategien aus. Die Situationisten erkannten, vom Surrealismus angeregt, im »dérive« ein Mittel der Rettung direkter Erfahrung.[27] Bei diesem »Abdriften« handelt es sich um ein planvoll regelwidriges Aneignen städtischer Räume, ein Flanieren auf der Suche nach dem unvorhergesehenen Ereignis, einer konkreten »Situation«, die voraussetzungslos erfahren werden sollte. Hier könnte Neues entstehen, der Alltag mit seinen Logiken des Gewohnten aufgesprengt werden.

Doch letztlich wurde der Urbanismus zu einem Aktivitätsschwerpunkt der Situationisten – die Stadt sollte also nicht mehr nur benutzt, sondern umgestaltet werden. Und hier kommt ein Mann ins Spiel, der Mitbegründer sowohl von »Cobra« wie der »Situationistischen Internationale« gewesen ist, nämlich Constant, bürgerlich Constant A. Nieuwenhuys. Als er »Cobra« 1951 verließ, arbeitete er zunächst als Maler und Bildhauer weiter, bevor sich sein Werk auf die Architektur hin orientierte. Diese Arbeiten mündeten in sein großes Projekt »New Babylon«, an dem er zwischen 1956 und 1974 arbeitete, bevor er sich erneut der Malerei zuwandte. Im Interesse an Improvisation, Experiment und transitorischen Strukturen kann dabei wohl das durchlaufende Leitmotiv seiner Arbeit gesehen werden.

Constant ging es mit New Babylon nicht um Realisation, sondern um ein Konzept und so existiert diese Stadt nur in Modellen und Zeichnungen, zu denen noch zahlreiche schriftliche Äußerungen kommen. Ein Text von 1966[28] legt die grundlegenden Ideen dar: New Babylon ist eine »flexible Umwelt«, eine Architektur, die jede Determination zu vermeiden sucht. Ihr Grundbestandteil sind die so genannten Sektoren, die, in Ketten gereiht, zu einem beliebig erweiterbaren Netz verknüpft werden sollten. Neben den Wohnräumen und anderen permanenten Einrichtungen ist der größere Teil jedes Sektors als »variabler Sozialraum« ausgebildet. Hier gibt es öffentlich zugängliche Apparaturen, die ein ständig wechselndes Ambiente erzeugen sollen, Bühne eines ebenso variationsreichen sozialen Geschehens, von dem sich Constant eine immer neue »Kettenreaktion kreativer Akte« versprach.

Dieser Ansatz steht in einem größeren Kontext, ist auch Gesellschaftskritik. Als Anregung und Hintergrund ist hier insbesondere das Werk des Soziologen Henri Lefèbvre zu nennen, des Lehrers von Debord (und später Baudrillards). Seine »Kritik des Alltagslebens« enthält eine »Theorie der Momente«, die für den situationistischen Spontaneitätsbegriff und ihr Denken überhaupt wichtig wurde. Lefèbvre, der seinerseits Bindungen an die Surrealisten hatte, sah im modernen Urbanismus eine Technik der Aufspaltung und Trennung; er insistierte auf der Stadt als einem Ort möglicher Entdeckungen und freier individueller Entfaltung jenseits der Zwänge der Ökonomie. Sein Interesse am Unvermittelten entstand aus einer umfassenden Kritik am Abstrakten jeder Repräsentation.

Bei Constant heißt das: »Während man in einer utilitaristischen Gesellschaft um jeden Preis nach einer optimalen Orientierung im Raum als Garantie für zeitliche Effizienz und Wirtschaftlichkeit strebt, wird in *New Babylon* der Orientierungslosigkeit der Vorzug gegeben, die Abenteuer, Spiel und Kreativität begünstigt. Der Raum in *New Babylon* hat alle Eigenschaften eines labyrinthischen Raumes, in dem die Fortbewegung nicht mehr den Zwängen einer vorgegebenen räumlichen oder zeitlichen Organisation unterworfen ist.«[29] So stellt er eine Alternative zu den homogenisierten Räumen der Moderne dar.

Erwartbar wäre, dass die Ideen Constants bzw. der Situationisten, so wie viele der sonstigen Ideen der sechziger Jahre, inzwischen historisch geworden oder gar vergessen sind. Doch ist seit dem Ende der neunziger Jahre eine kleine Renaissance zu beobachten, und zwar nicht nur in ästhetischer, sondern auch in gesellschaftspolitischer Hinsicht. Anti-Globalisierungsbewegungen wie »Attac« besinnen sich, so unscharf ihre Vorstellungen im Einzelnen auch sein mögen, wieder auf situationistisches Gedankengut. Die Zahl der Publikationen über die Gruppe nimmt zu, Debord wird neu verlegt. Die *documenta* 2002 zeigte sogar eine Miniatur-Retrospektive Constants, der nun gewiss kein zeitgenössischer Künstler mehr ist, aber offensichtlich seine Anregungskraft nicht verloren hat. Vielleicht ist es so, wie Werner Hofmann aus Anlass der Kasseler Präsentation schrieb, dass seine Wiederentdeckung den »Möglichkeitssinn« der Kunst rehabilitiert,[30] den Sinn für die Option einer anderen Wirklichkeit. Vielleicht aber liegt das Faszinosum der Situationisten auch in ihrer heute so undenkbar gewordenen Radikalität, der konsequenten Ausrichtung auf »unverfremdete, in ihrer Freiheit durch keine institutionelle Ordnung beschnittene Individualität«.[31]

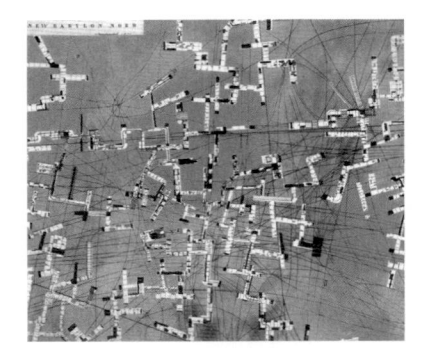

CONSTANT, NEW BABYLON NORD, 1959

Wo die situationistischen Künstler ihre Projekte der Idee von Gesellschaftsveränderung unterordneten, da geht Verner Panton einen grundsätzlich anderen Weg, nämlich den über das Objekt bzw. Ambiente. Allein durch deren Gestaltung soll eine neue, »weiche« Welterfahrung ermöglicht werden – Distanzbrechung durch Design also. Nach einigen Messepräsentationen ist seine erste große nicht ephemere, sondern auf Dauer gestellte Arbeit 1960 die Einrichtung eines Hotelrestaurants im norwegischen Trondheim. Hier werden schon die Charakteristika seines späteren Werks sichtbar, vor allem das *All-over* des Designs. Panton harmonisierte nicht nur die Formen und Farben der gesamten Einrichtung, auch Fußboden, Decke, Wände und sogar noch die Vorhangstoffe waren von einem durchlaufenden Muster überzogen. Hier wirkt nicht das einzelne Objekt, das von einem anderen durch Material, Form oder Farbe unterschieden ist, sondern vor allem das Environment als ganzes. Statt in perspektivisch-separierender Ordnung (wie noch ein Bauhaus-Interieur) erscheint ein solcher Raum im Zustand der Verschmelzung aller Dinge und Dimensionen. Wollte man ein solches Design historisch einordnen, so könnte man am ehesten noch an das totale Interieur des Jugendstils denken.

Zu den bekanntesten Arbeiten Pantons zählen sicher die beiden Raumgestaltungen, die 1968 und 1970 im Auftrag von Bayer in Köln zustande kamen. Der Chemiekonzern wollte die Potenziale von Kunstfasern in einer ästhetisch anregenden Form präsentieren. Nach einem ersten Auftritt auf einem Rheindampfer, dem so genannten »Dralon-Schiff«, hießen die Ausstellungen ab 1969 »Visiona«. Neben Panton kamen hier auch andere wichtige Designer zum Zuge, so Joe

Colombo, der in dieser Zeit an kompletten hoch technisierten Wohneinheiten arbeitete oder Olivier Mourgue, dessen Möbel Stanley Kubrick für die Ausstattung von »2001: A Space Odyssey« verwendete sollte. Pantons Arbeit für Bayer gipfelte in der »Visiona 2« von 1970: hier gab es u.a. den »3-D-Teppich«, einen Teppich mit einer langfaserig-pelzigen Oberfläche, aus dem sich kleine Hügel erhoben, die zum Sitzen, Liegen oder etwas dazwischen einluden. So, wie man sich hier an den Erdboden schmiegte, so hatte man sich bei der Schau von 1968, ebenfalls unter tunlichster Vermeidung konventioneller Sitzmöbel, in den »Hängeschaukeln«, Varianten der »Flying Chairs« von 1963, über ihm befunden.[32] Die »Phantasy Landscape«[33] ist dann vielleicht die Ausstellungseinheit, in der Pantons Raumvorstellung am konsequentesten umgesetzt ist: Dreidimensionale Auswüchse an Wänden, Decke und Boden lassen alle Koordinaten verschwimmen, lassen die Benutzer gleichsam in ein Kontinuum weicher Polster und ebensolchen Farblichtes einsinken.

Was aber geschieht hier? Vielfach wurde auf den Höhlencharakter dieser Wohnlandschaft hingewiesen, oder, den Blick ganz verengend, auf die Affinität »zu einer endoskopischen Aufnahme, denn seine labyrinthische Binnenstruktur erhält der Raum durch Bögen mit darmzottenartigen Ausstülpungen«.[34] Warum jedoch

ARCHIGRAM: INSTANT CITY AIRSHIPS, 1968

sollte man in seinem eigenen Gedärm wohnen wollen? Ein anderes Bedeutungsfeld wird in dem Visiona-Video der Bayer AG erschlossen: hier heißt es, dass ein »psychisches Erleben des Habitats wie in der Kindheit« ermöglicht werde[35] – nach dem Verständnis der Auftraggeber handelt es sich also um ein Angebot lustvoller Regression. Und das führt vielleicht tatsächlich auf einen der Gründe, aus denen die »Phantasy Landscape« 1970 so faszinieren konnte: im Kontext nämlich der gegenkulturellen Abwendung von den Zumutungen des Realitätsprinzips. In diesem Raum gibt es keine harten Grenzen, alle Materialien und Formen sind weich, eine straffe Körperhaltung scheint so ausgeschlossen wie jede Art von Konfrontation. Und genau solche Eigenschaften sind es, bis hin zum »androgynen« Charakter der Formen, die Bazon Brock die Pantonschen Gebilde als »Repräsentation der Zeitverhältnisse« lesen ließ: die »Sitz- und Kuschelmöbel spiegelten genau das ›Flüssigwerden‹ der Verhältnisse«,[36] von dem man damals träumte.

Die Implikationen der Formensprache Pantons lassen sich vielleicht noch auf einem anderen Weg erschließen: durch einen Vergleich nämlich mit den gleichzeitig entstandenen Skulpturen Claes Oldenburgs. Mit seinem Konzept der »Soft Sculpture« ist die Verwandlung technischer und anderer Gegenstände des Alltags in schlaffe, aufgeweichte Gebilde gemeint. Solches »Softening« ist lesbar als Ironisierung der prätentiösen Bedeutsamkeit der Dingwelt in einer elaborierten Konsumgesellschaft, ein Spiel mit ihrer Angleichung an Körperformen. Dahinter mag der utopische Gedanke stehen, »ein Ende des Schismas zwischen Mensch und Ding«[37] herbeizuführen. Neben dem *Softening* arbeitete Oldenburg auch mit dem Mittel monströser Vergrößerung trivialer Dinge. Als Meisterdenker der Gegenkultur sah Herbert Marcuse darin sogar eine Strategie politischer Subversion: »Kann man sich wirklich die Situation vorstellen, in der am Ende der Park Avenue ein riesiges Eis am Stiel und mitten auf dem Times Square eine riesige Banane plaziert wäre, dann [...] könnten die Menschen nichts mehr ernst nehmen: weder ihren Präsidenten noch die Regierung, noch die Industriemanager«.[38] Verglichen aber mit dieser vieldeutigen Werkstrategie aus *Softening* und Vergrößerung verbleiben Pantons Aufweichungen doch eher im Raum therapeutischer Bemühungen.

Wenn man die Konzepte von Constant und der Situationisten als im weiteren Sinne politisch verstehen will und Pantons Werk als Ausdruck einer eher privaten Utopie, so sind die Ideen von Archigram aus dem Geist der frühen Pop-Kultur geboren. Auch hier geht es um die Flexibilisierung von Lebensverhältnissen, um Distanzbrechung insofern, als neue Kommunikationen ermöglicht werden sollen. Neben den auf Mobilität bezogenen Konzepten wie der berühmten »Walking City« von 1964 lässt sich ein zunehmendes Interesse an den architektonischen Möglichkeiten beobachten, die aus den Potenzialen der Medientechnik resultieren. So zielt das Projekt der »Instant City«[39] wesentlich auf die Implantation einer komplexen Medienmaschinerie in bestehende Städte – als Mittel der Erzeugung urbaner Dynamik. Audiovisuelle Ausstellungssysteme, Scheinwerferbatterien und Fernsehprojektionsgeräte, alles am besten angeliefert durch ein Transportluftschiff und natürlich elektrisch betrieben, verwandeln, so der Wunsch, noch entlegenste Provinzstädte in Orte von hoher kommunikativer Dichte.

Die Medientechnik erlaubt eine beliebige Manipulation des Umfeldes, die in fest gefügten konventionellen Häusern oder Stadträumen unmöglich wäre. Gestützt auf diese Technologien aber gilt: »Sie drehen nur noch am Schalter, und ihre Umgebung verwandelt sich in den Zustand, der ihnen jetzt, gerade jetzt, angenehm und notwendig erscheint. Das ›Haus‹ ist nur noch Gerippe, vielleicht sogar weniger.«[40] Die Atmosphären, die hier erzeugt werden, sollen enthierarchisieren, Lebensformen verflüssigen. Dahinter steht die explizite Utopie beständiger Metamorphose; ihr Ansatz bedeutet, heißt es im Leitartikel von Archigram 8, dass »fast alle Projekte, an denen wir arbeiten, uneindeutig, uneingrenzbar werden in der Zielsetzung ebenso wie in den Mitteln«.[41] Doch diese hochgemute Programmatik wird schnell geerdet. Im Zentrum der Bildproduktion von Archigram steht die instantane Verfügbarkeit von Musik, Film und allen Möglichkeiten der Massenkultur – ein Emanzipationsmodell also, das sich ganz dem Zeitgenössischen verpflichtet.

III. DAS ELEKTRONISCHE NETZ.
MARSHALL MCLUHAN UND LEWIS MUMFORD

Mitte der neunziger Jahre, zu einem Zeitpunkt also, als mit der digitalen Revolution Marshall McLuhans Bücher erneut aktuell wurden, begann man sich auch für seine Hintergrundannahmen zu interessieren. Die Zeitschrift »Wired« beispielsweise titelte: »The Wisdom of Saint Marshall, the Holy Fool« und erinnerte an seinen oft verdrängten christlich-konservativen Ausgangspunkt.[42] McLuhan begann in den dreißiger Jahren zu publizieren; die ersten Aufsätze lassen die katholische Grundierung seines Denkens deutlich erkennen. Hier beschwört er die Einheit von Mensch und Welt im christlichen Ordo des Mittelalters. Diese Ganzheitlichkeit aber wurde schon im 12. Jahrhundert erschüttert, als Abelard die dialektische Methode wiederbelebte. McLuhan sieht darin eine der Quellen jenes rein rationalistischen Denkens, das dann über Renaissance und Reformation zum Calvinismus der Neuenglandstaaten und insgesamt zum wissenschaftlichen Industrialismus führte – »Harvard (erklärte) die *Technologie* zum wahren Nachfolger der Metaphysik«.[43] Gegen den verstädterten Industriekapitalismus spielt er dann die Dorfgemeinschaft und agrarsozialistische Genossenschaftsideen aus; gegen den industrialisierten amerikanischen Norden ein romantisiertes Bild des aristokratischen Südens.[44] Ein Referenzautor des McLuhan der dreißiger und vierziger Jahre ist Gilbert Keith Chesterton mit seinen regressiven vorindustriellen Idyllen[45]; ebenso ließen sich Parallelen zum Gedankengut der Präraffaeliten zeigen. Als reizvoll könnte sich ein Vergleich mit dem Ordo-Denken Hans Sedlmayrs erweisen; in seiner rhapsodischen Manier beschreibt auch der frühe McLuhan einen »Verlust der Mitte«.

Erst in den sechziger Jahren fand er sein eigentliches Aktionsfeld; in schneller Folge publizierte er 1962 »The Gutenberg Galaxy«, 1964 »Understanding Media« und zusammen mit Quentin Fiore 1967 »The Medium is the Massage«, das in gewisser Hinsicht als illustrierte Version der beiden vorangegangenen Bücher und auch als deren Zusammenfassung gelten kann. Stets geht es um den Zusammenhang der Form der Kommunikation mit der Verfasstheit der jeweiligen Zivilisation. Dabei scheint McLuhan, und das machte ihn im Kontext der sechziger Jahre auch für die Gegenkultur attraktiv, mit den elektronischen Medien die Begrenzungen neuzeitlicher Rationalität überwunden und ein neues Goldenes Zeitalter heraufziehen zu sehen. Seine Bücher mögen im Einzelnen wirr, widersprüchlich, voller gewagter Vergleiche und Behauptungen sein, aber sie umkreisen ein Problem, das interessant ist, und sie entwickeln eine These, die keineswegs unangreifbar ist, die aber gleichwohl auch im Zeitalter avancierter Informationstechnologien zur Diskussion ihrer Auswirkungen noch beitragen kann.

Seine Grundopposition ist von größter Einfachheit: es geht um den Gegensatz einer schriftlichen und einer mündlichen Kultur bzw. um den von Auge und

Ohr. Die Schrift, so eine der Kernthesen, führt zu einer abstrakten und einseitigen Weltwahrnehmung. Besonders durch das phonetisch geschriebene Wort sei eine visuelle Welt der Lektüre von der des Auditiven abgeschieden worden. Dabei würde eine Vielzahl »von Bedeutungs- und Wahrnehmungsinhalten« geopfert und ein rascher und brutaler Übergang »von der magischen, diskontinuierlichen und traditionsgebundenen Welt des Wortes in der Stammesgemeinschaft zum leidenschaftslosen und gleichförmigen visuellen Medium« vollzogen.[46] Die Dominanz des Gehörten durch die des Geschriebenen zu ersetzen, ist ein Vorgang der Objektivierung. McLuhan sieht durchaus, dass es sich dabei um einen Befreiungsprozess handelt, der mit zur Schaffung des »zivilisierten Menschen« geführt habe. Insoweit laufen auch seine Beobachtungen, selbst wenn sie weder historisch noch theoretisch genauer begründet sind, auf die Notwendigkeit symbolischer Formen hinaus. Doch für ihn ergeben sich daraus unerfreuliche Weiterungen: Der Einzelmensch lebt fortan für sich und mit verkümmerten Sinnen in einer von allen magischen Korrespondenzen gereinigten, abstrakt-homogenen Ordnung von Raum und Zeit; in dieser Welt ist jede ganzheitliche Sinneserfahrung zersplittert.

Über ihren Aperçucharakter hinaus ergeben all diese Beobachtungen nur einen Sinn im Kontext seiner Medientheorie. Vielfach und in immer neuen Variationen betont er, dass die Elektrizität Räume und Zeiten synthetisiert; wir lebten jetzt »in einer brandneuen Welt der Gleichzeitigkeit«, oder anders und mit McLuhans berühmt gewordener Formel gesagt, in einem »globalen Dorf«. Im Zusammenhang seiner Sicht auf die Qualitäten der Oralität ist die *conclusio* besonders wichtig: »Wir leben wieder im Hörraum.«[47] Das Radio entspricht der Stammestrommel,[48] das Fernsehen ermöglicht den Verzicht auf lineare Erzählformen, die der Welt des Buchdrucks angehören; gerade wenn jeder »Handlungsfaden aufgegeben« ist, komme es zu sich selbst, erreiche jene Simultaneität, die – wie die frei fließende Kommunikation im Dorf – keiner festen, nacheinander eingenommenen Standpunkte mehr bedarf.[49] Nur so entstehe eine Korrelation zur Vielfalt des Denkens selbst.[50] Indem der Zuschauer potenziell an Allem, was irgendwo geschieht, simultan teilnimmt und es mit Auge und Ohr zugleich rezipiert, steht er, so der oft wiederholte Leitgedanke, unmittelbar in der Welt, die nun, ohne jeden Distanzierungsmechanismus, wieder »mythisch und ganzheitlich« erfahrbar werde, als »Gesamtfeld allumfassenden Bewusstseins«.[51]

Zu McLuhans Lebzeiten wurde sein Denken von niemandem schärfer kritisiert als von Lewis Mumford, der als Architektur- und Stadthistoriker die Geschichte der Moderne seit den zwanziger Jahren kritisch begleitet hatte. Am Ende der sechziger Jahre erschien als sein letztes Werk »The Myth of the Machine«, ein gewaltiges kulturgeschichtliches Panorama, das in einer Kritik der seinerzeit sich abzeichnenden Entstehung einer neuen Form der »Megamaschine« gipfelt, eines integralen großtechnischen Systems, das sich alle menschlichen und gesellschaftlichen Energien inkorporiert hat. Und in diesem Zusammenhang kommt er auch auf McLuhan zu sprechen: »In ihrer Revolte gegen totalitäre Organisation und Versklavung sucht die Generation, die heute für McLuhans Doktrinen empfänglich ist, nach totaler *Befreiung* von Organisation, Kontinuität und Zweck jeder Art [...] Ironischerweise würde eine derartige Rückkehr zur Ziellosigkeit, der Wahrscheinlichkeitstheorie zufolge, den statischsten und vorhersagbarsten aller möglichen Zustände mit sich bringen: den der unorganisierten *Materie*.«[52]

Diese Kritik ist vielleicht auch deswegen so scharf, weil McLuhan grundsätzlich ein Bundesgenosse Mumfords sein könnte, denn auch er sucht ja auf seine Weise nach einer Befreiung von den Fesseln der Megamaschine. Nur ereicht er in Mumfords Augen letztlich das genaue Gegenteil; in dem, was McLuhan propagiert, sieht er faktisch eine freiwillige Aufgabe emanzipativer Möglichkeiten, und dies in Kombination mit vermessener Selbsttäuschung. Denn ein Mensch, der nach McLuhans Vorstellungen sich von der Schriftkultur abwendet und in den audiovisuellen Kosmos des Angebots elektronischer Medien eintaucht, ist ganz in die Gegenwart eingesperrt und damit von Vergangenheit und Zukunft abgeschnitten; statt in den Strukturen der Zivilisation lebt er in »elektronischer Entropie«, distanzlos der Unmittelbarkeit des Augenblicks ausgeliefert und so beliebig manipulierbar.[53]

McLuhans elektronischen Kosmos vergleicht Mumford mit der »Noosphäre« Teilhard de Chardins, einer Art techno-organischem Weltgehirn, bei dessen Erzeugung die menschliche Persönlichkeit in ihrer jeweiligen Eigenheit ebenfalls ausgelöscht werde. Auch wenn dieser Bezug auf den ersten Blick verblüffen mag, so findet sich doch bei McLuhan selber ein Hinweis auf die Affinität seiner Annahmen zu denen des Jesuitenpaters.[54] In Mumfords Augen geht es in beiden Fällen um einen Prozess der Totalisierung, der sich antitotalitär darstellt. Um den Preis der Selbstaufgabe soll eine neue Ganzheit erfahren werden. Dies könnte man als eine regressive Form der Opposition gegen die Härte des bestehenden Zivilisationssystems beschreiben. Die mögliche Instrumentalisierung einer solchen Haltung für andere als die intendierten Zwecke skizziert Thomas Pynchon in seinem Roman »Vineland«, einem elegischen Abgesang auf die Gegenkultur. Als ein zynischer Staatsanwalt Spitzel in die Bewegung einschleusen will, die das »Establishment« attackiert, gelingt ihm dies nur, weil er einen Hebel gefunden hat, sie seinem Machtkalkül dienstbar zu machen: »Brock Vonds Genie bestand darin, dass er die Aktivitäten der Linken in den sechziger Jahren nicht als Bedrohung der Ordnung, sondern als ungestillte Sehnsucht nach ihr erkannte.«[55] Diese Ordnung steht im Zeichen allumfassender Geborgenheit, der weitergehende Ansprüche auf Individuation geopfert werden.

ANMERKUNGEN

[1] Herbert Marcuse: *Triebstruktur und Gesellschaft*, Frankfurt/M. 1977, S. 10f. (Im Folgenden T+G).

[2] Ebd., S. 19-21.

[3] Ebd., S. 29-32, 45.

[4] Ernst Schachtel, zit. n. T+G, S. 43f.

[5] Ebd., S. 121-123, vgl. Herbert Marcuse: *Über den affirmativen Charakter der Kultur* (1937), in: *Kultur und Gesellschaft 1,* Frankfurt 1965, bes. S. 67f.

[6] T+G, S. 148f, 24f, 229.

[7] Ebd., S. 160.

[8] Ebd., S. 195f.

[9] Norman O. Brown: *Zukunft im Zeichen des Eros*, Pfullingen 1962, S. 170f.

[10] Vgl. z. Folgenden: John Passmore: *Der vollkommene Mensch,* Stuttgart 1975, S. 312ff.

[11] Arnold Gehlen: *Die Seele im technischen Zeitalter,* Hamburg 1957, S. 39, 24, 33ff.

[12] Vgl. ebd., S. 39ff.

[13] Arnold Gehlen: *Anthropologische Forschung,* Reinbek 1961, S. 69.

[14] Ebd., S. 72.

[15] Gehlen, *Seele*, a.a.O., S.116.

[16] Arnold Gehlen: *Zeit-Bilder,* Frankfurt/M. 1960, S. 102ff.

[17] Ebd., S. 135.

[18] Ebd., S. 140.

[19] Ebd., S. 149, 59, 162f.

[20] Ebd., S. 165.

[21] Karl-Siegbert Rehberg: *»Denkende Malerei« und konstruktivistische Moderne* in: Gerda Breuer (Hg.): *Die Zähmung der Avantgarde,* Basel/Frankfurt 1997, S. 77.

[22] Theodor W. Adorno und Arnold Gehlen: *Ist die Soziologie eine Wissenschaft vom Menschen? Ein Streitgespräch* (ursprünglich für den Rundfunk aufgenommen), gedruckt im Anhang von: Friedemann Grenz: *Adornos Philosophie in Grundbegriffen,* Frankfurt 1974, S. 225ff., hier 242ff.

[23] Werner Haftmann: *Malerei im 20. Jahrhundert,* Bd. 1, München 1976, S. 476ff.

[24] Barnett Newman: *The Sublime is Now* (1948), wieder in: *Selected Writings and Interviews,* New York 1990.

[25] Haftmann, *Malerei,* S. 488.

[26] Guy Debord: *Die Gesellschaft des Spektakels* (1967), Düsseldorf 1974, Nr. 1, 5.

[27] Josef Hanimann: *Individuelle Lichtschalter im Straßenlicht,* in: *Frankfurter Allgemeine Zeitung,* Tiefdruckbeilage, 15.12.2001, S. III; Abb. eines situationistischen Stadtplans: Daidalos 67, S. 74.

[28] Constant: *Die Sektorenstadt,* in: *Nilpferd des höllischen Urwalds – Situationisten, Gruppe Spur, Kommune I.* W. Dreßen, D. Kunzelmann, E. Siepmann (Hg), Gießen 1991, S. 85.

[29] Constant: *New Babylon,* Paris 1957, hier in Xavier Costa, *Le grand jeu à venir: Situationistischer Städtebau,* in: *Daidalos* 67, S. 79.

[30] Werner Hofmann: *Vom Möglichkeitssinn,* in: *Frankfurter Allgemeine Sonntagszeitung,* 9.6.2002, S. 24.

[31] Joseph Hanimann in: *Kippschalter,* a.a.O.

³² Kat. Verner Panton, *Das Gesamtwerk*, A. v. Vegesack u. M. Remmele (Hg), Weil am Rhein 2000, S. 51f, 170ff, 46.

³³ Ebd., S. 176ff.

³⁴ Susanne Holschbach: *Wohnen im Reich der Zeichen*, in: *Kunstforum International*, Bd. 130, Juli 1995, S. 164, vgl. Kat. Panton, S. 176.

³⁵ Anne Schmedding: *Schönes Neues Wohnen*, in: *Daidalos 68*, S. 128.

³⁶ Bazon Brock: *Visuelle Introspektion*, in: Kat. *Panton*, a.a.O., S. 204, 208.

³⁷ Manfred Schneckenburger: *Skulpturen und Objekte* in: K. Ruhrberg u. A., *Kunst des 20. Jahrhunderts*, Köln 2000, S. 515.

³⁸ In: Kirk Varnedoe/Adam Gopnik: *High & Low*, München 1990, S. 340.

³⁹ *Archigram* (Hg.) Peter Cook, Basel/Boston/Berlin 1991, S. 86ff.

⁴⁰ Ebd., S. 68.

⁴¹ Ebd., S. 74, vgl. 76, 78.

⁴² *Wired*, January 1996, S. 122ff.

⁴³ Marshall McLuhan: *The Southern Quality*, in: *Sewanee Review 1* (1947), S. 367; vgl. dazu: Jonathan Miller: *Marshall McLuhan*, München 1972, S. 44f.

⁴⁴ Miller, S. 20ff, 34ff.

⁴⁵ Ebd., S. 28ff.

⁴⁶ Ebd., S. 132-136, hier 132.

⁴⁷ Ebd., S. 63, vgl. S. 8f., 16.

⁴⁸ Marshall McLuhan: *Die magischen Kanäle*, Dresden/Basel 1995, S. 450.

⁴⁹ Marhall McLuhan/Quentin Fiore: *Das Medium ist Massage*, Frankfurt/Berlin/Wien 1969, S.126; McLuhan: *Magische Kanäle*, a.a.O., S. 515. Vgl. McLuhan zum Fernsehen allgemein: *Magische Kanäle*, S. 504f., *Massage*, S. 125.

⁵⁰ S. Miller, McLuhan, a.a.O., S. 11, vgl. S. 90-93.

⁵¹ McLuhan, *Massage*, a.a.O., S. 9, vgl. 114; McLuhan: *Magische Kanäle*, a.a.O., S. 164, vgl. 16.

⁵² Lewis Mumford: *Mythos der Maschine*, Frankfurt 1977, S. 671.

⁵³ Ebd., S. 671f.

⁵⁴ McLuhan: *Magische Kanäle*, a.a.O., S. 375., Mumford: *Mythos der Maschine*, a.a.O., S. 694ff.

⁵⁵ Thomas Pynchon: *Vineland* (1990), Reinbek 1995, S. 336.

III.

IMAGINÄRE RÄUME

HELMUT MÜLLER-SIEVERS

DER AMBULANTE RAUM
GEORG BÜCHNERS LENZ
UND DIE UTOPIE DES LITERARISCHEN

»Müdigkeit spürte er keine, nur war es ihm manchmal unangenehm, dass er nicht auf dem Kopf gehen konnte.« Mit diesem Satz, dem siebten aus Georg Büchners Lenz, beginnt eine neue Weise des Erzählens, in der die Orientierung an den Polen Oben und Unten, Außen und Innen, Vorher und Nachher, Gut und Schlecht, Wahr und Falsch ausgesetzt wird. Diese Aussetzung, die zu Büchners einzigartiger Erbschaft an die literarische Moderne gehört, vollzieht sich in einer eigentümlichen Verzerrung und Selbstbewegung des erzählten Raumes. Die Landschaft, durch die der Dichter Lenz irrt, bewegt sich mit diesem, wird ambulant, deformiert, amorph. Damit und dadurch wird auch das, was bislang in der Literatur als utopische Funktion gelten konnte, zugleich zerstört und neu eingesetzt.

Das Motiv des Auf-dem-Kopf-Gehens hat eine lange Vorgeschichte, in der sich geografische und utopiegeschichtliche Motive überkreuzen. Da ist zunächst die populäre Vorstellung von den Kopffüßlern, die auf der gegenüberliegenden Seite der Erde wohnen, auch Gegenfüßler oder Antipoden genannt. Deren Alterität ist nicht auf ihre Fortbewegungsweise beschränkt – in den (oft fiktiven) Reiseberichten, die der systematischen Kartographierung und Kolonialisierung dieser Gegenwelt vorausgingen, waren auch die Institutionen und Sitten auf den Kopf gestellt. Vor allem politische Verhältnisse und sexuelle *mores* konnten so von ihrer Gegenseite her beleuchtet werden, entweder in satirischer oder aber in utopischer Absicht. Defoe und Swift, Saint-Simon und Fourier gehören zu den großen Utopisten, die mit dieser Umkehrungsfigur arbeiteten. Noch Karl Marx' oft zitiertes Vorhaben, Hegel vom Kopf auf die Füße stellen zu wollen, zehrt vom emanzipatorischen und moralischen Pathos der verkehrten Welt als (Gegen-)Utopie.

Eben diese Möglichkeit, räumliche und moralische Verkehrung – gewissermaßen als wörtliche Trope oder Wendung – aufeinander abzubilden, setzt Büchners Satz und die Erzählung, die er einleitet, aus. Es ist Lenz »manchmal« »unangenehm«, nicht immer ein Begehren, ganz anders sich zu bewegen, es wird im Verlauf der Wanderung und Erzählung die Achse nicht angesprochen, um die sich Lenz' Welt drehen müsste, damit sie verkehrt und ganz anders wäre. Wie selbstverständlich spielt Büchner mit der Gleichung von Verkehrtheit und Verrücktheit, doch ist sein Satz weder Ankündigung noch auch Beschreibung geistigen Verrücktseins, sondern gerade wegen der Beiläufigkeit des »manchmal« und der Unverbindlichkeit des »unangenehm« selbst verrückt und irre. Dieses Irren verrückt die ganze Erzählung und befällt jeden weiteren Satz mit der Möglichkeit, verkehrt, schwankend, ohne festen Grund und ohne eindeutige Richtung zu sein. »Oder er stand still und legte das Haupt in's Moos und schloss die Augen halb, und dann zog es weit von ihm, die Erde wich unter ihm, sie wurde klein wie ein wandelnder Stern und tauchte sich in einen brausenden Strom, der seine klare Flut unter ihm zog« – einer der vielen irrenden Sätze der Erzählung, in denen die Stauchung der Raumdimensionen Gegenstand der Aussage ist und die Desorientierung des Lesens eine Folge ihrer Form. Ist dies eine äußere Beschreibung des Wahnsinns oder sein innerer Monolog? Was zieht weit von ihm? Wem weicht die Erde? Sind wandelnde Sterne klein? Zieht eine Flut?

Diese Durchdringung der Form mit Schwindel und Irre ist das Ereignis des Büchnerschen Textes, nicht der Mut und die Genauigkeit der Darstellung oder das Erbarmen mit dem Helden. Wie der natürliche Raum gestaucht und verzerrt wird, so auch die Rede über ihn. Dieses Ereignis reiht sich ein in die Auflösung der Rhetorik als Leitwissenschaft der literarischen und öffentlichen Rede um 1800. Das Lehrgebäude der Rhetorik mit seinen vielen Etagen, Fluren, Räumen, Schränken und Schubladen war ein Raum, dessen Kartographie den Produzenten und Konsumenten von Texten gleichermaßen vertraut war. In ihm, innerhalb seines symmetrischen Gefüges, konnte die Verkehrung als Figur, etwa als Ironie, als Inversion, als Adynaton aufgefunden, erkannt und im Lesen wieder umgedreht werden. Die literarischen Utopien vor Büchner hatten sich in diesem Gebäude eingerichtet; als Negation, als Über- oder Untertreibung blieben sie mit ihm verbunden und haben es nie verlassen. Die utopischen Räume – die Südseeinseln und orientalischen Städte, die Gärten und Bergdörfer, die Sterne und Urwaldlichtungen – finden sich zwar nicht hier, sind aber als Räume wie der Raum, aus dem sie beschrieben und erfahren werden. Ihre Andersheit ist auf innerräumliche Parameter bezogen (groß, klein), die Institutionen und Sitten hingegen sind meist das Gegenteil. Auch das Verhalten der Menschen in dieser Utopie ist einfach anders

– sie sind freigiebig und freizügig oder aber geizig und keusch, klug oder aber besonders dumm.

Dass diese Verkehrungen oft spiegelsymmetrisch angelegt sind, steht im Einklang mit ihrer moralisch-belehrenden Funktion, wird doch die Utopie dem Zeitalter als Spiegel vorgehalten wie einst die Fürstenspiegel den Monarchen zu ihrer Belehrung und Mäßigung. In der implizit tropologischen Funktion der Utopie kulminiert ein Verständnis der Literatur und ihrer Lektüre, demnach literarische Texte etwas darstellen, das in raum-zeitliche Koordinaten verortet werden kann und dessen Erzählung einem wie auch immer gearteten moralischen Interesse zugute kommt. So ist, um aus naheliegenden Gründen auf die Utopie im Kopf – den Wahnsinn – zu kommen, der Verrückte oft in einer Zauberwelt befangen, die von den Leiden der Gegenwart nichts weiß, oder umgekehrt in einer Hölle des Leids, aus der er nur durch einen ungeheuren Schock befreit werden kann. Noch sind die Wahnsinnsdarstellungen der Romantik, der Antithetik verpflichtet – der Wahnsinn hat meist einen narrativ eingeholten Ursprung, oft erfährt er Heilung durch Wiederholung dieser Urszene oder durch ein genaues Gegenmittel.

Diese Erinnerungen an die Geschichte und Struktur der literarischen Utopie sind wichtig, um die Erschütterung, die von Büchners Text ausgeht, ganz zu erfassen. Denn gemeinhin verbleibt seine Lektüre in der phänomenalen und tropologischen Lesart befangen, geht also davon aus, dass in der Novelle ein umrissener, gar historischer Charakter durch eine feststehende Landschaft wankt und dass weiterhin die Darstellung seines Wankens entweder der Erweckung von Mitleid mit dem Kranken oder der Anklage der gesellschaftlichen Verhältnisse dient, die ihrerseits so verkehrt sind, dass dem Individuum nicht als die Flucht in den Wahnsinn und die Verrücktheit bleibt. Bei aller Sympathie für diese »warmen« Lektüren muss man bedenken, dass solch realistische Lesepraktiken über Jahrtausende vornehmlich von der christlichen Exegese verlangt und eingeübt worden sind. Diese legt bekanntlich größten Wert auf die raumzeitliche Individualität ihres Protagonisten und hat ihr eigenes utopisches Programm, das eben dieser Protagonist in die Tat umsetzen soll. Das Paradies ist vom Himmelreich als seiner Wiedereinsetzung durch das Irren der Menschen in der Geschichte getrennt, vom Wandern und Schwanken durch das Steintal der Tränen, aus dem erst der Herr der Zeit einen Ausweg zeigt. Die realistische Lektüre des *Lenz* bedient sich dieses Schemas noch in ihrer sozialistischsten und schizo-analytischsten Version.

Zu den desorientierenden Taktiken Büchners gehört nicht nur der Durchbruch durch das Gehäuse der Rhetorik und ihrem Zwang, die Utopie als Umkehrung aufzufassen, sondern auch die räumliche Dissipation der Sprache durch das Zitat. Bekanntlich sind erhebliche Teile der Erzählung wortwörtliche Übernahmen aus dem Tagebuch des Pfarrers Oberlin, der auch in der Erzählung vorkommt. Wo allerdings die Grenzen zwischen eigener und fremder, zwischen

Büchners und Oberlins Rede verlaufen, kann auch die scharfsichtigste Philologie nicht mehr ausmachen. Dieses Verfahren der unmarkierten Zitation ist mehr als ungewöhnlich in den dreißiger Jahren des 19. Jahrhunderts – Goethe war immerhin erst wenige Jahre tot und seine Doktrin der umfassenden und selbstbewussten Autorschaft noch ganz unangefochten. Die akademische Hermeneutik, die – aus der protestantischen Bibelexegese kommend – sich zur Auslegekunst nationalliterarischer Texte ausgebildet hatte, musste ratlos vor Büchners hybridem Text stehen. Denn wo Dokument und Fiktion, Zitat und Metapher ineinanderwuchern, kann nichts mehr ausgelegt, erklärt, auf eine Intention oder eine Wirklichkeit hin ausgerichtet werden. Im Zitat ist die Sprache so verräumlicht und veräußerlicht, dass die Suche nach ihrem inneren Sinn vergeblich bleiben muss.

Mit der Verwirrung des »manchmal«, des »unangenehm«(und ihrer vielen Abkömmlinge) auf der Ebene der rhetorischen Figuren, sowie mit der Verwucherung von Erfindung und Zitat auf der Ebene der rhetorischen Disposition und Invention isoliert Büchner seine Erzählung gegen die Interpretation. Seine Verrückung der Verkehrung widersteht jeder Lektüre, die wenigstens eine negative Utopie im Wandern und Schwanken des irren Lenz sehen will. Wozu soll ein Text gut sein, der sich selbst immer wieder selbst verwirrt und der keine Aussicht, keine Hoffnung lässt auf Verstehen und Anwendung? Gerade dass er zu nichts gut sein kann, ist der erste Schritt, den *Lenz* auf eine andere Utopie zu macht. Aller repräsentierenden Funktionen, die von einem vorherbestehende Raum abhingen, ledig, unbekümmert um die Spannung zwischen Topos und Utopie, entlässt er sich in die Möglichkeit, selbstbezüglich Literatur und nichts als unverortbare und unverwertbare Literatur zu sein. Nicht mehr Buch oder Bibel, vielmehr Flugschrift oder unabschließbarer Versuch, andere Sprache für eine andere Auslegung – mit *Lenz* fängt die Literatur an, utopisch nicht im landläufigen, sondern im strengsten Sinne des Wortes zu werden und so zu sich selbst zu gelangen.

Nach der großen Dürre des so genanten Realismus sind Büchner in dieser Strategie des mitwandernden und somit utopischen Raumes einige der wichtigsten Exponenten der Moderne gefolgt. Ihre Raumstauchungen haben die Funktion, die Texte gegen den Zugriff der utopiefixierten Lektüre zu sichern. Man denke hier vor allem an Franz Kafka, der die hypertopographierten Orte und Gebäude in seinen Romanen immer wieder von den gestauchten und mitwandernden Räumen seiner Figuren absetzt; oder an Robert Walser, in dem dieser ambulante Raum nicht mehr im Gegensatz zu einem festen Zentrum der Macht steht, sondern fröhlich und haltlos durchspaziert wird; an Thomas Pynchon, der der Paranoia der geschlossenen Räume die Dissipation der Figuren entgegensetzt, an Thomas Bernhard, bei dem Diskurs und Durchlaufen endlich eins werden. Für sie alle war Georg Büchner das Vorbild.

HARTMUT BÖHME

VON DER VERNETZUNG ZUR VIRTUALISIERUNG DER STÄDTE: ENDE DER PHILOSOPHIE – BEGINN DES NEUEN JERUSALEM?

Im vierten der »Zehn Bücher über die Baukunst« von Leon Battista Alberti (1404-1472) findet sich der Satz: »Das Ideal einer Stadt und ihre Aufgabe nach Meinung der Philosophen können wir darin erblicken, dass hier die Einwohner ein friedliches, möglichst sorgenloses und von Beunruhigung freies Leben führen.« – Man erkennt darin die Formel einer mehr als zweitausendjährigen Geschichte, in der die Philosophie und die Stadt sich parallel zueinander entwickelten. Das Denken war städtisch. Selbst die zynischen Kontrapunkte des kunstvoll barbarischen Diogenes waren Attitüden, die ohne die Polis undenkbar waren. Und die Stadt, so verunreinigt sie vom Bodensatz des Realen erscheinen mochte, war oder sollte sein die Verkörperung des Denkens. Stadtbau und Ideenlehre sind zwei Seiten derselben Medaille. Die Ideen sollten, nach dem Willen Platons, sich in Politik übersetzen und diese sich im utopischen Staat materialisieren, mit der Stadt als Zentrum von Herrschaft, Ordnung und Sozietät.

Indessen, die Geschichte dieser Verschwisterung des in Lettern geschriebenen mit dem in Stein gebauten Diskurs ist in ihr letztes Stadium getreten. Die heute zu beobachtende Dissoziation des Denkens ist eine hilflose Verdoppelung der Anomie, vielleicht gar der Agonie der Städte, die den äußersten, schon unfasslichen Punkt ihrer Denkbarkeit in den steuerungslosen Megalopolen der dritten und vierten Welt erreicht haben. In den distinktionslosen, überbordenden, also grenzenlos werdenden Riesenstädten ist das Denken zum abgewiesenen Asylbewerber geworden – wenn es sich nicht in die rührungslose Kühle der künstlichen Intelligenz zurückgezogen hat. Zwischen diesen Polen einer neostoischen KI-Apathie und eines erzwungenen nomadischen Zynismus hat sich die Architektur der europäischen Philosophie aufgelöst. Nicht von innen her –; vielmehr wahrt die Philosophie, noch in ihrem Ende, die Treue zur Stadt, indem sie an deren Schicksal ihr eigenes knüpft.

Alberti konnte in seinem Diktum auf einen Konsens vertrauen, der seit der politischen Philosophie Platons und Aristoteles' das städtische Denken ebenso wie die Architektur-Theorien, etwa des römischen Klassikers Vitruv, getragen hatte. Dieses antike Erbe konnte sich der christliche Dualismus einverleiben, der nicht nur metaphysisch, sondern auch architektural im Bann der beiden Stadtarchetypen stand: dem stadtfeindlichen Typus der Hure Babylon und dem stadtutopischen Typus des himmlischen Jerusalem. Bei Alberti ist ununterscheidbar, ob er platonisch im Sinne der kommunitären Idealität der Polis oder christlich im Bild des neuen Paradieses denkt, das anders als in Form der idealen Stadt (nicht einer ursprünglicher Natur) unvorstellbar war. Zwar gibt es in unserer Kultur zwei Formen von Utopien: die rurale, nämlich der Garten Eden, verweist jedoch durchweg nach rückwärts auf einen imaginären Ursprung; während die urbane Utopie, in Gestalt des Himmlischen Jerusalem, ein Eschaton ist; es absorbiert die Hoffnungen und Sehnsüchte des Futurs. Vom Standpunkt des Cyberspace aus haben die Städte jedoch den Status des Futurs II: wir werden gewesen sein.

Im 19. Jahrhundert wurden die Städte, trotz der Professionalisierung und Verwissenschaftlichung des Städtebaus, nicht mehr vom Kopf aus gedacht (wofür die Aufsichten der idealen Stadt das ikonische Pendant bildeten). Sondern sie wurden von unten her aufgerollt: Die Industrialisierung bildete die Basis einer Stadtentwicklung, die nicht mehr von einem Gesamtwillen integriert wurde, sondern rhizomartig wuchernd sich ins Land fraß. Die Großstadt-Literatur des vorigen Jahrhunderts findet hier ihr Faszinosum und Tremendum. Die traditionale Gesellschaft wurde dabei ebenso planiert wie die entwurzelte Landbevölkerung von der Stadtluft angesogen wurde, die einem Ondit zufolge frei machen soll. Dieser Prozess scheint unaufhaltsam. In Kürze wird mehr als die Hälfte der Weltbevölkerung in großen Städten leben oder vegetieren. Im Flächenstaat USA leben, so das Ergebnis des Census von 1990, heute bereits mehr als fünfzig Prozent der Bevölkerung in Städten über eine Million. Der biophysisch wie sensorisch für ein Kleinhordendasein in weiten Savannen geprägte Mensch ist dafür nicht eben optimal geeignet. Das biologische Gedächtnis, das in der Körperstruktur des Menschen sedimentiert ist, veraltet mit dieser. Die frühe Metapher vom Großstadt-*Dschungel* ist wie ein unbewusster Reflex darauf, dass die psycho- und sensomotorische Ausstattung des Menschen für die Raumstruktur und die davon geprägten Bewegungs- und Lebensformen der Großstadt ungeeignet sein könnte. Der Dschungel ist kein originärer Siedlungsraum des Menschen. Wenn Städte als Dschungel und undurchdringliches Dickicht metaphorisiert werden, könnte dies ein Indiz dafür sein, dass schon die klassischen Metropolen des 20. Jahrhunderts als transhuman erlebt werden. Die Megalopolen von heute, zwischen 10 bis 30 Millionen Menschen agglomerierend, sind dagegen – diesseits der Phantasien der Besiedelung des

Weltraums durch transhumane Intelligenzen – die ultimative Frage an die Anpassungsfähigkeit eines auf offene Weiten und gedeckte Mulden eingerichteten Organismus. Die Antwort ist offen.

Gewiss aber ist, dass heute wie nie zuvor eine Fülle von wahrhaft schönen und klugen Büchern über die Geschichte(n) der Stadt geschrieben werden; dass Stadtkultur und Urbanität gegenwärtig die Begriffe mit der höchsten Zuwachsrate sind; dass in den großen Städten der Industrienationen nicht immer, doch sehr oft mit kreativer Intelligenz und kultiviertem, oft auch kommunitärem Formsinn gebaut wird. Die Städte sind kulturell und architektural wieder interessant. Wir bereisen sie um ihretwillen und nicht nur aus ökonomischen und professionellen Gründen. Der Entfremdungsdruck weckt nicht nur die Sehnsucht nach bebauungsarmer, schwach kultivierter Landschaft oder den letzten, angeblich unberührten Naturzonen der Erde, sondern auch nach *high density* von Kultur und Kommunitarität, von Entertainment und ebenso ephemerer wie erlebnisreicher Ästhetik in den großen Städten. Unser ästhetischer Sinn ist längst auf das Widersprüchliche und Heterogene, auf Segregationsprozesse ebenso wie auf multikulturelle Durchmischungen in den Städten geeicht. Und gegen die Gewalt, das Verbrechen und die tägliche Ungerechtigkeit haben wir uns durch den *airbag* der *political correctness* gerüstet.

Im Stadtkörper, in welchem sich die geschichtliche Heterogenität noch lesen lässt, wo Historizität und Zukunft spannungsreiche Interferenzen erzeugen, wo Distanzierungen noch möglich, wo nervöse Vibrationen lebbar sind, kulturelle Innovationen auf dem bebenden Sockel sozialer Widersprüche und ethnischer Vielheit temporeich sich ablösen, wo im Netz der massenkommunikativen Systeme und des permanenten Flusses des Verkehrs synkopische Gangarten des Denkens noch möglich sind, Nester des Privaten aufrechterhalten werden, kleine Fluchten bereitstehen, wo die allgemeine Indifferenz und Anomie durch intellektuelle Zwischentöne, ephemere Einfälle und dosierte ästhetische Chocs, dem Scheine nach, kontrapunktiert werden kann, wo also, mit einem Wort, der Geist noch in der Attitüde des Stichwortgebers fristet, ohne schon in der Menge der längst mehrheitlichen Zaungäste der Megalopolen verloren zu sein – da kommen Stadtplaner und Philosophen, Architekten und Zeitgeistdiagnostiker überein, dass die Städte vielleicht der Brennspiegel der »Risikogesellschaft« (U. Beck), doch aber immer noch und wieder neu das Labor zukünftiger Kultur(en) seien.

Wenn aber richtig ist, dass das Denken und die Stadt seit der griechischen Polis in eins fallen; wenn die Stadt mithin die konzentrierte Darstellung der zivilisatorischen Entwicklung ist, dann wären für jede Stadt-Reflexion nicht länger die klassischen Metropolen, sondern die Megastädte der dritten Welt die gebotene Herausforderung. Man begreift dann die Bücher von Lewis Mumford, Richard Sennett, Leonardo Benevolo, aber auch schon Georg Simmels Essay und vielleicht sogar die Untersuchungen der Chicago School als melancholische Abgesänge eines sterbenden Modells Stadt.

Auf versteckte Weise zollt Lyotard (in: *Moralités Postmodernes,* 1993) dieser Entwicklung Tribut, wenn er die cartesianische Architektur des Denkens durch eine »Philosophie dans la Zone« abgelöst sieht. Flüchtig beobachtet Lyotard, dass die heutigen Mega-Städte keine Topographie mehr enthalten, die einem konzeptuellen und distinktiven Denken entspräche, dass sie kein Innen und kein Außen mehr kennen, dass sie ein grenzloses Wuchern darstellen, das er mit dem Ausdruck der ubiquitären Zone oder der »Megapole« belegt (man möchte Franz Werfels *Panopolis* assoziieren). Lyotard vollzieht den Abschied von einer Stadt, die gedacht und gemacht wird. Die Heterotopie, die Michel Foucault als eine heute charakteristische, doch geschichtslose Form ungeplanter, riffartiger Verräumlichung ansah, bildet das gesichtslose Gesicht der Megapolen. Robert Musil war sich noch sicher, Städte an ihrer Gangart, ihrem Rhythmus, ihrem Flair erkennen zu können. Das Ende des Physiognomischen der Städte dagegen fällt mit dem Ende des Konturen gebenden und Spuren lesenden Denkens zusammen. Die Städte, die ihren Sinn von ihrer Gegenpoligkeit zum Land bezogen, versinken in Panopolis, in der hoch befestigte räumliche Segregationen Reste von Steuerung und Planung gegen die heterotopische Wucherung vergeblich verteidigen. Das entspricht der abendländischen Angst vor dem Chaos, trifft aber auch reale Entwicklungen der Megapolen.

Lyotard hat die Stadt aufgegeben. Er schickt ihr keine Elegie nach. Er verabschiedet hingegen die überall herrschende Ästhetisierung, durch welche sich die Städte (und ihre hilflosen Helfer) den Schein des Urbanen zu geben versuchen. Bliebe der Philosophie also angesichts der steuerungslosen Elendsfelder der Megapolen nur das Stummwerden? Nach dem Humanismus, dem die Städte eine Heimstatt zu geben suchten, nun der Nihilismus der Riesenstädte? Die Wüste? In stupender Wende identifiziert Lyotard die Leere mit einem Absoluten, dessen weltfremde Unberührbarkeit in der Hut der Philosophie läge. Wir stehen dicht vor einer Re-Metaphysierung der Absenz, für die die Philosophie immer schon Denkfiguren bereitgestellt hatte: der negativen Theologie, der negativen Dialektik, der negativen Ästhetik.

Kaum etwas hat dies mehr mit der Wirklichkeit der Megapolen zu tun. Sie sind nur Anlass eines rekursiven Selbstdenkens des Denkens. Darin zeichnet sich ab, dass die Philosophie tatsächlich die tragende Verschwisterung mit der Geschichte der Städte verloren hat. Vielleicht, dass sich darin das Ende der Problemlösungsfähigkeit vorzeichnet, welche die Zivilisationen entwickelt haben, um die wüste Terra zum Heimatplaneten Erde umzubauen. Vielleicht ist es nur eine Episode oder die Agonie des weißen Denkens. Vielleicht ist es Zynismus, die Riesenstädte einem unbestimmten Schicksal zu überlassen. – Die Chaostheoretiker nehmen zu dieser Entwicklung wieder jenen Standort ein, der einst für die Aufsicht des souveränen Planers charakteristisch war: von hoch oben. Aus der Satelliten-Höhe der Aufsicht und aus der Tiefe des Rechners erscheinen die Bilder von Städten, in denen, gleichgültig gegenüber dem zivilisatorischen Impuls der in ihnen lebenden Menschen, städtisches Wachstum und naturales Formwuchern koinzidieren. Im Verhältnis zur Stadt begegnen sich derart, von entgegengesetzten Enden her, auf seltsame Weise erneut Naturgeschichte und Metaphysik. In der Mitte die Planer mit ihren ›kleinen Moralen‹ und immer mehr vergessene Menschen.

Es sind zwei Prozesse, welche die materiale Stadt, in deren Straßen wir fahren, in deren Einrichtungen wir arbeiten, in deren Häusern wir lieben und essen, eigenartig porös, nachgiebig oder peripher werden, vielleicht gar sich auflösen lassen. Da ist zum einen der Neue Kategorische Imperativ, dessen Form die Datenverarbeitung für sämtliche Vorgänge des städtischen Lebens annimmt, so dass, würden wir einen *Snowcrash*, eine Infokalypse erleben, mit einem Schlag die urbanen Funktionen kollabierten. Und da ist zum anderen der Aufbau des Cyberspace, dessen raumlose Räumlichkeit immer mehr Human-Energie absorbiert, so dass ein wachsender Teil der Zeitressourcen dazu verbraucht wird, sich in einer Welt, die nicht von dieser (materialen) Welt ist, zu ›bewegen‹. Immer mehr Zeit verbringen wir in Formen der Telepräsenz, nicht aber in den Modi eines Raum-Zeit-Kontinuums, das an das urbane Environment gebunden ist. Beide Prozesse allerdings sind charakteristisch für die postmodernen Städte der Ersten Welt, nicht für die Riesenmoloche der dritten Welt, die manche bereits Nekropolen nennen.

Im 19. Jahrhundert begann die systematische Vernetzung der Städte nach dem mechanischem Modell. Ausgehend von den Bahnhöfen spannten sich kontinentalweit die Netze der Eisenbahnlinien, in welche die Städte wie Knotenpunkte und Relais eingeschaltet waren. Die Stadtbahnhöfe waren die Umschaltungen der überregionalen Personen- und Güterströme in die innerstädtischen Verkehrssysteme. Die Netzstruktur der Schienen bildete ein artifizielles und autonomes System, das Vorbild auch für die Systementwicklung des innerstädtischen und überregionalen Straßensystems wurde, das seinen veritablen Ausdruck in den Autobahnen und Highways fand, die als gewaltige Flussläufe des Verkehrs schließlich auch die Stadtkörper durchfurchten. Wie selbstverständlich folgten die ebenfalls netzförmigen, meist unsichtbaren Energiesysteme von Elektrizität und Gas. Mit der Entwicklung von Telegraph und Telefon griffen, von den Städten ausgehend, gewaltige Spinnen der Nachrichtenübermittlung übers Land und, nun schon transkontinental, auch übers Meer, während die Städte selbst bis in den letzten Winkel von Kommunikationsmaschinen besiedelt wurden. Mit Radio und Television entstanden die ersten, im Modus des Instantiellen arbeitenden Massenmedien im globalen Maßstab. Städte waren darin einerseits nur noch Häufungszonen von Empfängern, andererseits Zentren von Sendern. Letztere freilich konnten sich zunehmend von der besonderen Lokalität der Städte lösen: die Produkte der Massenmedien werden an jedem Ort hergestellt und von jedem Punkt aus gesendet. Ihre Bindung an die großen Städte ist nicht systematisch, sondern kontingent. Die Digitalisierung löste die Massenkommunikation endgültig von ihrer Angewiesenheit auf Städte: gesendet wird von Satelliten, produziert an jedem Ort der Welt. Die Planung einer ›Welthauptstadt‹ des Cyberspace im 21. Jahrhundert in der Nähe von Kuala Lumpur, Malaysia, mit Namen Cyber Jaya ist auch ein Indiz für die Vergleichgültigung des Raumes in der telematischen Gesellschaft. Das Neue Jerusalem des Cyberspace kann überall und nirgends sein. Die materialen Städte waren und sind dynamische Gebilde der Kultur im Raum der Natur. Die künftigen Kapitalen von Cyberspace, sofern dieser noch auf die Hardware von Raumstationen auf der Erde angewiesen ist, sind weitgehend vom Metabolismus der Natur abgekoppelt und absolut artifizielle Environments einer Technologie, die sich die Humanwesen wie eine organische Schwundstufe einverleibt hat.

Städte ohne Vernetzung, von der material-mechanischen bis zur elektromechanischen, sind nicht denkbar. Die Ballung großer Menschenmengen erforderte bereits in der Antike eine hohe Organisation im Wege- und Straßenbau, in Schifffahrt und Transportwesen, im Güter- und Personenverkehr, in der Geld- und der Schriftzirkulation, die wiederum netzförmige militärische Sicherungen des Herrschaftsraums der Stadt voraussetzten. Heutzutage hängen am Büro, in dem man arbeitet, und an der Wohnung, in der man lebt, dutzende von Netzstrukturen und ›Kanalisierungen‹ aller Art, von stationären Satelliten in 36 000 km Höhe bis zu Tiefseekabeln des Datenverkehrs, vom Wasserkreislauf bis zum Atom/Strom/Gas-Verbundsystem. Längst setzen wir dies stillschweigend voraus, wenn wir den einfachsten Alltagsroutinen wie Kochen, Sich-Informieren, Waschen, Schreiben etc. nachgehen. Für die Städte des 20. Jahrhunderts ist es charakteristisch, dass sie innerstädtisch wie überregional und, seit einigen Jahrzehnten, auch global auf *allen* überhaupt entwickelten technischen Niveaus in komplexe Systemnetze eingebaut sind.

›Netze‹ hieß dabei immer schon, dass es nicht nur auf die Installierung von unterschiedlichsten ›Kanälen‹ – vom Abwassernetz bis zum Verkehrsverbund – ankam, sondern vor allem auf deren Steuerung, also ihr Kalkül. In der heutigen Computersprache ausgedrückt, bestehen schon die Stromversorgung oder die unterirdischen Kanalisationen aus Hardware und Software. ›Software‹ will hier sagen: Jedes urbane Netz ist die Materialisation von Berechnungen, die der baulichen Realisierung zugrunde liegen. Ein Netz wird zu einem solchen erst durch das Steuerungskalkül der Ströme, die durch es fließen. So wichtig wie Bahnhöfe und Schienen ist der Fahrplan; so wichtig wie E-Werke und Leitungen sind die Berechnungen des Tag/Nacht-Stromverbrauchs, seiner statistischen Verteilungen und möglichen Trends; so wichtig wie Autos und Straßen ist die Entwicklung eines verkehrsregulierenden Zeichensystems. Vielleicht ist die europäische Post schon der Kutschenzeit der Archetyp eines ›berechneten‹ Netzes, das dann für alle anderen Systeme zum Vorbild wird. Bestand die technische Modernisierung (der Städte) in einer alles erfassenden Mobilisierung und Dynamisierung, so setzten diese immer raffiniertere, auch mathematisch anspruchsvolle Formen der Systemsteuerung voraus, ohne die Mobilisierung in Stillstand, Dynamisierung in Stau umschlägt. Stau und Stillstand widersprachen auch der von Marx analysierten Mobilisierung des Kapitals, das als fixes und mithin totes eine *contradictio in adiecto* darstellt. Das hatte zur Folge, dass Marx das Geheimnis des Kapitalismus nicht in seiner Hardware, in den Kathedralen der Industrie aufsuchte, sondern in den Strukturen seines Umlaufes und seiner Steuerung. Im Militär wurde am schnellsten begriffen, dass die Nachrichtentechniken und Standardisierung, die ›Software‹ des Krieges, entscheidend sind: also die Netzsteuerungen, für die man spezielle Experten entwickelte, in den Planungsstäben und der Logistik.

Vor dem Hintergrund dieser skizzierten Vorgeschichte der Vernetzung sowie der Abhängigkeit der Moderne von Steuerungstechniken bemerken wir die Nostalgie, welche in unseren Bildern von Urbanität herrscht. Es sind Bilder der italienischen Städte unter Abzug der Abscheulichkeiten, welche sich ringförmig um sie lagern, und Bilder der Metropolen des 19. Jahrhunderts wie Paris und London, vielleicht noch Berlin der zwanziger Jahre, die wir mit der Vitalität des Urbanen versehen: offene Formen der Sozialität, spannungsreich, widersprüchlich, vielfältig, lebendig, wimmelnd, dynamisch, worin die Masse den vibrierenden Sockel für die beschleunigte Zirkulation kultureller Symbole und pluraler Lebensstile hergibt, – für dasjenige also, was an der Stadtluft frei machen soll. Warenhäuser, Filmpaläste, Boulevards, Passagen, belebte Plätze, Squares, Piazzas, die ambulanten Quartiere des Entertainments mit ihrer sozialen Durchmischung, die gewaltigen Hotels und dunklen Absteigen, die großen Treffpunkte sei's anlässlich von Opernfestivals oder Zeppelinschauen, Sportereignissen oder Arbeiter-Demonstrationen, das dichte Gewimmel von Passanten in Vierteln mit Restaurants, Kneipen, Läden, Cafés, Kiosken, das Strömen der Massen rings um Bahnhöfe, die Nervosität sämtlicher, sei's physischer sei's technischer Bewegungsarten, und über oder unter allem der Schatten der Kriminalität und der Halbwelt –: all dies prägt unsere Imagination von Urbanität, aber auch die von heutigen Stadtplanern und Architekten, welche zumeist vergeblich diesen Memorialformen des Urbanen zu neuem Ausdruck zu verhelfen sich mühen.

Blickt man auf diese Stadt-Geschichte und ihre Symbolformen zurück, so bemerkt man, dass die urbanen Phantasien keineswegs mit der Idee eines Himmlischen Jerusalem und seinen Derivaten in den verschiedenen Polis-Utopien von Platon bis zu Morus, Campanella, Andreæ u.a. verbunden sind.

Diese waren durchweg Ausgeburten des geometrischen Geistes, der kristallinen Ordnung, der totalen Organisation, der reibungslosen Stratifikation der sozialen Abläufe, der Geplantheit aller Biographien und Wissensprozesse, der absoluten Transparenz, des unausweichlichen Vorrangs des Ganzen vor seinen Teilen und des Zentrums vor der Peripherie, der Herrschaft eines schattenlosen Lichtes, einer himmlischen, d.h. von keinem Bösen kontaminierten Gemeinschaft, einer restlosen Transformation aller Einrichtungen in einem System von Zeichen, in denen Signikant und Signifikat deswegen zusammenfielen, weil eine unumschränkte Instanz, sei's Gott oder eine gute Herrschaft, die essentielle Konvenienz von Materie und Geist garantierte. Die Utopien des Urbanen dagegen, die an den italienischen Städten und den Metropolen des 19. Jahrhunderts ihr Vorbild nahmen, sind deutlich gegen das Himmlische Jerusalem gerichtet. Sie sind deswegen Produkte der Säkularisierung, des philosophischen Geistes der Diesseitigkeit. Sie entdecken die »Blumen des Bösen« (Baudelaire) gerade als Bedingung des städtischen Lebenswertes, sie favorisieren das Synkopische und Ungeordnete, das Zwielicht und Überraschende, das Spontane und Fluktuierende. Die materiale Ästhetik der Städte wurde der Stillstellung der Geschichte in den kristallinen Formen der alten Stadt-Utopien entgegengesetzt. Hier aber hat, wie es scheint, ein neuer Umschwung eingesetzt.

Doch nicht erst seit der Computerisierung und seit Cyberspace. Die Hinweise auf die Totalität der Vernetzung bereits in der Vergangenheit der Städte zeigt nämlich negativ an, dass die urbanen Utopien der Moderne vom Ästhetischen und Phänomenalen ausgegangen sind, also von Künstlern, Architekten, Literaten und Intellektuellen inauguriert wurden. Das Anästhetische der Kalküle, welche seit langem schon die Netzstrukturen der Städte beherrscht, spielte dagegen kaum eine Rolle. Darin aber liegt die Vorgeschichte für die »Medialisierung der Städte« (Edouard Bannwart) sowie der *Cyber-Cities*, die heute zu entstehen beginnen. Und hier auch liegen die Ursachen für die neuen Utopien der Stadt, welche nicht mehr aus den (philosophischen und ästhetischen) Formen der Moderne, sondern aus der Religionsgeschichte der Himmlischen Städte zu verstehen sind. Cyberspace ist die Verabschiedung der Stadtformationen, welche die Moderne gekennzeichnet haben, im Zeichen eines Neuen Jerusalem, im Zeichen einer religiösen Wiederverzauberung, mittels derer auf dem Weg einer eschatologischen Technik die Sphäre der Materie, worin die realen Megalopolen als todgeweihtes Babylon erscheinen, verlassen werden kann und soll.

Und hier nun stellt der erste der genannten Prozesse, welche die Stadt aushöhlen, die Initialstufe für den *take off* der virtuellen Städte dar. Es ist heute ein Faktum, dass die (politische und administrative) Verwaltung der Städte, die Arbeit der Ordnungskräfte (Polizei, Justiz, Sicherheitseinrichtungen), sämtliche Verkehrssysteme, die Herstellung von Öffentlichkeit (durch Presse, TV, Radio), die Abläufe des Warenumschlags, die Transaktionen der Börsen und die Zirkulation des Geldes, die kleinen und großen Dienstleistungsbetriebe, die Formen der Informationsbeschaffung und -distribution, der Wissenserzeugung und -recherche, dass aber auch die Formen des Entertainments in Werbung, Film, Musik ebenso wie die Partizipationen der Haushalte und Menschen an den wesentlichen sozialen Institutionen, – d.h. dass sämtliche klassischen Funktionen des städtischen Lebens irreversibel abhängig geworden sind von den Datenbanken und Steuerungsprogrammen der lokalen und internationalen Digitalnetze.

Wenn man früher vom Dualismus von Zivilisation und Wildnis ausging, so kann man jetzt sagen, dass die zivilisatorischen Prozesse solche erst sind, insofern sie digital erfasst, gesteuert und verwaltet werden, und dass alles, was keinen Code hat, also keinen Anschluss an die Welt der Rechner, zur eigentlichen Wildnis geworden ist: bedeutungslos, irrelevant, ›draußen‹, barbarisch. Nicht nur Ich bin, insofern es Datensätze von mir gibt (das ist die neue cartesianische Formel); sondern sogar jedes Ding ist nur, insofern es eine Repräsentation in einer Datenbank findet.

Freilich bedeutet dies keineswegs, dass alles und jedes ›zentral‹ erfasst wäre (der Alptraum der Kulturkritiker), sondern vielmehr sind die Körper der Städte durchdrungen von einer unfasslichen Vielzahl verschiedenster Datensysteme, die nebeneinander, übereinander, azentrisch, rhizomatisch, lokal, global, statistisch oder direktiv, deskriptiv oder präskriptiv, analytisch oder synthetisch etc. arbeiten. In jeder Millionenstadt stehen unterdessen Hunderttausende, wenn nicht Millionen von Terminals, von welchen aus kleine und größere Segmente des städtischen Lebens, das längst mit der Organisation und Steuerung von Datenströmen gleichgesetzt ist, gerechnet werden.

Niemals zuvor waren die Städte in einem solchen Ausmaß unterlegt und überwölbt, durchdrungen und vernetzt von einem System, das nur noch locker mit dem materialen Körper der Stadt verbunden ist und dennoch jeden relevanten Vorgang in ihr aufnimmt, digital repräsentiert, verarbeitet, bewertet, steuert, verwaltet. Und dies an tausenden von Stellen, die ihrerseits kaum miteinander koordiniert sind, die semiautonom arbeiten, bestimmte Sektoren überpräzis erfassen und alles andere absolut ausblenden, aber immer und nur eins tun: rechnen und auf dem Interface lesbare symbolische Repräsentationen schaffen, die ihrerseits weder das Innere des Rechners noch das Äußere der Stadtwirklichkeit abbilden.

Immer wurden Städte erobert. Nicht nur von fremden Herrschern und ihren Heeren; gewiss auch von Epidemien (bis heute); sondern auch von der Landbevölkerung, die massenhaft in sie flüchtete und so ihre hybride Größe erzeugte; von den Eisenbahnen, die die Städte herrisch durchschnitten und ihre Topographie neu regulierten; von den Autos, welche jede andere Population (auch die Menschen) verdrängten und jeden Raum an sich rissen; von den Maschinen, die dutzendweise in die Haushalte einzogen und millionenfach die Lokalitäten der Produktion, Distribution und Konsumtion besetzten; von den hunderttausende von Kilometern langen Leitungen des Wassers, des Gases, der Elektrizität, der Telefone, der verkabelten Radio und TV-Geräte, schließlich der vernetzten Computer. Die letzte, finale Eroberung der Städte fand durch die Computer statt. Je besser sie wurden, je leistungsstärker die Speicher, je raffinierter die Programme, je organisierter die Datenbanken, je vernetzter das System, umso gefräßiger schluckten die Rechner sämtliche stadtrelevanten Prozesse in sich hinein, sofern sie zu ›Daten‹ zuzurichten waren, und rissen alle Funktionen und Steuerungsprozesse des administrativen, sozialen, ökonomischen und konsumtiven Lebens der Städte an sich. Man kann atomfreie Städte fordern, aber keine computerfreien. Vom Rechner her gesehen, sind die Städte zu medialen Projektionen, zu materialen Entäußerungen der unsichtbaren Welt der Daten geworden.

In den letzten Jahrzehnten ist unzweifelhaft eine dritte Welt neben der ersten (der Natur) und der zweiten (der Zivilisation, der Städte) entstanden, wodurch diese zu bloßen Substraten der dritten Seinsschicht, nämlich der digitalen Zeichenprozesse, geworden sind. Man könnte dies einen grandiosen Sieg des Platonismus über die Materie nennen, wenn nicht der Geist selbst, jedenfalls als das Vermögen menschlicher Einzelwesen, im Verhältnis zu dieser Schicht der Idealität zum ›Außen‹, bestenfalls zum Zaungast am Interface geworden wäre. Wir erleben schon jetzt, dass die architekturale Physiognomie der Städte von diesem Prozess der Verlagerung des Stadt-Geistes in die Rechner verändert wird. Was uns als symbolisch relevante Augenpunkte der Städte erinnerlich ist – Schlösser, Industriegiganten, Bankenpaläste, Bankentürme, Parlamente, Bibliotheken… –, geht über in das, was Martin Pawley treffend »Stealth-Architektur« genannt hat.

In Analogie zum Stealth-Bomber, der für Radar ›unsichtbar‹ bleibt, versteht Pawley darunter die zunehmende Anzahl von ›repräsentativer‹ Architektur, deren Äußeres mit dem, was in ihr geschieht, in keinerlei Vermittlungszusammenhang steht. In welcher Weise sich das Verhältnis von Architektur und digitaler Zeichenwelt verschoben hat, drückt sich z.B. auch darin aus, dass die Investitionssumme für die Datenverarbeitung im Neubau des Tokyoer Rathauses genauso hoch ist wie die gesamten Baukosten. Volker Grassmuck spricht auf der Basis solcher Beobachtungen von der »Stadt als Terminal« und vom »Terminal als Stadt«. Für die in Stein, Stahl und Glas gefasste Symbolstruktur der Städte hat dies ebenso große Folgen wie für die architekturale Physiognomie einer Universität, wenn z.B. die Columbia-University in New York auf einen Bibliotheks-Neubau verzichtet, um mit dieser Summe eine virtuelle Bibliothek von 10 Millionen Bänden aufzubauen. Solche Beispiele sind Indikatoren dafür, dass die materialen Städte von der ›dritten‹ Welt der Datenströme nicht nur durchdrungen und medialisiert, sondern auch in ihrer architekturalen Physiognomie verändert werden – wenn man nicht, wie gegenwärtig vielerorts in Berlin, auf Stealth-Architektur setzt und damit dem neuen Verhältnis von Sein (Daten) und Stein (Stadtkörper) nostalgisch begegnet.

Der zweite Prozess, der die Städte nicht unwirtlich, sondern unwirklich macht, ist der Cyberspace selbst. Vermutlich ist es der sinnenhaften Körperlichkeit des Menschen geschuldet, dass Cyberspace, der strukturell nur im Modus nichtlinearer Zeit und nicht dem des Raumes arbeitet, zunehmend topo- und kartografisch eingerichtet wird, so dass man darin flanieren und navigieren, surfen und suchen, rasen und verweilen kann wie in einem Raum. Die Räumlichkeit von Cyberspace ist dabei, so zeigen bereits einige Entwicklungen und so prophezeien es erst recht seine delirierenden Priester, ebenso immateriell wie sinnlich: Es werden zunehmend virtuelle Habitate ›gebaut‹, die dem Modell Stadt entliehen werden. Aus Algorithmen eine Stadt! Via Internet-Zugang sollen oder können – bald auch: müssen? – sich Menschen, die ihren Körper als physische Restmasse vor dem Keyboard zurücklassen, eine artifizielle Existenz geben (heute Avatar genannt), die in virtuellen Städten und Kommunen alles tun, wofür man in den irdischen Städten seinen Leib in Bewegung setzen musste: Man besucht Ämter, um administrative Formalitäten zu erledigen, man geht in die Börse und tätigt Geschäfte, man besucht Cafés, um sich mit Leuten (anderen Avataren) zu treffen und zu plaudern, man besucht virtuelle Theater, Museen, Städte, unternimmt Reisen zu kulturell wertvollen Relikten der Vergangenheit (und schont so die Umwelt, wie uns die Propagandisten einreden), man beschläft ein weibliches Avatar im virtuellen Tokyo und erprobt als virtuelle Jungfrau die ersten Schritte auf dem Feld des Sex mit einem Verehrer aus Melbourne (3 Minuten später), man besucht eine virtuelle Universität mit Bibliothek, Hörsälen, Sprechzimmern von Professoren aus aller Welt, man erledigt beim Finanzamt seine Steuererklärung usw.

Was geschieht? Noch steht man am Anfang und die Bildqualität der virtuellen Städte lassen zu wünschen übrig. Interessant aber ist, dass zu älteren Prognosen (von etwa 1980), wonach man wesentliche Funktionen vom Computer aus erledigen werde, etwas hinzugekommen ist: nämlich das theatrale und performative Moment. Cyberspace ohne die Dimension der Darstellung scheint zu abstrakt, zu langweilig, zu calvinistisch, als dass man nicht über das Faktum hinaus, dass es dort eine für uns wichtige dritte Welt, die der digitalen Zeichen gibt, nach einer räumlichen Inszenierung ihrer Prozesshaftigkeit gesucht hätte. Die Lösung wird gegenwärtig in Richtung auf eine Re-Spatialisierung der ›an sich‹ raumlosen Datenprozesse angestrebt. Die Welt des Internet ist dabei, zu einem *theatrum mundi* zu mutieren (wenigstens in Teilen), genauer: zu einem fiktiven Stadt-Universum. Tatsächlich ist es das Urbane, das in virtuellen Architekturen kreiert wird, so dass man sich mit seinem Daten-Ich in pseudo-vertrauten Stadtlandschaften bewegen kann, um dort seinen beruflichen wie amüsanten Tätigkeiten nach zu ›gehen‹. Dieses Daten-Ich, das an keine biologische, keine kulturelle Identität gebunden ist, verfügt gegenüber dem Menschenfleisch vor dem Interface über den Vorsprung spielerischer Wandelbarkeit. Das Daten-Ich ist ein ständig mutierender Mutant. Und als solcher kann er nicht nur in Schemata agieren, die dem irdischen Bewohner der Städte verwehrt sind, sondern sich auch ubiquitär telepräsent machen, d.h. in fortgesetzten und manipulierbaren Ekstasen leben (Ekstase i.S.v.: über sich hinaus sein, hinausragen). Natürlich wird es in *Cyber-Cities* Regeln geben, also auch Ausschlüsse, Verbrechen, also auch Polizei, Indiskretionen, also auch Tabus, anarchische Vorgänge, also auch Administration und Legislative, Wettstreit, also auch Betrug; Feindschaften, also auch Krieg: Alles dies werden wir wiederfinden (und einiges mehr), aber in virtueller Form.

Gegenwärtig finden ungesteuerte, doch mächtige Re-Mythologisierungen der Technik statt, eine Verwandlung der technischen Rationalität in eschatologischen Heilsbotschaften. Darin gibt es keine einheitliche Form und keine bevorzugte Stelle. Das Religiöse und Mythologische, das im Schutz des Hyper-Kult blüht, ist synkretistisch, ein *patchwork* ohne theologische Strenge und ohne institutionelle Verfasstheit. Das Flottierende und Hybride, Ephemere und Metamorphotische, das zu den Avatar-Existenzen ebenso gehört wie zu den *Cyber-Cities*, könnte positiv als eine Form der Globalisierung und Multikulturalität des Netzes verstanden werden, wenn nicht das Religiöse und Mythologische dabei nicht bloß willkürlich und zitatenhaft, in einer Mischung aus sektiererischem Fanatismus und dem Werbedesign von Artdirektoren synthetisiert würde. Wenn man *Cyber-Cities* mit dem Neuen Jerusalem in Beziehung setzt, oder Avatare mit der Idee ewiger Wiedergeburt, oder die Ubiquität und Instantialität im Cyberspace mit Seins-Qualitäten Gottes in der mittelalterlichen Theologie, oder die Kreierung intermedialer Seinsformen mit dem Dogma der unbefleckten Empfängnis, oder die grenzenlose Kommunikation im Internet mit den Überlieferungen der Sprache der Engel und Geister etc. etc. – so soll man dabei nicht übersehen, dass man keine dieser ›Parallelen‹ wirklich ernst nehmen kann, weil sie bloße Spielformen religiöser Energien sind. Und doch kann man alle zusammen gar nicht ernst genug nehmen. Denn die religiöse Bebilderung des abstrakten Cyberspace zeigt insgesamt an, dass die technischen, insbesondere die virtuellen Welten alte Religionsformen teils absorbieren, teils wiederholen und fortsetzen, teils verändern und transfigurieren. Hyper-Kult und Cyberspace sind zu einem mächtigen Verstärker, zu einem gewaltigen Mischpult der Religiosität verschiedenster Kulturen geworden. Es gibt keine authentische Religion mehr – aber es gibt, durch und im Cyberspace, eine endlose Kette von Remakes und Remix. Konnte man schon den Film, insbesondere Hollywood, als eine exhaustive Bebilderung der mythischen und religiösen kollektiven Phantasien ansehen, so scheint es heute, dass Cyberspace den Film darin übertreffen wird. Es wiederholt sich dabei eine wenig beachtete Regel: Jede bedeutende, gar epochale Erfindung wird zum Tummelplatz kultureller Symbole, zu deren Eigenart es gehört, dass sie umso überlebensfähiger sind, als sie, die alt und uralt sind, sich des Allerneuesten als ihres Mediums bedienen.

Die Naturwissenschaft, die seit Francis Bacon sich als Gegenpart oder als Überwindung der Religion verstand, hat ein religiöses Fundament, ja, sie ist fundamentalistisch, indem sie – anders als die klassischen Religionen – eine strikte Trennung der göttlichen und irdischen Sphäre nicht kennt, sondern in diesem

Saeculum, auf Erden, die Träume, aus welchen die Religionen sich speisten, zu verwirklichen unternimmt. Darum ist es angesichts von Cyberspace und Neuen Medien, Gentechnologie und Bio-Engineering an der Zeit, die religiösen Dynamiken der technischen Revolutionen, die religiösen Rhetoriken der neuen Propheten und, mittels einer Art Cyber-Ethnologie, die Populationen der immateriellen Welt zu analysieren. Man wird dabei auf kein System stoßen, sondern auf hybride, synkretistische Formen.

Denn charakteristisch für die Nach-Aufklärung ist es, dass religiöse Motive und theologische Denkfiguren aus ihrer dogmatischen oder institutionellen Bindung herausgebrochen und dadurch wildgeworden sind (so wie Philippe Ariès vom Wildwerden des Todes sprach). Diese religiösen Kräfte flottieren, switchen und shiften, zucken und wuchern durch die Systemebenen postmoderner Gesellschaften, sie bilden keine Diskursordnungen, sondern – mit Michel Foucault zu sprechen – den bebenden Sockel der dem Scheine nach religionsfreien Diskurse und wissenschaftlichen Entwicklungen. Man könnte dies die Religionsform nach dem Todes Gottes nennen.

Es ist auffällig, dass von allen Theoretikern Cyberspace als eine immaterielle Sphäre beschrieben wird, die dem gegenwärtigen Weltzustand entgegengesetzt wird – als seine Überschreitung oder seine Erlösung. Der Weltzustand wird als die Sphäre der Materie, der Umweltverschmutzung, der sinnlosen Verschwendung, der Kriege, der Gewalt, der Überbevölkerung, des Egoismus, der Steuerungslosigkeit, des Niedergangs, der Anomie und des Todes charakterisiert. Das sind Deutungsfiguren, in denen sich soziologisch-ökologische Befunde mit apokalyptischen Topoi mischen. Auffällig sind dualistische Oppositionen: Ist die Erde dem materiellen Elend zugeordnet, so Cyberspace der entweder problemtrückten oder problemlösenden Sphäre des Geistes; ist die Erde mit Schmutz konnotiert, so Cyberspace mit Reinheit; ist die Zeitform der Erde durch Entropiezuwachs, Sterblichkeit und Endlichkeit charakterisiert, so ist die Zeitform von Cyberspace die der Omnipräsenz, der Entgrenzung und der Abwesenheit des Todes.

Es ist der alte Gegensatz von Geist und Materie, Form und Stoff (philosophisch gesehen), der Gegensatz von Reinheit und Unreinheit, Jenseits und Diesseits, Unsterblichkeit und Sterblichkeit (religiös gesehen). Das ›Neue Jerusalem‹ war ein strenges, aber doch rein immaterielles, darum heiliges Gespinst aus Zeichen. Darum mag es als Metapher des Cyberspace taugen – wenn man dessen eingedenk bleibt, dass diese Metapher dabei aus den theologischen Bindungen der jüdischen und christlichen Religion gelöst und in einer Art semantischer Wucherung in die hypertechnischen Medien der immateriellen Urbanisierung eindringt.

Cyberspace wird dabei verstanden als das Medium von Weltflucht wie zugleich als das Medium, um sich immer und überall in der Welt präsent zu machen. Cyberspace ist die technische Form Gottes – nämlich seiner Ubiquität und seiner Fähigkeit, alles zu prozessieren – also das ›kreative Programm‹ der Dinge zu sein, und dennoch in jeder Form des Erscheinens zugleich der Entzug des Erscheinens zu sein: Cyberspace ist ubiquitäre Gegenwart in der Form abwesender Anwesenheit.

Natürlich hat Cyberspace mit Gott selbst so wenig zu tun wie jede andere profane oder sakrale Einrichtung. Cyberspace ist ein menschliches Medium, mehr nicht. Neben all seinen rationalen Verwendungsarten wird Cyberspace jedoch auch propagiert und längst auch schon verwendet als Instrument der Weltflucht. Gott ist kein Flüchtling. Flüchtling freilich ist der Mensch – nicht nur, aber vor allem in der Gnosis. Aus einem heillosen Verhältnis der Weltfremdheit heraus ist die in der Gnosis einzig opportune Bewegung die der Weltflucht. Flucht aus der Welt des Elends, des Schmutzes, des Verfalls, des Schmerzes, des Todes, Flucht also aus der Leiblichkeit und ihren Bedingungen, aus der babylonischen Verwirrung der Städte. Der Flüchtling überlässt das, woraus er flieht, seinem Schicksal, um dorthin zu kommen, wo genau diejenigen Übel nicht bestehen, um deretwillen er flieht. Die religiösen Dynamiken des Cyberspace führen dazu, die Welt ihrem Elend zu überlassen und Cyberspace als Möglichkeit des Entkommens in eine Sphäre des Reinen anzubieten – jenseits des verletzlichen Körpers und der sterbenden Erde.

Viele Cyberspace-Theoretiker meinen noch, dass Cyberspace eine Funktion der Problemlösung der irdischen Nöte und Dilemmata sei, und zwar die einzige Strategie, die die Welt vor dem Untergang ins Chaos noch retten kann. Auch dies ist ein religiöses Erlösungsversprechen, das schon mehrfach an technische Innovationen wie die Dampfkraft, die Elektrizität oder die Atomkraft geknüpft wurde und sich regelmäßig blamierte. Jenseits der politökonomischen Funktionen des Cyberspace dagegen, die ihn als eine Kapitalstrategie erweisen, zielen die tiefenstrukturellen Antriebe von Cyberspace jedoch keineswegs auf Zuwendung zur Welt, sondern auf den Ausstieg aus ihr. Cyberspace ist die aktuellste Form der Gnosis perennis – und zwar nicht, weil es im Internet unterdessen ein paar Cybergnosis-Gemeinden gibt, sondern weil seine Grundstruktur gnostisch ist. Die Propagandisten des Cyber-Paradieses sind Gnostiker in dem Sinn, dass sie programmatisch die Welt der Materie und der Leiblichkeit hinter sich zu lassen beabsichtigen, um eine ›reine‹, von keiner Stofflichkeit kontaminierte Sphäre des Geistes zu kreieren. Das Platonismus zu nennen, tut Platon Unrecht, der ein politischer Philosoph war. Es sind religiöse Fundamentalisten, welche die Verkettung der menschlichen Geschichte mit den biologisch-evolutionären Bedingungen strategisch aufzulösen sich sehnen. Es sind Transzendenz-Sehnsüchte und keineswegs Problemlösungsstrategien, welche an der Behebung des Weltelends interessiert wären. Der Schrotthaufen Erde und der kranke, unvollkommene menschliche Leib sind vielmehr das Opfer, das dem Ausstieg aus der Bioevolution umso leichter gebracht werden kann, als Erde und Leib insgeheim mit dem religiösen Stigma der Heillosigkeit und der Verdammnis belegt sind. Babylon ist global; schaffen wir also eine Globalität jenseits des Globus!

Cyberspace wird als evolutionärer Sprung aus der Enge des Leibes, aus der Begrenztheit der Intelligenz und der Hinfälligkeit der Materie ausgegeben. Als technisches Medium spaltet es unseren traditionellen Welt-Begriff auf in zwei systematisch getrennte Sphären, die eine religiöse Gliederung von ›Oben‹ und ›Unten‹, von ›Himmlischem‹ und ›Irdischem‹, von ›Unendlichem‹ und ›Endlichem‹, von ›Erhöhung‹ und ›Erniedrigung‹ verbergen.

Gegenüber den als Wissenschaftler auftretenden Propheten des Cyberspace sind die Autoren der Cyberpunk-Romane die größeren Realisten. In ihren Romanen findet man als durchgängige dualistische Grundstruktur einen Weltzustand radikaler Verelendung und Verrohung, von dem sich die Sphäre des Cyberspace in gottgleicher Reinheit abhebt. Hacker-Punk zu sein heißt, zu den »Verdammten der Erde« zu gehören und doch im materiefreien Raum der Zeichen einen schwerlosen Heroismus und divinen Dandyismus zu zelebrieren. Er löst sowohl den Flaneur wie den *Outdrop* der großen Städte ab. Der anarchische Cyberpunk ist indes keine Sozialfigur mit Zukunft. Er ist ein literarisches Konstrukt, um die Spaltung der Weltsphären, wie sie mit Cyberspace gesetzt ist, erzählbar zu machen. Gegenüber Figuren wie Minsky, Moravec, Leary, Mitchell, Benedict u.a. sind die Cyberpunk-Autoren die schamlosen, schwarzen Engel der neuen Gnosis. Sie erzählen rücksichtslos die Destruktion der Erde und die Auflösung aller kulturellen und politisch-sozialen Traditionen als die Kehrseite des mystischen Glanzes von Cyberspace. Es wäre danach mit folgender Logik zu rechen: Die technische Umsetzung des alten Traums, den menschlichen Leib und das irdische Jammertal in Richtung auf den homo secundus deus zu überschreiten (Vinzenz Rüfner), bringt mit dem Cyberspace zugleich die Vermüllung der Erde und der traditionellen menschlichen Kultur hervor. Selbstvergottung setzt die Apokalypse der Erde voraus. Darum gehören die *Cyber-Cities* und die verelendeten 20-Millionen-Städte der realen Erde zusammen, als Kehrseiten desselben Phänomens.

Gekürzte Fassung des gleichnamigen Textes, ungekürzt erstmalig erschienen in: Neue Rundschau, Heft 2, 1998.

CLAUS PIAS

CONTACT – DIE WELT DES (AUSSER-)IRDISCHEN

I.

Es ist ein seltsamer Umstand, dass Medien gemeinhin als etwas gelten, das Nähe erzeugt und verbindet. In dieser Gewissheit schreibt man Briefe oder mails, um sich nicht mehr so fern zu sein, oder telefoniert, um etwas voneinander zu hören. Doch das Unglück (oder ›Unbehagen‹) des Getrenntseins, das Medien zu überwinden versprechen, ist ihr eigenstes Produkt. Oder, in Franz Kafkas präziser Analyse: »Die leichte Möglichkeit des Briefeschreibens muss […] eine schreckliche Zerrüttung der Seelen in die Welt gebracht haben. Es ist ja ein Verkehr mit Gespenstern und zwar nicht nur mit dem Gespenst des Adressaten, sondern auch mit dem eigenen Gespenst […]. Wie kam man nur auf den Gedanken, dass Menschen durch Briefe miteinander verkehren könnten! […] Briefe schreiben […] heißt, sich vor den Gespenstern entblößen, worauf sie gierig warten. Geschriebene Küsse kommen nicht an ihren Ort, sondern werden von den Gespenstern auf dem Wege ausgetrunken. Durch diese reichliche Nahrung vermehren sie sich ja so unerhört.«[1]

Medien trennen also so nachhaltig, *weil* sie so offensichtlich verbinden: Sie entfalten ihren Eigensinn, sie erfinden ihre Gespenster oder Geister aus der Trennung heraus. Was schreibt man nicht alles, wenn man alleine an einer e-mail sitzt, das man mündlich nie sagen würde? Was sagt man nicht alles am Telefon, vielleicht auf dem Bett liegend und die Decke anschauend, das man sonst nie aussprechen würde? Und dass sich daran *face-to-face* etwas ändern ließe, ist eine allemal mystische Hoffnung.[2] Kurzum: Medien beruhen auf Abwesenheit,[3] denn sonst bräuchte man keine. Daher müsste man auch umgekehrt vermuten, dass Medien ein vitales Interesse an der Stabilisierung und Vermehrung von Abwesenheit haben, da sie sonst arbeitslos würden. Zum Beispiel dürfte es im Interesse der Post oder der Netzbetreiber liegen, dass die Leute sich *nicht* treffen, denn sonst würden sie ja keine Briefe oder mails mehr schreiben. Die ungeheure Produktivität dieser

Umstände (deren Anfang immer wieder auf die Erfindung des griechischen Vokalalphabets datiert wird, mit dem eben jede gesprochene Rede aufgeschrieben und vom Redner getrennt werden konnte), ist leicht zu ermessen. Man stelle sich nur eine entlegene Kultur vor, die sich tapfer weigert, über etwas zu reden, das nicht anwesend ist. In einer solchen Kultur wäre es beispielsweise schlichtweg unmöglich, über Bären zu reden, wenn nicht zufällig auch einer anwesend wäre.[4] Die Fortschritte unserer Medienkultur hängen somit an einer enormen Produktivität der Abwesenheit, durch wir *über* etwas reden können, das *nicht* da ist, und durch die wir mit *jemandem* reden können, obwohl er oder sie oder es *nicht* da ist. So wird man auch vermuten dürfen, dass die erste Rede zu den Göttern auf dieser Abwesenheit beruht. Deshalb bedeutet die Präsenz Gottes (sei es im mystischen Erlebnis[5] oder am Ende aller Tage[6]) zugleich die Abschaffung der Abwesenheit oder eine Zone des medienfreien Verstehens. Die Apokalypse ist zugleich auch der Untergang der Medien.

Für den Fall der Kommunikation mit Außerirdischen, um den es hier gehen soll, ist diese Logik der Abwesenheit der Medien besonders prekär. Denn während der Mars inzwischen gewissermaßen ›at our fingertips‹ gerückt ist, gelten für den gesamten *dark continent* jenseits menschlicher Flug- und Lebenszeiten die Bedingungen einer extremen Post – einer Sendung, deren Empfänger unbekannt ist, deren Anschrift unbestimmt ist, deren Rückschein unerwartbar ist und deren ganze Versandbedingungen unkontrollierbar sind. Und je unwahrscheinlicher diese Post ist, desto größer ist nicht nur die Chance, dass die Medien ihr buntes Eigenleben entfalten und die Gespenster sich ungemein vermehren, sondern um so naheliegender ist auch eine Ausweitung in religiöse Dimensionen. So fern und abwesend und anders wie ein Außerirdischer ist allenfalls Gott selbst. Würde er dereinst erscheinen, gäbe es aus Sicht der Medien wohl nur zwei Alternativen: die *unio mystica* ihrer eigenen Abschaffung durch *mind control* (wie in *Unheimliche Begegnung mit der dritten Art*) oder die Sicherung der Ressourcen ihrer Gespenster durch Auslöschung des Außerirdischen (Roswell, die Area 51). Schon deshalb ist der christologische Unterstrom der meisten Alien-Geschichten nur schwer zu tarnen. Und daher haben auch die vielen Projekte zur extraterrestrischen Kommunikation allesamt etwas Gottsucherisches – nur dass eben die Begegnung nie (oder erst am jüngsten Tag) stattfinden darf. Unterdessen erfüllt die Kommunikation mit dem Abwesenden einen wichtigen Zweck: Sie sagt uns etwas über uns, nährt die eigenen Gespenster oder schreibt an einer Sendung, die immer schon an uns adressiert ist.

Der Film *Contact*[7] stellt dies gleich zu Beginn klar. In einer endlos scheinenden Fahrt entfernt sich die Kamera von der Erde, verlässt unser Sonnensystem, die Milchstraße und treibt ins offene All hinaus, bis die Helligkeit sich plötzlich sammelt und zur unscharfen Gestalt eines hellen Fenster in einem schwarzen Raum verdichtet, das selbst wiederum nur eine Spiegelung im Auge eines jungen Mädchens an einem Funkgerät ist. Im mehrfachen Sinn geht es also gleich zu Beginn um die Frage der Projektion: um eine Öffnung und eine dunkle Kammer, um Leinwand und Netzhaut, um Fläche und Geometrie, um Wunsch und Übertragung, auch und gerade im konkret medientechnischen Sinn. Denn die eigene Übertragung, das über Funk gesandte Signal, projiziert einen Ruf ins Weltall, der immer wieder mit »CQ, CQ« anhebt – was phonetisch eben ›seek you‹ heißt und im Funkverkehr die Einleitung zu einer Mitteilung an alle bedeutet. *To whom it may concern*.[8] Später erst wird das zur Frau gereifte Mädchen – in erwartbarer Hollywood-Psychologie – ihren Vater auf die Außerirdischen projizieren, oder genauer: werden die Außerirdischen ihrer Projektion so vorauseilend entgegenkommen, dass sie den aufgerissenen Augen gleich sichtbar in Vatergestalt erscheinen. Vorerst bleibt festzuhalten, dass der CQ-Ruf im ›you‹ immer nur sich selbst vernimmt. Denn die Kamerafahrt durch den Raum ist aufgrund des interstellaren Maßstabs eine akustische Fahrt durch die Zeit und damit eine Geschichte der bewussten oder unbewussten Sendungen und Rufe. Sie beginnt im Jetzt einer Radiosendung der 1990er und führt, je weiter der Blick von der Erde wegtreibt, durch die Funksprüche der *Apollo*-Missionen, durch Adolf Hitlers Olympia-Eröffnung, durch das Klacken der ersten Funkentelegraphen hinaus in die Stille des Alls, um sich zuletzt wieder in der Schleife des ›seek you‹ zu schließen. Der Raum wird so zu einer Funktion der Zeit, die – wie Lichtjahre als Maß der Entfernung – ganz konkret die Laufzeit von Signalen ist. Es geht also nicht zuletzt um die Verhältnisse von sequenzieller und simultaner Wahrnehmung, d.h. um Signale oder Fenster.[9] Wie wenig die räumliche Ordnung (des Fensters) bei der Kommunikation mit Außerirdischen hilft, mag daran abzulesen sein, dass sonst nur der Blinde in einer Welt der Zeit lebt. In dessen Dunkel werden jene Probleme des Raums, die nicht haptisch lösbar sind, durch Temporalisierung bewältigt, d.h. durch die Bildung von Sequenzen. Dinge und Menschen erscheinen und verschwinden nicht räumlich, sondern zeitlich: Sie tauchen aus dem Nichts auf, werden lauter, ihre Position und Entfernung wird durch Zeit und Geschwindigkeit bestimmbar, bis sie wieder in der Stille verschwinden. So muss auch eine ›blinde‹ Kommunikation mit Außerirdischen die Probleme des Raums, des Weltraums, als Aufgaben der Zeit behandeln. Die Suche nach Signalen ist keine (Raum-)Fahrt, sondern eine Zeit der Erwartung, deren Dauer sich kaum ermessen läßt.

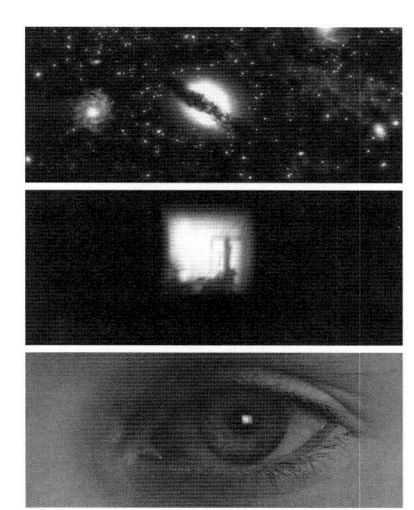

FILMSTILLS AUS *CONTACT*

★ ★ ★

Man mag die zahlreichen Projekte eines Kontakts mit Außerirdischen, von denen im Folgenden nur eines exemplarisch vorgestellt werden soll, in mehrerer Hinsicht als utopisch bezeichnen. *Erstens* nämlich in Bezug auf eine systematisch unumgängliche Beschäftigung mit der eigenen Zeitlichkeit und den eigenen ›Gespenstern‹, die in unterschiedlicher Weise auf eine ›Sprengung und Transformation der Ordnung‹[10] zielt; *zweitens* in Bezug auf eine Veränderung des Utopischen selbst, das sich nicht mehr auf eine literarische Einbildungskraft verlässt oder im Gesellschaftlichen zu intervenieren sucht, sondern rechnerisch auf die Unwahrscheinlichkeit des Realen selbst fokussiert;[11] *drittens* und zuletzt in Bezug auf die nachhaltige Sammlung und Ordnung eines ›Weltwissen‹, die sich im Spannungsfeld zwischen Archiv und idealer Konstruktion eines Selbst vollzieht.[12]

II.

Obwohl seit den frühen Sechzigern vermehrt Projekte zur Kommunikation mit Außerirdischen stattgefunden hatten[13] – etwa Hans Freudenthals mathematische Universalsprache,[14] die Abtastungen des *Project OZMA*[15] oder auch die *Greenbank Conference for the Search for Extraterrestrial Life*[16] –, markiert das Jahr 1971 eine entscheidende Wende. Nach vierjähriger Korrespondenz der Akademien der Wissenschaften der USA und der UdSSR war nämlich eine Tagung mit dem Titel *Communication with Extraterrestial Intelligence* möglich geworden, die – mitten im Kalten Krieg – die notorischen Grenzen der Blöcke übersprang.[17]

Sie fand, paritätisch mit amerikanischen und sowjetischen Forschern besetzt, im Astrophysischen Observatorium der Armenischen Akademie der Wissenschaften in Byurakan statt. Tagtäglich blickten also die versammelten Teilnehmer aus verschiedensten wissenschaftlichen Disziplinen, die später selbst noch ein kleines Archiv der Menschheit ins Weltall schicken sollten, auf den Berg Ararat, auf dem mit Noahs Arche schon einmal eine repräsentative Sammlung aus einer untergegangenen Welt landete. Und so war die Veranstaltung *zu* einem Kommunikationsexperiment zugleich *selbst* ein Kommunikationsexperiment. Mit ihrer nobelpreisbewehrten Besetzung aus Astronomen, Biologen, Physikern, Philosophen, Mathematikern, Historikern, Ingenieuren, Sprachwissenschaftlern, Anthropologen, Medizinern und Informatikern aus Ost und West bekundete sie einen transdisziplinären Verständniswillen, der sich wie eine kleine Probe zur großen Verständnisanstrengung mit Außerirdischen verhielt. Die Bedingung jeder Kommunikation mit außerirdischer Intelligenz, so Carl Sagan im Vorwort, sei die mit irdischer Intelligenz über verschiedene Geschichten, Nationalitäten, Sprachen und Disziplinen hinweg.[18]

Durchgehend ist dabei die unwahrscheinliche Kommunikation der ›Welten‹ mit der unwahrscheinlichen Kommunikation der ›Blöcke‹ imprägniert. So erwägen die Teilnehmer beispielsweise, den Vorgang extraterrestrischer Kontaktaufnahme in Begriffen mathematischer Spieltheorie zu beschreiben.[19] In ihrer klassischen Version (d.h. vor allem dem Gefangenendilemma) beschreibt diese präzise die Situation des Kalten Krieges, in der zwei Parteien mit der Aussicht auf je maximalen eigenen Gewinn kommunikations- und erbarmungslos die Rüstungsspirale vorantreiben.[20] Die russischen und amerikanischen Wissenschaftler am Fuße des Ararat stellen diesen Pokerspielern des Kalten Kriegs eine Kooperationstheorie entgegen,[21] die gleichermaßen für die Kommunikation mit Außerirdischen als auch auf Erden nötig wäre. Und deren Imperativ lautet, sich so zu verhalten, dass sich die Chancen des Verstehens erhöhen. Er würde bedeuten, die Epoche des Bluffens und der Täuschung zu beenden und die Utopie extraterrestrischer Kommunikation schon auf der Erde zu verwirklichen. In diesem Sinne wird beispielsweise auch der Vorschlag diskutiert, die Kontaktaufnahme mit Außerirdischen dadurch zu simulieren, dass man je einen Computer in Moskau und in New York aufstellt, den Kanal dazwischen als interstellares Medium versteht und versucht, unwahrscheinliche Kommunikation herzustellen.[22]

Die ganze Veranstaltung, deren Beiträge immer wieder mit den gleichen stereotypen Sätzen »I could visualize…«, »Let us consider…«, »Let us assume…«, »Let us imagine…«, »Suppose that…« oder einfach nur »What if…« anfangen, erscheint als eine einzige weiträumige Exploration des Möglichkeitssinns. Denn zur Frage, wie das Unbekannte wahrscheinlicher gemacht werden könnte, gehört fast zwangsläufig die Methode, das Bekannte unwahrscheinlicher zu machen. Wenn der Alien plausibel sein soll, müssen wir uns selbst erst einmal implausibilisieren. »Man kann sich selbst erst kennenlernen«, so zitiert Tagungsleiter Carl Sagan den Anthropologen Loren Eiseley, »wenn man die Reflexion aus einem anderen als einem menschlichen Auge einfängt«.[23] Noch einmal also das Auge. Dieses Staunen über den ›blauen Planeten‹, der durch die Raumfahrt erst wenige Jahre zuvor zur Gänze beobachtbar geworden war, hebt bei der damals gegenwärtigen Situation von atomarer Bedrohung, Überbevölkerungsangst und Ressourcenknappheit an und mündet in den grundlegendsten Fragen der Existenz: Was ist Leben? Was ist Denken? Was ist Geschichte? Im Alien erweist sich nicht nur (bei aller Freundschaft) die eigene Frage als Gestalt, sondern umgekehrt müssen wir selbst zu Aliens werden. »Immer häufiger spielte ich nun die Rolle des Außerirdischen«, schrieb John Lomberg später während seiner Arbeit am Bildprogramm der Voyager-Sonde.[24] Und so erfindet David Hubel vom MIT zur und auf der aktuellen eine mögliche Tagung: Was wäre, wenn zur gleichen Zeit, in einer Parallelaktion irgendwo in den fernen Tiefen der Galaxis, noch eine weitere Konferenz zum gleichen Thema stattfände? Eine muntere Runde von »little beasties«,[25] ausgestattet mit einem ganz eigenen Sinn für Alienzentrismus, die über fremde Zivilisationen spekulieren und dabei nicht über den Tellerrand ihrer eigenen Ontogenese hinauszublicken vermögen? Und so nehmen die Wissenschaftler der Erde nun an, dass die Wissenschaftler eines fernen Planeten sich vor allem darüber einig sind, dass wir wohl sehr klein sein müssen und keine Individualität oder Persönlichkeit besitzen. Ein entscheidender Schritt in unserer Evolution, der später mit großer Wahrscheinlichkeit zum Aufbau technischer Zivilisation und zu beeindruckenden Ingenieursleistungen geführt hat, wäre unsere Fähigkeit zu direkter elektrischer Kommunikation von Nervensystem zu Nervensystem. Denn erst so ergäbe sich die Chance einer komplexen sozialen Organisation und entstünden die unverzichtbaren Netzwerke und Muster kollektiver Intelligenz. Und dass man darüber nicht lange diskutieren muss, erschien den vorgestellten Außerirdischen als eine Evidenz der Ökonomie, die doch überall dort im Universum gelten sollte, wo intelligentes Leben schon entstanden ist oder noch entstehen wird. Denn wie schlecht beraten wäre die Evolution, würde sie Individuen produzieren, deren erlerntes Wissen mit jedem Todesfall unweigerlich verloren geht und die sich dauernd missverstehen? Jede kulturelle Stabilität und Nachhaltigkeit beruhe schließlich auf Redundanz und der Sicherung der Kommunikation…

Es geht also um die Frage der Vorstellung im mehrfachen Sinn: Wie stellen wir uns selbst über die Vorstellung eines Beobachters vor, dem wir uns vorstellen wollen? Und das heißt auch: Wie stellen wir uns vor, welche Vorstellung dieser Beobachter von uns bekommen soll, wenn wir uns vorstellen? Solche Fragen sind selbstredend zirkulär wie die Schleife zu Beginn von *Contact*, weil keinerlei gemeinsame Sprache oder Kultur die vielen Unterstellungsunterstellungen wahrscheinlicher machen kann. Und genau diese Unwahrscheinlichkeit unser selbst ist das Thema, um das sich die gesammelten Beiträge der Konferenz ranken.

III.

Seit außerirdische Lebensformen nicht mehr bloß Sache literarischer Einbildungskraft und andere Welten nicht mehr bloß Gegenstand philosophischer Spekulation, sondern mit der Erschließung des elektromagnetischen Spektrums, mit Raumflug und digitalen Computertechnologien in die Reichweite des Experiments geraten waren,[26] wurde die Frage der vielen Welten und zugleich der Unwahrscheinlichkeit des Realen zu einer der Wahrscheinlichkeitsrechnung. So bildet die Aussicht der Tagung und zugleich ihre erste Überschrift[27] auch jene legendäre Formel $N = R_\star f_p n_e f_l f_i f_c L$, die »eine riesige Menge Unwissenheit auf kleinem Raum« ordnet.[28] Frank Drake, einer der Pioniere der Suche nach außerirdischer Intelligenz, hatte sie um 1960 aufgestellt, um die Unwahrscheinlichkeit von Sternen ($R_\star$) und Planeten (f_p), von geeigneten Umwelten (n_e) und des

Lebens (f_l), von Intelligenz (f_i), Zivilisation (f_c) und deren Lebensdauer (L) grob zu estimieren.

Die Tagung löst diese Gleichung schlicht in ihre Bestandteile auf und gibt jeder Sektion eine einzelne Variable zur Behandlung. Und damit gilt für jede Variable das produktive Dilemma der Unwahrscheinlichkeit, das der Physiker Sebastian von Hoerner in der Frage zusammenzieht: »Can we do statistics with $n=1$?«[29] Denn die Singularität sind wir selbst, die wir keine andere Umwelt und keine andere Form des Lebens als unsere eigene kennen, die wir keiner anderen Intelligenz und Zivilisation als unserer eigenen begegnet sind und nicht einmal von dieser wissen, wie lange sie dauern wird. Wenn man also Statistik mit nur einem Datum betreibt, dann hat allenfalls die Annahme, dass dieses Datum durchschnittlich ist, die größte Wahrscheinlichkeit der Richtigkeit.[30] Wenn wir also durchschnittlich sind und wenn 2% aller Sterne einen Planeten haben, auf dem Leben möglich ist, dann hat sich – so Hoerners Rechnung – zumindest auf 1% auch Leben entwickelt. Und wenn wir durchschnittlich alt und unsere Sonne vergleichsweise jung ist, dann wird wahrscheinlich schon seit 5 Milliarden Jahren mit uns kommuniziert, ohne dass wir es bemerkt haben.

In dieser Verdopplung einer Botschaft, die *einerseits* zu senden wäre, aber vielleicht nie empfangen wird und einer Botschaft, die *andererseits* vielleicht immer schon gesendet, aber nie vernommen wurde, entfaltet sich eine geradezu eschatologische Paradoxie. Die Wahrscheinlichkeitsrechnung spannt gewissermaßen eine Welt der Diaspora auf: Denn wenn es ein Heil gibt, wird unsere Anrufung wahrscheinlich nie gehört werden, und wenn wir schon im Heil sind, werden wir es wahrscheinlich nie vernehmen. Gegen diese Unwahrscheinlichkeiten helfen allemal nur Glaube, Hoffnung und Liebe: Ein fester Glaube daran, dass die Außerirdischen uns in jeder Weise überlegen sind, eine unerschütterliche Hoffnung, die das endlose Warten an den Radioteleskopen trägt, und eine Liebe, die sich in finsteren Zeiten durchsetzen muss, um am Tage des Kontakts als Erkennungszeichen zu dienen.[31] Mit guten Gründen geht es also darum, »[to] develop institutions that have a longer life span than those currently conceived« – und das heißt konkret: Religionen oder Priesterschaften, die das Erwarten und Verstehen einer himmlischen Antwort über extrem lange Zeiträume organisieren.[32] Ebenso wie die Gewissheit der eigenen Katastrophe, die Dystopie der irdischen Zukunft, ist auch die Gewissheit der fremden Überlegenheit, die Utopie einer himmlischen Zukunft, Ergebnis eines Rechenprozesses von Möglichkeiten und Wahrscheinlichkeiten. Denn wenn von Hoerners paradoxe Statistik des Singulären recht hat, dann bleibt gar nichts anderes übrig, als »superior civilizations« im Weltall zu vermuten – Gesellschaften, die den ›Faustischen Menschen‹ überwunden haben und Wesen, die in einem stabilen, goldenen Zeitalter leben, das wie ein ›galaktisches polynesisches Archipel‹ anmutet.[33]

Dem stehen unsere ›gegenwärtigen Probleme‹ gegenüber, die um 1971 Überpopulation, Atomkrieg und Ressourcenknappheit heißen. So nähert sich beispielsweise (so von Hoerner) die terrestrische Bevölkerungskurve schon im Jahr 2026 gefährlich der Unendlichkeit. Selbst wenn wir den Weltraum mit dieser Geschwindigkeit bevölkern würden, d.h. wenn die Menschheit sich kugelförmig über bewohnbare Planeten der Umgebung ausbreiten würde, und diese Sphäre sich gemäß der aktuellen Wachstumsrate jedes Jahr um 2% ausdehnen würde, dann würden wir uns schon nach 75 Parsec mit Lichtgeschwindigkeit ausbreiten. Und es würde nur 500 Jahre dauern, bis die 30 000 nächst gelegenen Planeten so dicht besiedelt wären wie die Erde um 1970.[34] Das wären wohl die *Grenzen des Wachstums* in interstellarem Maßstab. Und Ernst von Weizsäcker folgend konstatierte man einen Zyklus von 7 Jahren, in dem das Veralten von Waffensystemen die Kriegsgefahr jeweils erhöht. Bei einer Annahme einer Wahrscheinlichkeit von 10% wäre demnach schon 45,6 Jahre nach dem Zweiten Weltkrieg ein dritter wahrscheinlicher als der Frieden und stünde folglich um 1990 bevor[35] – mit all den Folgen, die die Studien der militärischen Beraterorganisationen damals nicht müde wurden hochzurechnen.

Diese und viele andere Gedankenexperimente weisen darauf hin, dass wir nicht erlöst werden, denn von Hoerner errechnet als günstigste Laufzeit für eine Botschaft immerhin 600 Jahre, so dass eine Antwort frühestens im Jahre 3 200 zu erwarten sei. Wir müssen uns also darauf vorbereiten, als Mega-Subjekt namens »Zivilisation« zu kommunizieren.[36] Und dies könnte zweierlei bedeuten. Die *eine* Möglichkeit bestünde darin, um die Aufmerksamkeit eines ›abwesenden Gottes‹ zu trommeln. Dies hieße beispielsweise (einem Vorschlag James Elliotts folgend), alle Atomwaffen der USA und der UdSSR zugleich auf der dunklen Seite des Mondes zu zünden und damit eine Verzerrung des elektromagnetischen Feldes herbeizuführen, die noch in 190 Lichtjahren zu sehen wäre. Mit dem einzigen Nachteil, dass »if the receiving civilization were not watching at that moment that's it.«[37] Die Zerstörung selbst wäre das Rufzeichen, das um Hilfe vor der Zerstörung ruft und uns hoffentlich *(per aspera ad astra)* durch den Untergangs schneller ins Heil führt. (Eine Option, die auch den frühen Märtyrern nicht fremd war, bis Kirchenväter wie Clemens von Alexandrien den heilsbeschleunigenden Suizid mit gut platonischen Gründen zu unterbinden wussten.) Die *andere* Möglichkeit bestünde darin, uns selbst als Botschaft aufzufassen und – so der Plan im Angesicht des Berges Ararat – diese in die Zukunft zu senden. Es ginge somit darum, eine Bestandsaufnahme der Welt vorzunehmen, sie zu repräsentieren, eine Arche damit zu bestücken und diese vor dem Untergang auszusenden.[38] Und damit geriete man – Abwesenheit und Nicht-Verstehen vorausgesetzt – nur in die allzu bekannte Schleife: In einer erneuten ›Reflexion aus einem anderen als einem menschlichen Auge‹ müssten wir zu Archäologen unserer Kultur werden, der wir mit dem Blick eines Außerirdischen begegnen, der immer nur unser eigener, verfremdeter Blick ist. Wir müssten die Welt noch einmal machen, im Kleinen, repräsentativ das auswählend, was auch nach ihrem Untergang nicht vergessen sein soll, um sie an einen Außerirdischen zu schicken, dem Verstehen unterstellt wird und der wir selbst sind. Die Teilnehmer der Konferenz sind sich über diesen ebenso utopischen wie paradoxen Auftrag einigermaßen im Klaren: »CETI can help us to solve our terrestrial problems and increase the lifetime of our civilization.«[39]

Wiederum hat es der Film *Contact* nicht versäumt, dies ins Bild zu setzen. Nach einer Passage in einer nach außerirdischen Plänen konstruierten Maschine erwacht die Protagonistin. Diesmal fährt die Kamera nicht aus dem Schwarz des Auges heraus, sondern in dieses hinein, und statt des Fensters als Sinnbild der perspektivischen Ordnung des Subjekts schwebt nun der ganze Körper in embryonaler Stellung hinab, um an einem paradiesischen Strand ›geboren‹ zu werden.[40] Bevor jedoch die Projektion des Außerirdischen als Vater auf der Szene erscheint, ertastet die Heldin den Himmel und die Palmen, worauf die berührten Partien des Bildes beginnen, wie ein Stück Stoff zu schwingen und sich zu wellen. Es ist gewissermaßen ein Zupfen an der sonst nur latenten »Traumleinwand« selbst, die ja nach Bertram D. Lewins These wiederum nur die Mutterbrust ist, an der der Körper der oralen Phase noch keine Grenze kannte.[41] Und kaum dass der Außeridische/Vater als Trauminhalt manifest wird, teilt dieser auch sogleich mit, dass das Glück des Schlafens verboten sei. Die Protagonistin wird zurück in ihre Welt gesandt, die noch etliche Zeit verbessert werden muss, bevor sie irgendwann einmal in die intergalaktische Gemeinschaft

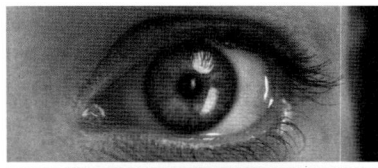

FILMSTILLS AUS *CONTACT*

aufgenommen werden kann. Das Geschichtsgericht wird ins Gewissensgericht vertagt. Und das läuft mehr oder minder auf die Versprechungen hinaus, die Präsident Jimmy Carter wenige Jahre später ins All senden sollte: »Wir Menschen sind zwar noch in nationale Staaten unterteilt, aber diese Staaten werden bald eine einzige, globale Zivilisation sein […] Wir versuchen, unsere Zeit zu überleben, so dass wir in eurer leben können. Wir hoffen, nach der Lösung unserer gegenwärtigen Probleme einmal einer Gemeinschaft von Milchstraßen-Zivilisationen beizutreten.«[42]

IV.

Der Versuch, tatsächlich ein kleines Archiv der Menschheit ins All zu schicken (u.a. mit den eben zitierten Worten Carters) fand dann wenige Jahre später, 1977, mit den *Voyager*-Sonden statt. Dabei folgten der medientheoretisch ambitionierten Bauanleitung eines Abspielgerätes für die beiliegenden analogen und digitalen Datenträger ein Bilderatlas und eine Audiothek der Erde, die im mehrfachen Sinne ›repräsentativ‹ für die Gesamtheit unserer Welt sein sollten, die es in jene ca. 100 kBit zu pressen galt, die eher einem Schlauchboot als einer Arche ähneln.

Was folgt, ist auf der Audio-Platte eine Auswahl von Grüßen in verschiedenen Sprachen, deren Repräsentativität noch relativ leicht über die Größe der Sprachgemeinschaften entschieden werden konnte. Nur die (zahlen)stärksten überleben.[43] Deutlich komplizierter war die Auswahl der Musikstücke, die kein »westeuropäisches Musikghetto«,[44] sondern eine Art ›world music‹ sein sollte. So führt das Programm – nicht zuletzt von Urheberrechtsfragen[45] gesteuert – von Bach zu Initiationsgesängen pygmäischer Mädchen, von Louis Armstrong zu japanischer Shakuhachi-Musik, von Mozart zu aserbeidschanischen Dudelsackpfeifen, oder auch von Strawinsky zu Navajo-Gesängen. Anders als bei den verschiedenen Sprachen, für die es eine quantitative Schwelle der Repräsentation gibt, wirft die Auswahl der Musik qualitative Fragen des angemessenen Ausdrucks von Identität auf. Wie zu erwarten, geht es weniger um die Wahrnehmung des Außerirdischen, der in den ausführlichen musikhistorischen Ausführungen zur Begründung der Selektion so gut wie nie erwähnt wird,[46] sondern darum, was ›die Menschheit‹ von sich selbst wissen, bewahren und repräsentiert sehen will. Es geht, kurz gesagt, um Identitätspolitik. Was ist typisch amerikanische Musik? Ein Lied der Navajo-Indianer oder *Melancholy Blues* von Louis Armstrong? Bob Dylan oder Elvis? So wurde beispielsweise für die UdSSR das Potpourri *Der junge Hausierer* für Tenor, Balalaika und Chor mit Nicolai Gedda als Solisten ausgewählt.[47] Nun war aber Gedda Skandinavier und Sohn weißrussischer Eltern und damit ein eher fragwürdiger Repräsentant russischer Volksmusik. Und überhaupt: Überdauert die Authentizität solcher Volkskultur eine Revolution wie die von 1917? Kann das Thema des Stücks – ein kapitalistischer Unternehmer befasst sich mit der Verführung junger Frauen – von den Bürgern der UdSSR als beleidigend oder atypisch betrachtet werden? All dies wurde Gegenstand einer Anfrage der NASA, die monatelang in der sowjetischen Akademie der Wissenschaften (und vermutlich auch im Kreml) zirkulierte und letztlich mit dem konzilianten Lenin-Wort quittiert wurde, dass auch kapitalistische Aspekte der prä-revolutionären russischen Kultur wichtig und erhaltenswert seien.[48]

Solche spitzfindigen Unterhandlungen kannte die Bildauswahl nicht. Carl Sagans Bericht über das Projekt verzeichnet zwar 88 musikwissenschaftliche Lite-

BEISPIELE AUS DEM VOYAGER-BILDPROGRAMM

raturangaben, aber keine einzige bildwissenschaftliche oder kunsthistorische. Man hielt sich an einen der schlichteren Schlußsätze der CETI Konferenz von 1971, der lautete: »we can draw pictures«[49]. Für die Bildauswahl scheint nicht mehr erforderlich, als sich in einen Zustand okularer Unschuld von Kindern oder ›Primitiven‹ zu versetzen:[50] »Ich sah mir die Fotos an und versuchte mir vorzustellen, den Gegenstand noch nie gesehen zu haben.«[51] Viel mehr als der Musik kommt jedoch den Bildern zu, ein ›Weltwissen‹ zu versammeln. Beginnend bei einem Testbild erstreckt sich das Programm über Einheiten und Maße, Naturgesetze und Aufbau der DNA, astronomische Konstellationen und anatomische Beschaffenheiten, Früchte und Pflanzen, Tiere, Menschen verschiedener Rassen und Alter, Jahreszeiten, Behausungen, Transportmittel usw. Dabei bleiben Kuriositäten nicht aus (Abb. 8-11), wie etwa eine Allegorie des Geschmackssinns, angesichts derer Lomberg nur selbstironisch konstatieren kann, dass sie der Milchstraße wohl erzählt, »dass wir von Brot, Wasser und Eiscreme leben«.[52] Kultur scheint darin zu bestehen, dass Frauen das Feuer hüten und Männer »schöpferische Triebe«[53] besitzen, die sie zur Ölmalerei treiben. An einer pakistanischen Straßenansicht, die einen »Querschnitt durch das Nahtransportwesen« darstellt und den Außerirdischen zeigen soll, dass in unserer »sehr jungen wissenschaftliche Zivilisation [...] Fortschrittliches und Primitives nebeneinander existieren«,[54] fällt weder die Betrachterperspektive auf, die darauf schließen lassen sollte, dass wir fliegen können, noch wird gar die Vermutung laut, dass wir in Staus leben. Dies würde uns vielleicht mit den Außerirdischen verbinden, die wahrscheinlich auch dann und wann Verkehrsprobleme haben: »Die Mannschaft des Raumschiffes, das die Voyager-Kapsel bergen wird, hat vielleicht ihre eigenen Erfahrungen mit Schiffen, Traktoren oder Schlitten, die im unvorstellbaren Schlamm fremder Planeten steckengeblieben sind.«[56]

★ ★ ★

So wenig diese Konstruktion einer vollständigen Miniaturwelt einem Außerirdischen über die Welt von 1977 sagen würde und so wenig überhaupt eine Antwort erwartet wird,[56] so viel verrät sie über ihren utopischen Anspruch. Im Angesicht drohender Katastrophen, die nicht mehr Erzeugnis dichterisch-dystopischer Einbildungskraft sind, sondern als computierte, virtuelle Wahrscheinlichkeiten allesamt auf den Sprung in die Aktualität lauern, herrscht ein Bilderverbot genau dort, wo die Botschaft selbst ihren Ursprung nimmt: bei Atomkrieg und Krankheit, bei Verbrechen und Armut, bei Überbevölkerung und Umweltzerstörung.[57] Der Grund der Sendung ist zugleich ihr blinder Fleck. Es ist eine gespensterhafte Welt ohne Hunger und ohne Krankheit, ohne Fundamentalismus und ohne Krieg, die sich – *to whom it may concern* – auf eine Zeitreise begibt, um als vergangene Zukunft oder zukünftige Vergangenheit schon gefunden worden zu sein.

ANMERKUNGEN

[1] Brief an Milena, Ende März 1922.

[2] Bei Jean Baudrillard etwa ›auf der Straße‹ oder in der ›Verführung‹ (*Kool Killer oder der Aufstand der Zeichen*, Berlin 1978; *Laßt euch nicht verführen!*, Berlin 1983).

[3] Niklas Luhmann: »Die Unwahrscheinlichkeit der Kommunikation«, in: *Soziologische Aufklärung 3: Soziales System, Gesellschaft, Organisation*, Opladen 1981, S. 25-34.

[4] Auf etwas dieser Art liefe Whorfs Hypothese heraus, nach der der Zeitbezug in Sprache und Vorstellung der Hopi-Indianer fehlt (vgl. Benjamin L. Whorf: *Language, Thought, and Reality. Selected Writings*, (Hg) John B. Carroll, Cambridge/Mass. 1956; widerlegt bei Ekkehart Malotki: *Hopi Time. A Linguistic Analysis of the Temporal Concepts in the Hopi Language*, Berlin/New York 1983; ich danke Erhard Schüttpelz für diesen Hinweis).

[5] Bspw. Martin Buber: *Ekstatische Konfessionen*, Jena 1909; Fritz Mauthner: *Beiträge zu einer Kritik der Sprache*, Leipzig ³1923, Bd. 3, S. 547-642.

[6] Joseph Vogl: »Apokalypse als Topos der Medienkritik«, in: Jürgen Fohrmann/Arno Orzessek (Hg.): *Zerstreute Öffentlichkeiten. Zur Programmierung des Gemeinsinns*, München 2002.

[7] USA 1997, Regie: Robert Zemeckis. Die Genauigkeit mit der der Film sich auf Projekte außerirdischer Kommunikation referiert, ist selbstredend kein Zufall. Carl Sagan, der jahrzehntelange Initiator und Koordinator solcher Unternehmungen, fungierte schließlich als Autor und Berater.

[8] *To Whom it may concern* heißt als utopische Kommunikationstheorie »eine Nachricht […], die man selbst als eine ›goal-seeking message‹ bezeichnen muss, also als eine Nachricht, die analog zu einem Servomechanismus […] ›sich selbst ihr Ziel suchen‹ würde, und anhand ihrer eigenen ›Zielkonstanz‹ […] ihren Adressaten findet« (Erhard Schüttpelz: *To Whom It May Concern Messages*, in: C. Pias (Hg.): *Cybernetics/Kybernetik. Die Macy-Konferenzen 1946-1953*, Bd. 2, Zürich 2004, S. 115-130.

[9] Die Verhältnisse von Linie, Fläche und Raum werden später noch einmal thematisiert, wenn die Protagonistin Signale von Außerirdischen empfängt. Auf eine Trägerfrequenz sind dabei drei Signale moduliert, von denen eines von allen Anwesenden akustisch (d.h. eindimensional) wahrgenommen wird, das zweite von einem kundigen Mitarbeiter an einem *Windows*(!)-Rechner zweidimensional visualisiert wird, das Dritte aber (von einem ebenso mysteriösen wie genialen Sponsor) als dreidimensionaler Bauplan eines Transportsystems interpretiert wird.

[10] Karl Mannheim: *Ideologie und Utopie*, Bonn 1929.

[11] Zum Mitte der 40er Jahre begründeten Begriff der ›Futurologie‹ als ›dritter Weg‹ zwischen Ideologie und Utopie vgl. Ossip K. Flechtheim: *Ideologie, Utopie und Futurologie*, in: *Atomzeitalter* 3(1964), S. 70-73; ders.: *Futurologie als dritte Kraft*, Zürich 1973. Eine diskurshistorische Aufarbeitung der unzähligen Publikationen, die während des Kalten Krieges zur Futurologie entstanden, steht noch aus, insbesondere in Bezug auf die Geschichte der Computersimulation und der (nicht allein militärischen) Szenario-Entwicklung.

[12] Zum Zusammenhang von Sammlung und Utopie Horst Bredekamp: *Antikensehnsucht und Maschinenglauben. Die Geschichte der Kunstkammer und die Zukunft der Kunstgeschichte*, Berlin 1993.

¹³ Erste Kommunikationsversuche reichen in die 1920er Jahre zurück; vgl. *Marsmenschen. Wie die Außerirdischen gesucht und erfunden wurden*, J. Fetscher/R. Stockhammer (Hg), Leipzig 1997.

¹⁴ Hans Freudenthal: *LINCOS. Design of a Language for Cosmic Intercourse*, Amsterdam 1960.

¹⁵ Benannt nach der Königin in Frank Baums *Wizard of Oz*. Dabei tastete Frank Drake 1960 vier Monate lang Tau Ceti und Epsilon Eridani mit einem Radioteleskop nach ›intelligenten‹ Signalen ab.

¹⁶ 1960/61 durchgeführt von Frank Drake und Bernhard Oliver am Greenbank Observatory in West Virginia.

¹⁷ Carl Sagan (Hg): *Communication with Extraterrestial Intelligence*, Cambridge/Mass. 1973 (im Folgenden CETI).

¹⁸ *CETI*, a.a.O., S. xi.

¹⁹ Ebd., S. 262f.

²⁰ Claus Pias: *Computer Spiel Welten*, München 2002, S. 266ff.

²¹ Vgl. bspw. John E. Nash: *Two-Person Cooperative Games*, in: *Econometrica*, 21(1953), S. 128-140; Thomas Schelling: *The Strategy of Conflict*, Cambridge 1960; Robert Axelrod: *The Evolution of Cooperation*, New York 1984.

²² *CETI*, a.a.O., S. 271.

²³ Carl Sagan: *Signale der Erde. Unser Planet stellt sich vor*, München/Zürich 1980 (New York 1978), S. 81.

²⁴ Ebd., S. 81.

²⁵ *CETI*, a.a.O., S. 122.

²⁶ Ebd., S. 2f.

²⁷ Ebd., S.1, mit Untertitel »Prospect«.

²⁸ Charles Lineweaver zitiert nach Ulf von Rauchhaupt: »Die Formel des Dr. Drake«, in: *FAZ Sonntagszeitung*, 23. Dezember 2001, S. 66f.

²⁹ *CETI*, a.a.O., S. 173.

³⁰ Ebd., S. 173.

³¹ Eines der stärksten Motive des Films *Contact*: die Liebe der Tochter zu ihrem Vater, die Liebe der Wissenschaftlerin zu einem Theologen(!), das Verhältnis von Liebe und Beweis, der liebende Außerirdische…

³² *CETI*, a.a.O., S. 172, 344. Ähnliche Vorschläge werden fast gleichzeitig zur Sicherung von radioaktivem Müll gemacht (Roland Posner (Hg.): *Warnungen an eine fernen Zukunft*, München 1990).

³³ *CETI*, a.a.O., S. 155.

³⁴ Ebd., S. 175.

³⁵ Ebd., S. 175.

³⁶ Ebd., S. 338.

³⁷ Ebd., S. 253.

³⁸ Die während des Kalten Krieges begonnen »Kulturbunker« erfüllen ganz ähnliche Aufgaben.

³⁹ *CETI*, a.a.O., S. 347f.

⁴⁰ Die konsequente Blöße der Nacktheit kann sich Hollywood natürlich nicht geben – lediglich einige technische Gadgets werden bei der Passage abgelegt und signalisieren vorsichtig, daß man dem Außerirdischen im paradiesischen Zustand entgegenzutreten hätte.

⁴¹ Bertram D. Lewin: »Sleep, the Mouth, and the Dream Screen«, in: *Selected Writings*, Hg. J.A. Arlow, New York 1973, S. 87-100.

[42] *Signale der Erde*, a.a.O., S. 33.

[43] Immerhin wurden Gesänge von Buckelwalen aufgenommen, wenn auch vielleicht nur wegen des Wortspiels mit dem lateinischen *cetus* und seinem Genitiv *ceti*. Der Film *StarTrek IV: The Voyage Home* wird dies 1987 zum Thema machen: Eine außerirdische Macht bedroht im 23. Jhd. die Erde und niemand kann mit ihr kommunizieren, weil sie eine Antwort von Buckelwalen erwartet, die im 21. Jhd. ausgerottet wurden. Die Enterprise muss also Buckelwale aus der Vergangenheit besorgen, damit die Erde nicht bei der Evaluation untergeht.

[44] *Signale der Erde*, a.a.O., S. 27.

[45] So durfte beispielsweise der Beatles-Song *Here Comes The Sun* nicht verwendet werden.

[46] *Signale der Erde*, a.a.O., S. 163-209.

[47] Ebd., S. 28.

[48] Ausgewählt wurde dann das georgische Stück *Tschakrulo*, das von der Revolte gegen einen Großgrundbesitzer handelt.

[49] *CETI*, a.a.O., S. 347.

[50] Claus Pias: »Unschuldige Augen«, in: F. Hartmann/E. K. Bauer (Hg.): *Bildersprache. Otto Neurath. Visualisierungen*, Wien 2002, S. 136-139.

[51] *Signale der Erde*, a.a.O., S. 81.

[52] Ebd., S. 113.

[53] Ebd., S. 115.

[54] Ebd., S. 119.

[55] Ebd., S. 121.

[56] So weiß Philip Morrison in seinem Vortrag zu den »Conseqences of Contact« nichts zu benennen weiß, was wir von den Außerirdischen lernen könnten oder wissen wollten (*CETI*, a.a.O., S. 347f).

[57] *Signale der Erde*, a.a.O., S. 72.

DANKSAGUNG

An erster Stelle möchte ich allen Autoren herzlichst danken, die mit ihrem großen persönlichen Einsatz, mit ihrem Wissen, ihrer Kreativität und ihrer Zeit diesen Sammelband überhaupt erst möglich gemacht haben.

Ein besonderer Dank gilt Michael Fehr für die Einladung zur Konzeption des gleichnamigen Symposiums am Karl-Ernst-Osthaus-Museum in Hagen 2002, auf dem dieser Band basiert, sowie für die finanzielle Unterstützung dieses Buches. Thomas Rieger sei gedankt für seine anhaltende Fürsprache zur Realisierung des Bandes, Gunda Foerster für Korrekturen und Michael Heitz für eine wunderbare Zusammenarbeit.

Mein sehr persönlicher Dank geht an Lymant Tower Sargent und Wilhelm Vosskamp, die mich ermutigt haben, dieses Thema weiter zu verfolgen, sowie an Heinz Hirdina für seinen unermüdlichen Zuspruch und an Claus Pias, der mit Korrekturen und Kritik in unterschiedlichen Phasen des Projektes zur Seite stand.

Annett Zinsmeister, Berlin 2005

DIE AUTOREN

CHRISTOPH ASENDORF

ist seit 1996 Professor für Kunst und Kunsttheorie an der Kulturwissenschaftlichen Fakultät der Europa-Universität Viadrina in Frankfurt (Oder). Publikationen u.a.: *Batterien der Lebenskraft – Zur Geschichte der Dinge und ihrer Wahrnehmung* (1984, Amerikan. Ausg. 1993, dt. Neuausg. 2002); *Ströme und Strahlen – Das langsame Verschwinden der Materie um 1900* (1989); *Super Constellation – Flugzeug und Raumrevolution. Die Wirkung der Luftfahrt auf Kunst und Kultur der Moderne* (1997).

HARTMUT BÖHME

ist seit 1993 Professor für Kulturtheorie an der Humboldt Universität Berlin. Ab 1977 Professor für Neuere Deutsche Literatur an der Universität Hamburg. Publikationen zu Kulturgeschichte und -theorie, Literaturgeschichte des 18.-20. Jahrhunderts, Ethnopoesie und Autobiographik, Natur- und Technikgeschichte in den Überschneidungsfeldern von Philosophie, Kunst und Literatur, Historische Anthropologie u.a.: *Netzwerke. Eine Kulturtechnik der Moderne,* Hg. mit J. Barkhoff, J. Riou (2004); *Orientierung Kulturwissenschaft. Was sie kann, was sie will,* Hg. mit P. Matussek, L. Müller (2000); *Feuer Wasser Erde Luft. Kulturgeschichte der Naturwahrnehmung in den Elementen* mit G. Böhme (1996); *Literatur und Kulturwissenschaft,* Hg. mit K. Scherpe (1996).

KAI-UWE HEMKEN

ist seit 1992 Kustos am Kunstgeschichtlichen Institut / Kunstsammlungen der Ruhr Universität Bochum. Studium der Kunstgeschichte Germanistik und Philosophie in Marburg und München. 1993 Promotion, 2003 Habilitation zum Thema »Gedächtnis-Kunst im Medienzeitalter« an der Bauhaus-Universität Weimar. Publikationen zur Kunst des 20. Jahrhunderts u.a.: *El Lissitzky. Revolution und Avantgarde* (1990); *Gedächtnisbilder. Vergessen und Erinnern in der Gegenwartskunst,* Hg. (1996); *Bilder in Bewegung. Traditionen digitaler Ästhetik,* Hg. (2000).

UTE HOLL

ist wiss. Mitarbeiterin und lehrt seit 2001 an der Bauhaus-Universität Weimar, Forschung zur Kinogeschichte, Kinowahrnehmung und zum Experimentalkino. Publikationen u.a.: *Kino, Trance und Kybernetik* (2002), *Suchbilder. Visuelle Kultur zwischen Algorithmen und Archiven,* Hg. mit W. Ernst, S. Heidenreich (2003); *Choreographie für eine Kamera. Schriften zum Kino von Maya Deren,* Hg. mit J. Hercher (1995).

DIE AUTOREN

HELMUT MÜLLER-SIEVERS
ist Professor für vergleichende und deutsche Literaturwissenschaft an der Northwestern University in Evanston / Chicago. Publikationen u.a.: *Epigenesis* (1993); *Self-Generation* (1997); *Desorientierung* (2003).

WALTER PRIGGE
ist seit 1996 Leiter und wiss. Mitarbeiter an der Stiftung Bauhaus Dessau. Publizist und Stadtforscher in Frankfurt/Main. Publikationen u.a.: *Ernst Neufert: Normierte Baukultur im 20. Jahrhundert,* Hg. (1999); *Bauhaus und Brasilia Ausschwitz und Hiroshima: Weltkulturerbe des 20. Jahrhunderts,* Hg. (2003).

CLAUS PIAS
ist seit 2003 Professor für Medienwissenschaft an der Universität Essen, 2002-03 Juniorprofessor für Medienphilosophie und Medientechnik an der Ruhruniversität Bochum. Publikationen zur Technikgeschichte, Medientheorie und Kunstgeschichte u.a.: Hg. der Reihe Medien *hoch i,* Hg. der Reihe *re:fresh,* Hg. der Reihe *visual intelligence,* Mitherausgeber der Reihe *sequenzia, Kursbuch Medienkultur,* Hg. mit J.Vogl, L.Engell (1999); *Computer Spiel Welten* (2002); *Cybernetics – Kybernetik. Die Macy-Konferenzen 1946-53,* Hg. (2003); *Zukünfte des Computers,* Hg. (2004).

WOLFGANG SCHÄFFNER
ist seit 2003 Walter-Gropius-Professor an der Facultad de Arquitectura, Diseno y Urbanismo der Universidad de Buenos Aires. Arbeitsgebiete: Geschichte der Wissenschaften, Medien und Künste seit der Frühen Neuzeit; Geschichte und Epistemologie grafischer Operationen. Publikationen u.a. *Das Laokoon-Paradigma. Zeichenregime im 18. Jahrhundert,* Hg. mit I. Baxmann, M. Franz (2000); *Der liebe Gott steckt im Detail. Mikrostrukturen des Wissens,* Hg. mit T. Macho, S. Weigel (2003); *Electric Laokoon. Zeichen und Medien von der Lochkarte zur Grammatologie,* Hg. mit M. Franz u.a. (2003).

JOSEPH VOGL
ist seit 1996 Professor für Theorie und Geschichte künstlicher Welten an der Fakultät Medien der Bauhaus-Universität Weimar. Publikationen u.a.: *Ort der Gewalt. Kafkas literarische Ethik* (1990); *Gemeinschaften. Positionen zu einer Philosophie des Politischen,* Hg. (1994); *Gilles Deleuze – Fluchtlinien der Philosophie,* Mit-Hg. (1996); *Poetologien des Wissens um 1800,* Hg. (1999); *Kursbuch Medienkultur,* Hg. (1999); *Kalkül und Leidenschaft. Poetik des ökonomischen Menschen* (2002); *Europa: Kultur der Sekretäre,* Mit-Hg. (2003); *Gesetz und Urteil. Beiträge zu einer Theorie des Politischen,* Hg. (2003).

ANNETT ZINSMEISTER

ist seit 2003 Gastprofessorin für Theorie und Gestaltung an der Kunsthochschule Berlin Weissensee, Arbeitsgebiete: Architektur, Kunst, Design, Kulturtechnik. Publikationen u.a. in ARCH+, bauwelt, Portal-Kunstgeschichte; *Plattenbau oder die Kunst, Utopie im Baukasten zu warten,* Hg. (2002); *Lebens(t)raum im Bausatz* in: *Neue Rundschau. Standards* (2004), *Analogien im Digitalen. Architektur zwischen Messen und Zählen* in: *Hyperkult II. Zur Ortsbestimmung analoger und digitaler Medien,* Hg. W. Coy, C. G. Tholen, M. Warnke (2004); *welt[stadt]raum. Mediale Inszenierungen,* Hg. (2004).

PERSONENVERZEICHNIS

A
Adorno, Theodor W. 123
Alberti, Leon Battista 13, 47, 53, 55, 83, 85, 141
Andreæ, Johann Valentin 14, 83, 89, 147
Antonioni, Michelangelo 62, 64
Arbuthnott, John 59
Archigram 35, 127-128
Archizoom 36
Argan, Giulio Carlo 75
Ariès, Philippe 153
Aristophanes 9-10, 18
Aristoteles 142
Armstrong, Louis 166
Arnheim, Rudolf 94
Arp, Hans 106
Augé, Marc 62
Averlino, Antonio 55

B
Bach, Johann Sebastian 166
Bacon, Francis 100
Bacon, Sir Francis 21, 152
Balbus 49
Bannwart, Edouard 148
Barthelet, Luc 88
Baudelaire, Charles 148
Baudrillard, Jean 125
Baum, Frank 170
Beethoven, Ludwig van 120
Bellamy, Edward 17
Benevolo, Leonardo 143
Benjamin, Walter 93-95, 100
Bergerac, Cyrano de 15, 18
Bernardin de St. Pierre 16
Bernhard, Thomas 140
Besson, Luc 27
Bloch, Ernst 8, 37
Bloch, Harriet 97
Boullée, Etienne-Louis 20-21
Brakhage, Stan 101
Braque, Georges 105
Brecht, Bertolt 57
Breton, André 66
Brock, Bazon 127
Brown, Norman O. 121
Bruno, Giordano 17
Büchner, Georg 137-140
Budanzew, Sergej 32
Burke, Edmund 124
Busleydens, Jérome 12

C
Cabet, Etienne 25
Campanella, Tommaso 13-14, 21, 147
Cantor, Moritz 49
Carter, Jimmy 165-166
Cataneo, Pietro 55
Cézanne, Paul 100
Chardin, Teilhard de 131
Chesterton, Gilbert Keith 129
Chiattone, Mario 32
Chlebnikov, Velimir 106
Chomón, Segundo de 28
Clemens von Alexandrien 164
Colombo, Joe 127
Columbus, Christoph 10
Constant (Constant Nieuwenhuys) 34, 125, 128
Cop, William 12

D
De Bruyn, Gerd 11
Debord, Guy 124-126
Defoe, Daniel 58, 137
Deleuze, Gilles 63, 65, 100
Diodorus 9

Diogenes 141
Disney, Walt 89
Doesburg, Theo van 118
Drake, Frank 170
Durand, J.N.L. 73
Dürer, Albrecht 14, 53, 83, 85, 89
Dylan, Bob 166

E
Eckert, Günther 35
Eiseley, Loren 161
Elliott, James 164
Engels, Friedrich 24
Erasmus von Rotterdam 12
Esteren, Cor van 33
Euklid 49
Eyck, Aldo van 34

F
Farina, Richard 121
Ficino, Marsilio 10
Filarete (Antonio di Pietro Averlino) 12, 84-85
Ford, Henry 31
Foucault, Michel 144, 153
Fourier, Charles 23-24, 137
Freud, Sigmund 119-120
Freudenthal, Hans 160
Freund, Karl 96
Friedman, Yona 34

G
Gama, Vasco de 10
Garnier, Tony 25, 30
Gedda, Nicolai 166
Gehlen, Arnold 121-123
Gellius, Aulus 48
Gilbreth, Frank B. 31
Gilbreth, Lilian 31
Giorgio Martini, Francesco di 55
Gleizes, Albert 105

Godin, André 25
Goethe, Johann Wolfgang von 140
Gonzales, Domingo 17
Grassmuck, Volker 150
Graunt, John 59
Gropius, Walter 69-70, 72, 76, 86-87
Gutenberg, Johannes 10

H
Hablik, Wenzel 28
Haftmann, Werner 124
Harbou, Thea 27
Heidegger, Martin 119-120
Hilbersheimer, Ludwig 33, 87
Hippodamos von Milet 82
Hitchcock, Alfred 96
Hitler, Adolf 75, 159
Hoerner, Sebastian von 163-164
Hofmann, Werner 126
Holberg, Ludvig 16
Hollein, Hans 36
Horkheimer, Max 11
Howard, Ebenezer 25, 29
Hubel, David 161
Hulsius, Levinus 52
Hunte, Otto 27
Hyginus 49, 51
Hythlodeus, Raphael 11

J
Jambulos 9-10, 12
Jorn, Asger 34

K
Kafka, Franz 140, 157
Kant, Immanuel 20
Kassak, Lajos 106
Kellermann, Bernhard 30-31
Kepler, Johannes 19
Kettelhut, Erich 27
Klee, Paul 122-123

Klein, Alexander 31, 70
Krucënych, Alexej 106
Krutikov, Georgik 33
Kubrick, Stanley 127

L

Landauer, Gustav 29, 37
Lang, Fritz 27, 98
Le Corbusier 28, 31, 35, 71
Leary, Timothy 155
LeBon, Gustave 66
Ledoux, Nicolas 21
Lefèbvre, Henri 58, 125
LeGoff, Jacques 58
Lem, Stanislaw 32
Lenin, Wladimir I. 166
Leonardo da Vinci 13, 83, 85
Lewin, Bertram D. 165
Lissitzky, El 33, 104, 106, 112-113, 115
Lomberg, John 161
Lubitsch, Ernst 98
Lucas, George 28
Lukian von Samosata 9, 17-18, 82
Lyotard, Jean-François 144

M

Mach, Ernst 98-99
Mailer, Norman 121
Majakowski, Wladimir 112-113
Malewitsch, Kasimir 104-112, 114, 116-117
Mannheim, Karl 8, 37
Marcuse, Herbert 119-121, 123, 128
Marinetti, Emilio F. T. 32
Marx, Karl 24-25, 137, 147
Mastroiani, Marcello 62
Matjuschin, Michail W. 106
May, Joe 98
McLuhan, Marshall 129-131
Méliès, George 27

Mercier, Sebastian 16
Meyer, Hannes 31
Miller, Henry 121
Minsky, Marvin 155
Mitchell, William J. 155
Moholy-Nagy, Lazlo 105
Mondrian, Piet 33
Moravec, Hans 155
Moreau, Jeanne 62-64
Morris, William 29
Morrison, Philip 171
Morus, Thomas 9, 11-15, 22, 25, 37, 82-83, 89, 147
Mourgue, Olivier 127
Mozart, Wolfgang Amadeus 166
Mumford, Lewis 58, 131, 143
Murnau, Friedrich Wilhelm 94-97, 99-100
Musil, Robert 144

N

Neufert, Ernst 70, 72, 76, 86-88
Neurath, Otto 75
Newman, Barnett 124
Newton, Sir Isaac 20
Nietzsche, Friedrich 29, 120
Norberg-Schulz, Christian 36

O

Oldenburg, Claes 127-128
Oliver, Bernhard 170
Ossietzky Carl von 113
Oud, Johannes Pieter 33
Owen, Robert 23-24

P

Panton, Verner 126-128
Pawley, Martin 150
Petty, William 59
Picard, Max 119
Picasso, Pablo 105

Platon 9-15, 21, 25, 37, 84, 142, 147, 154
Platonow, Andrej 32
Poe, Edgar Allan 17
Poincaré, Henri 98
Pollock, Jackson 124
Popper, Karl 7-8, 37
Presley, Elvis 166
Proust, Marcel 120
Ptolemaios 54
Pynchon, Thomas 131, 140

R

Reinhardt, Max 95
Richardson, Benjamin Ward 26
Richter, Hans 118
Rohmer, Eric 96
Rothko, Mark 124
Rousseau, Jean-Jacques 16, 19
Ruskin, John 25

S

Sade, Marquis de 15-16
Sagan, Carl 160-161, 169
Saint-Simon, Comte de 137
Sant' Elia, Antonio 32
Sassen, Saskia 58
Scamozzi, Vincenzo 83-84
Scheerbart, Paul 29
Schiaparelli, Giovanni 19
Schickhard, Heinrich 14
Scott, Ridley 27
Sedlmayr, Hans 119, 129
Sennett, Richard 143
Serres, Michel 50
Seurat, Georges 123
Simmel, Georg 65, 143
Smith, Adam 19
Soleri, Paolo 36
Soria y Mata, Arturo 30
Speer, Albert 76

Spengler, Oswald 58
Spielberg, Steven 28
Strawinsky, Igor 166
Superstudio 36
Swift, Jonathan 15, 137

T

Tarde, Gabriel 66
Tati, Jacques 28
Tatlin, Wladimir 105
Taut, Bruno 29
Taylor, Frederick Winslow 31
Thomas von Aquin 19
Tolstoj, Leo 32
Turing, Alan 88

V

Van Doesburg 33
Veidt, Conrad 97
Verne, Jules 26-27
Vespucci, Amerigo 11
Vitruv 13, 50, 85-86, 142
Vollbrecht, Karl 27
Voltaire 19

W

Walser, Robert 140
Weber, Max 58, 61
Weizsäcker, Ernst von 164
Wells, H.G. 17, 19, 27, 29
Wells, Orson 19
Werfel, Franz 144
Wertheimer, Max 113-114, 118
Whitehead, Alfred North 120
Wilkens, John 17
Wright, Frank Lloyd 29

Z

Zizek, Slavoj 7
Zola, Emil 30
Zuse, Konrad 88

ALEXANDER GARCÍA DÜTTMANN
VERWISCH DIE SPUREN

172 SEITEN, BROSCHUR
6 ABBILDUNGEN
ISBN 3-935300-64-6
EURO 19,90 / CHF 34,90

STRATEGIEN DES VERSCHWINDENS

Dieses Buch enthält Aufsätze zur Ausstellung und Aussetzung der Kunst: zur Kunst, die sich der Kritik und der Theorie aussetzt und mit beiden Resonanzkörper bildet, statt sich einfach von ihnen bestimmen zu lassen; zur Kunst, die zum Waisenkind wird, weil man sie in Museen ausstellt; zur Kunst, die einen Gebrauch ohne Aneignung einübt, der es dem Menschen verwehrt, einen Ort oder eine Sprache für sich zu beanspruchen; zur Kunst, die durch die Aussetzung des Bildes das Ergreifen einer umstürzlerischen Gelegenheit ermöglicht oder in der Abstraktion mündet, der sie selber entspringt; zur Kunst, die sich aufgrund ihrer wesentlichen Dummheit, ihrer Begriffsstutzigkeit oder Begriffslosigkeit, der Kultur preisgibt und ihr zugleich widersteht.

Muß man nicht gegen die museale Fetischisierung der Kunst, gegen ihre Verdinglichung zur Kultur, gegen ihre ab- grenzende und einengende Bestimmung das Verwischen der Spuren betreiben, das in ihrer eigenen Praxis liegt?

Die australische Künstlerin Elizabeth Presa, deren Werk einer der Texte gewidmet ist, hat mehrere Arbeiten zu diesem Buch beigetragen.

ROBERTO ESPOSITO
IMMUNITAS
SCHUTZ UND NEGATION DES LEBENS

AUS DEM ITALIENISCHEN VON SABINE SCHULZ
276 SEITEN, FRANZ. BROSCHUR, FADENHEFTUNG
ISBN 3-935300-28-X
EURO 24,90 / CHF 43,00

EIN BEDEUTENDER BEITRAG ZUR DEBATTE UM BIOPOLITISCHE STRATEGIEN

Was haben Warnungen vor Computerviren, vor einem weltumspannenden Terrorismus oder vor einer neuen hochansteckenden Krankheit miteinander gemeinsam?

Profund und konzis entwickelt der italienische Philosoph Roberto Esposito den Begriff »Immunität« als ein Grundparadigma an den Schnittstellen von Medizin, Politik und Recht, das heute mehr denn je an Gültigkeit gewinnt. Denn: Je stärker das Gefühl des Ausgesetztseins gegenüber dem Risiko von Infiltration und Ansteckung durch von außen kommende Elemente wird, desto mehr zieht sich das Leben des Einzelnen wie der Gesellschaft in das Innere der eigenen, schützenden Grenzen zurück.

Die Option einer solchen Immunisierung hat freilich einen hohen Preis: ebenso wie der Körper des Einzelnen kennt auch der Kollektivkörper die »Impfung« durch das von außen kommende Übel selbst, was bedeutet, es in einer kontrollierten Präventivmaßnahme selbst eindringen zu lassen. Somit kann das Leben dem Zugriff des Todes nur entgehen, wenn es dessen eigenes Prinzip inkorporiert – und dadurch die »Form« des Lebendigen seinem reinen biologischen Überleben opfert.

ROBERTO ESPOSITO
COMMUNITAS
URSPRUNG UND WEGE DER GEMEINSCHAFT

AUS DEM ITALIENISCHEN VON SABINE SCHULZ
208 SEITEN, FRANZ. BROSCHUR, FADENHEFTUNG
ISBN 3-935300-29-8
EURO 22,90 / CHF 40,00

ZUR NEUDEFINITION VON GEMEINSCHAFT

Vom amerikanischen Kommunitarismus bis zur Philosophie und Ethik der Kommunikation basiert das Denken der Gemeinschaft auf dem unreflektierten Vorurteil, daß die Gemeinschaft eine »Eigenschaft« bzw. »Eigentum« der Subjekte sei, die sie vereint – Gemeinschaft wird begriffen als ein Ganzes, als Gesamtheit des sozialen Körpers, und das Gemeinsame bzw. Gemeinschaftliche als ein Wert, eine Essenz, eine Errungenschaft, derer man sich rühmt, oder als ein Verlorengegangenes, das beklagt wird.

Esposito distanziert sich von diesen Mustern des modernen politischen Denkens, um zum Ursprung der Sache selbst zurückzugehen – zur etymologischen Herkunft des Wortes »communitas/ communis« als »cum munus«. Aus »munus« – im Sinne von Bürde, Verpflichtung, Gabe, Amt – geht die Gemeinschaft hervor: an ihrem Grund erweist sich, daß sie durchaus kein Besitz, kein Territorium ist, das es zu verteidigen gilt. Ihr dunkler Kern ist vielmehr ein Mangel: etwas Auszufüllendes, eine geteilte Verpflichtung, ein von allen zu Erbringendes – etwas, das stets noch aussteht. »Immunitas« (als Schutzmechanismus) und »Communitas« erscheinen als die Leitbegriffe dieser grundlegenden Ambivalenz zwischen Gabe und Schuld, Geteiltem und Bedrohlichem, die die Gemeinschaft seit Anbeginn prägt.

GIORGIO AGAMBEN
STANZEN

AUS DEM ITALIENISCHEN VON EVA ZWISCHENBRUGGER
304 SEITEN, BROSCHUR
33 ABBILDUNGEN
ISBM 3-935300-50-6
EURO 29,90 / CHF 51,50

DAS WORT UND DAS PHANTASMAIN DER ABENDLÄNDISCHEN KULTUR

Narziß und Pygmalion, Sphinx und Labyrinth, die Kunst des Emblems, die Karikatur und die phantastischen Auswüchse in Kunst, Literatur und Architektur des 19. Jahrhunderts sind die Themen dieses bereits 1978 erschienen Werk des großen italienischen Philosophen. Agamben umkreist darin immer wieder neu das Verhältnis zwischen dem realen Ding und dessen Darstellung durch den Menschen, wie es sich speziell in der Tradition des Abendlandes in Sprache und Kunst gestaltet. Sprache ist zum einen der Ort, an dem Phantasmen (re-)produziert und gelagert werden, zum anderen bleibt stets ein unüberbrückbarer Riß bestehen zwischen dem Objekt der Begierde und dem Versuch, es in Besitz zu nehmen. Für diesen unmöglichen Ort einer Inbesitznahme und zugleich den Rückzugsort des Dings steht die stanza: der Kern der Kunst und Poesie.

Agambens Lektüre medizinischer Liebeslehren und der mittelalterlichen Liebesdichtung ist dabei nicht weniger faszinierend als seine einzigartige Lesart der Melancholie von Dürer bis Freud, seine Analyse des Kunstwerks im Zeitalter der Warenherrschaft und seine Untersuchungen des Emblematischen vom 16. Jahrhundert bis zur Semiologie.

HUBERT DAMISCH
FIXE DYNAMIK
DIMENSIONEN DES PHOTOGRAPHISCHEN

AUS DEM FRANZÖSISCHEN VON TILL BARDOUX
272 SEITEN, FRANZ. BROSCHUR, FADENHEFTUNG
ISBN 3-935300-23-9
EURO 28,90 / CHF 49,00

VIERZEHN GRUNDLEGENDE ESSAYS ZUM WESEN DES PHOTOGRAPHISCHEN

Der Film hat die Photographie ebensowenig verdrängt, wie diese die Malerei je ersetzen wird. Und doch hat das Einfallen der Photographie und des Films in das Feld der künstlerischen Tätigkeiten einen Bruch in der Ordnung der Diskurse bewirkt.

Im Widerspruch zu einer vornehmlich historischen Sichtweise entfaltet Hubert Damisch eine Theorie dynamischer Wechselwirkungen medialer Praktiken und Techniken, von denen man nicht länger behaupten kann, sie lägen je auf gleicher Ebene.

»Daher sollte man sich zumindest vorerst weigern, an der kollektiven Schreibung einer Geschichte der Photographie mitzuwirken, die dem Vorbild der Kunstgeschichte folgt. Nicht weil die Photographie keine Geschichte hätte, sondern weil es uns zukommt, in ihrem Licht zunächst einmal zu entwirren, was ›Geschichte‹ heißen soll.«

BERNHARD SIEGERT, JOSEPH VOGL (HG.)
EUROPA. KULTUR DER SEKRETÄRE

272 SEITEN, PAPERBACK
8 ABBILDUNGEN
ISBN 3-935300-38-7
EURO 32,90 / CHF 55,30

AUF- UND ABSCHREIBEN,
VERZEICHNEN, REGISTRIEREN UND ARCHIVIEREN...

Eine Grundregel unserer Schriftkultur besagt seit dem Ende des 18. Jahrhunderts, daß ein Autor immer etwas anderes und immer mehr sei als ein bloßer Schreiber. Diese Regel hat Werke und Schulen, Texte und Kommentare hervorgebracht und dabei vergessen gemacht, was stets den Boden dieser repräsentativen Kulturarbeit bereitet: ein unaufhörliches Auf- und Abschreiben, Verzeichnen, Registrieren und Archivieren.

Eine europäische Kultur der Sekretäre wird in den Aufsätzen dieses Bandes historisch und thematisch im weitesten Sinne begriffen. Sie schließt den apostelischen Auftrag als Sekretariat des göttlichen Wortes ebenso ein wie die graue Arbeit des Kanzlisten im Dienste eines abendländischen Gerichtswesens; sie reicht von den Archivaren und Bibliothekaren der neuzeitlichen Gedächtnisbürokratie bis hin zum Stand von Sekretärin oder digitalen Techniken im modernen Büro; sie wird von der unermüdlichen Arbeit mittelalterlicher Kopisten ebenso geprägt wie von der neueren Machtfigur des General- und Parteisekretärs.

In allen diesen Fällen läßt sich die Gestalt des Sekretärs ganz allgemein als eine Schaltstelle von Daten und Botschaften begreifen, die die grundsätzliche Fremdheit der Rede in die autorisierten Formen des Befehls und der Rechtsprechung, der Wahrheitsrede und der Kunst übersetzt. Das Imaginäre einer europäischen Kultur wird ermöglicht und überliefert durch das Reale einer sekretären Politik – als einer Politik der Namen und Taten, der ›res gestae‹ im weitesten Sinn.

CLAUS PIAS (HG.)
ZUKÜNFTE DES COMPUTERS

304 SEITEN, BROSCHUR
40 ABBILDUNGEN
ISBN 3-935300-56-5
EURO 29,90 / CHF 51,50

VERGESSENE HOFFNUNGEN, EINSTIGE UTOPIEN

Wie kaum ein anderes technisches Objekt des 20. Jahrhunderts vermochte der Computer die Befreiungswünsche und Einheitsträume unterschiedlichster Diskurse an sich zu binden. So ist die Geschichte des Digitalcomputers zugleich eine Geschichte jener Hoffnungen, die heute eine Archäologie unserer Gegenwart ermöglichen. In diesem Sinne beschäftigen sich die Beiträge mit vergangenen und gegenwärtigen Computer- Zukünften: mit den Utopien kollektiver Eigentumsformen und elektronischer Regierungen, mit den Visionen übermenschlicher Intelligenzverstärkung und eines überschaubaren Weltwissens, mit den Aussichten auf die Einheit von Kunst und Wissenschaft und eine computerliterate Informationsgesellschaft und anderen ausgewählten Szenarien.

Mit Beiträgen u.a. von Otto E. Rössler, Wolfgang Coy, Volker Grassmuck, Georg Trogemann, Martin Warnke, Frieder Nake, Mihai Nadin, Margaret Schwarte-Amedick, Frank Dittmann, Cornelia Sollfrank, Geert Lovink, Thomas Kamphusmann, Michael Gerhard, Richard Stallman, Wolfgang Pircher, Rena Tangens, Herbert W. Franke, Hartmut Winkler, Claus Pias.

OLIVIER RAZAC
POLITISCHE GESCHICHTE DES STACHELDRAHTS

AUS DEM FRANZÖSISCHEN VON MARIA MUHLE
104 SEITEN, BROSCHUR
ISBN 3-935300-31-x
EURO 12,90 / CHF 22,70

STACHELDRAHT: INSTRUMENT DER BEHERRSCHUNG VON MENSCH UND RAUM

Um drei historische Zeitabschnitte – die Ausrottung der nordamerikanischen Indianer, den ersten Weltkrieg, das Konzentrationslager der Nazis – gruppiert der junge Philosoph Olivier Razac seine ebenso faszinierende wie beklemmende Studie über den Stacheldraht, die bereits in mehrere Sprachen übersetzt wurde.

Entwickelt wurde der Stacheldraht im 19. Jahrhundert: Die Kolonisatoren des nordamerikanischen Westens gebrauchten ihn gleichsam als zivilisatorische Waffe zum Schutz der Rinderherden vor wilden Tieren und Indianern sowie zur Trennung und Aufteilung des Raumes, um Besitzansprüche zu markieren und durchzusetzen. Ebenso billig und einfach in der Herstellung wie gering an Gewicht, war der Stacheldraht von Beginn an ein überaus nützliches und effizientes Instrument der Abgrenzung und Abwehr, was zu seinem massiven militärischen Einsatz führte: Stacheldrahtverhaue markierten das unzugängliche Niemandsland zwischen den Schützengräben des Ersten Weltkrieges. Die Verwaltung des Raumes durch den Stacheldraht erreicht schließlich mit dem Konzentrationslager ihre grauenvollste Gestalt. Als Instrument totalitärer Macht dient er der absoluten Beherrschung menschlicher Existenz und zieht die Linie zwischen Leben und Tod.

In Anlehnung an Foucault und Agamben legt Razac prägnant und einleuchtend die Mechanismen von Einschluß und Ausschluß, Schutz und Gewaltanwendung bloß, in deren Rahmen der Stacheldraht die politische Beherrschung des Raums und der Menschen ermöglicht. Eine gerade Linie zeichnet sich ab, die bruchlos von der amerikanischen Prärie über die Mandschurei, Verdun, Dachau bis nach Guantanamo und vor die Schutzwälle der heutigen Ersten Welt führt.